Thiesgartner Barbara

Gina Deletz / Bodo Deletz

Die 7 Botschaften unserer Seele

Ernst Lenz Musikverlag

Die Deutsche Bibliothek - CIP-Einheitsaufnahme

Deletz, Gina:
Die 7 Botschaften unserer Seele : Erkenntnisse zur Gestaltung
der eigenen Lebensfreude / Gina Deletz/Bodo Deletz. -
Bochum : Lenz, Musikverl., 1997
ISBN 3-9803939-2-5
NE: Deletz, Bodo:; Deletz, Gina: Die sieben Botschaften unserer Seele;
Deletz, Bodo: Die sieben Botschaften unserer Seele

Titelbild : Thorsten Dunkel

Durch die Tätigkeit seiner Eltern verbrachte Thorsten Dunkel seine
Kindheit in Afrika und Indien. Mannigfaltige Eindrücke fremder
Kulturen, ständiger Ortswechsel und intensive Meditationserfahrung
in Indien prägten seine künstlerische Ausdrucksweise dergestalt,
dass seine Werke Gegensätzlichkeiten verbinden und auch beim
Betrachter tiefenpsychologische Spannungen aufzulösen vermögen
und innere Harmonie entstehen zu lassen.

Dunkels Bilder eignen sich hervorragend, um die spirituellen
Übergänge der „Sieben Botschaften unserer Seele" zu verinnerlichen
und bis in die Tiefe der Psyche hinein wirken zu lassen.

Die Galerie ◆ Thorsten Dunkel ◆ Eylerstraße 12 ◆ 59065 Hamm

2. unveränderte Auflage

© 1997 by Ernst Lenz Musikverlag, Bochum

Herstellung : Druck Thiebes GmbH, 58097 Hagen

ISBN 3-9803939-2-5

*Unsere Welt braucht keine neue Religion
und auch keine neuen Propheten.
Sie braucht Menschen, die die Verantwortung für
ihr Leben selbst in die Hand nehmen.*

Inhaltsverzeichnis

Vorwort

Die vorliegende Geschichte ist nicht frei erfunden. Die meisten Ereignisse fanden jedoch in einem anderen zeitlichen Zusammenhang statt. So haben wir im Grunde genommen nur die Erfahrungswerte der letzten zweieinhalb Jahre in Form von Metaphern zusammengefasst. Kapitel 6 beispielsweise haben wir nicht wirklich in dieser Form erlebt. Um die Erfahrungen zu erkennen, die in diesem Kapitel enthalten sind, waren sehr viele kleinere, für sich allein betrachtet unbedeutende Ereignisse notwendig, die wir über einen Zeitraum von zwei Jahren erlebt hatten. Vorlage für dieses Kapitel war der Film "*Und täglich grüßt das Murmeltier*", der auf sehr schöne und amüsante Weise verdeutlicht, auf welche Werte es in unserem Leben ankommt. Die wirklichen Ereignisse, die uns zu dieser Erkenntnis gebracht haben, wären für den Leser nur sehr schwer nachzuvollziehen. Um diese Erkenntnisse dennoch weiterzugeben, fanden wir in der Murmeltiertaggeschichte die optimalen Voraussetzungen. Wenn am nächsten Tag sowieso wieder alles beim alten ist, verlieren viele vermeintliche Werte in unserem Leben ihren Sinn.

Dieses Buch ist aus der Praxis heraus entstanden. Die angeführten Fallbeispiele sind absolut authentisch. Es sind lediglich die Namen geändert. Diese Fallbeispiele lassen erkennen, warum Menschen ihre großen Ziele im Leben selten erreichen. Alle erlebten einen Konflikt in ihrem Leben, für den es scheinbar keine Lösung gab. Dieser Lebenskonflikt wurde von einigen darin gesehen, dass sich Menschen gegenseitig kontrollieren müssen, um glücklich zu sein. Andere glaubten, man müsse nicht Menschen beeinflussen, sondern eine höhere Macht wie Gott oder das Schicksal. Alle diese Betrachtungsweisen hatten jedoch eines gemeinsam: Sie brachten keine wirkliche Lösung, die alle Menschen und Lebewesen auf der Erde zu Glück verhelfen würde.

Klar war auch, dass alle Menschen diesen Lebenskonflikt jeweils auf eine andere Art und Weise erleben. Doch trotz dieser unterschiedlichen Problemstellungen gibt es für alle eine gemeinsame Lösung, um die eigenen Ziele im Leben erfolgreich umzusetzen.

Wir empfehlen dem Leser, dieses Buch von Kapitel zu Kapitel zu lesen und sich die Zeit zu nehmen, Erkenntnisse über sich selbst zu notieren. Auch hat es sich als sinnvoll erwiesen, die persönlichen Ereignisse zu notieren, die in Zusammenhang mit den Inhalten dieses Buches stehen. Viele Menschen berichteten darüber, dass diese Ereignisse gehäuft zu der Zeit stattfanden, als sie das Buch lasen.

Wir wünschen Ihnen viel Spaß und viele wichtige Erkenntnisse über Ihr eigenes Leben beim Lesen dieses Buches.

Gina und Bodo Deletz
9. September 1996

Vorgeschichte

Ich wachte eines Morgens total verwirrt auf. War das vielleicht ein Traum gewesen letzte Nacht? Alles war so realistisch. Ich zweifelte für einen Moment sogar daran, dass es überhaupt ein Traum gewesen war. So genau wie an diesen konnte ich mich für gewöhnlich nicht an einen Traum erinnern. Ich lag noch eine ganze Zeit lang aufgewühlt im Bett und dachte über mein Leben nach. Meine Laune verschlechterte sich dabei mehr und mehr, bis ich schließlich aufstand und Frühstück für Gina und mich machte, was für mich sehr ungewöhnlich war. Normalerweise stand Gina zuerst auf, und ich hielt noch ein kleines Schläfchen. Nach einiger Zeit dachte ich, dass ich einen von diesen Träumen erlebt haben musste, bei denen man glaubt, wach zu sein, und im Traum erst davon träumen muss aufzuwachen, bevor man es wirklich tut. Auch der Inhalt dieses Traumes war sehr seltsam. Ich beschloss, beim Frühstück mit Gina darüber zu reden.

Als Gina gegen 8.00 Uhr aufwachte, hatte ich mich wieder einigermaßen gefangen. Sie war nicht so gut drauf und murmelte nur etwas davon, dass sie nicht gut geschlafen hätte, und wieso ich denn schon so früh auf sei. Als sie dann zum Frühstück kam, war sie schon wieder besserer Laune. Nachdem sie mir eine Tasse Kaffee eingeschenkt hatte, sagte sie:

"Ich habe vielleicht heute Nacht einen komischen Traum gehabt! Ich bin noch ganz durcheinander."

"Meine Nacht war auch nicht die beste. Was hast du denn geträumt?"

"Ich habe von einer Frau geträumt, die ich irgendwoher kenne, mir fällt aber nicht ein, woher. Sie stellte mit dem, was sie sagte, mein ganzes Leben in Frage."

"Das ist aber komisch! So etwas Ähnliches habe ich auch geträumt."

Bis jetzt hielt ich alles noch für sehr witzig, aber das sollte sich bald ganz gravierend ändern.

"In meinem Traum", fuhr Gina fort, "war ich gerade auf dem Heimweg von der Arbeit, als plötzlich diese Frau neben mir im Auto saß. Sie kam irgendwie aus dem Nichts. Auf einmal war sie da. Als wenn sie schon die ganze Zeit da gewesen wäre, und ich sie erst jetzt bemerkt hätte. Das Verblüffende war, dass in diesem Traum alles so realistisch war. Der einzige Unterschied zur Realität bestand darin, dass ich, wenn dies in Wirklichkeit passiert wäre, wahrscheinlich einen Herzinfarkt bekommen hätte. Aber in meinem Traum fand ich das ganz normal. Es ist wirklich komisch: So gut wie an diesen konnte ich mich noch nie an einen Traum erinnern."

"Erzähl weiter", drängte ich ganz nervös und wunderte mich selbst darüber, warum ich so aufgeregt war.

"Also.... sie saß so neben mir und fragte mich, ob ich eigentlich wüsste, wer ich bin. 'Natürlich weiß ich, wer ich bin', sagte ich. 'Ich bin Gina Deletz.' Sie sah mich nur ruhig an und meinte dann: 'Ich habe nicht nach deinem Namen gefragt, ich wollte wissen, wer du bist.' - 'Was heißt das, wer ich bin, Ich bin Gina, wer sonst?' - 'Dein Name ist Gina, aber wenn du keinen hättest, wie würdest du dann erklären, wer du bist?' - Ich war echt sprachlos. So eine komische Frage hatte man mir noch nie gestellt!"

Während Gina diesen Traum erzählte, saß ich nur fassungslos da und schüttelte unentwegt den Kopf. Erst jetzt bemerkte Gina, dass ich sie mit offenem Mund anstarrte, als sähe ich ein Gespenst. Konnte das sein?, schoss es mir durch den Kopf. Ich muss immer noch träumen. So etwas gibt es nicht. Das kann alles nicht wahr sein.

"Was ist mit dir los?" fragte mich Gina, denn ich sah ziemlich verwirrt aus.

"Erzähl bitte weiter! Ich werde es dir nachher erklären."

"Gut, wie du willst. Nachdem sie mich also fragte, wer ich bin, und ich ihr nicht die Antwort geben konnte, die sie hören wollte, fragte sie: 'Wozu lebst du? Was ist der Sinn deines Lebens? Wo ist dein Platz in dieser Welt, und was ist deine Aufgabe?' "

Gina hielt wieder inne mit ihrer Erzählung. Denn sie sah, dass ich kreidebleich geworden war und fast vom Stuhl fiel.

"Jetzt sag mir endlich, was mit dir los ist!"

Ich konnte es nicht glauben, was Gina mir da erzählte. Ich antwortete nur mit einer Gegenfrage:

"War diese Frau blond, etwa 1,70 Meter groß und schlank?"

"Ja, kennen wir sie, wer ist es? Ich kann mich nicht an sie erinnern."

"Hieß diese Frau Ella?"

"Ja genau, das war ihr Name. Ist das eine deiner Klientinnen? Wo habe ich sie kennengelernt?"

"Sie ist keine meiner Klientinnen. Ob du es glaubst oder nicht, ich habe sie heute Nacht zum ersten Mal gesehen."

"Was willst du damit sagen? Willst du mich auf den Arm nehmen?"

"Nein, ganz bestimmt nicht! Dafür ist mir die Sache viel zu ernst. Diese Frau war heute Nacht auch in meinem Traum und hat mir die gleichen Fragen gestellt."

"Du machst Witze."

"Nein, bestimmt nicht. Woher hätte ich sonst wissen können, wie sie aussieht und wie sie heißt? Es ist keine lebende Person, die wir kennen."

"Dafür muss es eine plausible Erklärung geben", meinte Gina verunsichert. Man sah ihr an, dass in ihr eine gewaltige Angst aufstieg. Wir versuchten beide, uns gegenseitig davon zu überzeugen, dass so etwas nicht sein konnte. Wir konnten nicht beide den gleichen Traum gehabt haben. So etwas gibt es nur im Fernsehen.

Dieses Ereignis warf uns damals ganz schön aus der Bahn. An diesem Tag konnte ich mich überhaupt nicht auf meine Arbeit in meiner NLP-Praxis konzentrieren und wollte alle Termine kurzfristig absagen. Bis auf eine Klientin, die ich absolut nicht erreichen konnte, gelang mir dies auch. Ich wollte sie nicht einfach wieder nach Hause schicken, als sie kam, und so bereitete ich mich wie immer auf diesen Termin vor. Etwa eine halbe Stunde vor unserem Gespräch setzte ich mich zur Meditation in einen Sessel, den ich eigens dafür angeschafft hatte, und brachte mich geistig erst einmal zur Ruhe. An diesem Tag fiel es mir sehr schwer, meine Gedanken an mir vorüberziehen zu lassen. Immer wieder blieb ich an diesem unerklärlichen Traum hängen, den Gina und ich letzte Nacht erlebt hatten. Ich versuchte, diese Gedanken zu verdrängen, was mir schließlich auch gelang. Als meine Klientin dann kam, fühlte ich mich einigermaßen gut. Ihr ging es dagegen überhaupt nicht gut. Sie schien total verängstigt zu sein. Als wir uns in meinen Arbeitsraum setzten, war ich doch froh, diesen Termin nicht abgesagt zu haben. Diese Frau brauchte jetzt wirklich Hilfe. Nach einer kurzen Begrüßung fragte ich sie, wovor sie denn so große Angst habe.

"Sieht man es mir also doch schon an? Ich hoffte, man würde es nicht so leicht bemerken. Was sollen die Leute bloß von mir denken? Ich, die stets mit drei Beinen im Leben stand, habe jetzt Angst vor nichts und wieder nichts."

"Machen Sie sich deswegen keine Sorgen, Sie wissen doch, wenn es um Ängste geht, hält NLP eine ganze Menge effektivster mentaler Techniken bereit. Wovor haben Sie denn so große Angst?"

"Das Schlimmste ist, dass ich es selbst nicht einmal weiß. Diese Ängste kommen einfach so, ohne irgendeinen Grund."

Sie zeigte das typische Aussehen einer Phobikerin: gekrümmte Haltung, blasse Hautfarbe, kalter Schweiß und Zittern. Ich versuchte mit allem, was NLP bietet, die Ursache dieser Phobie herauszubekommen. Aber nichts half. Sie konnte es sich einfach nicht erklären, woher ihre Angst kam. Sie hatte keine Wahnvorstellungen, keine schlechten Erinnerungen, keine Anzeichen eines traumatischen, verdrängten Erlebnisses, keine bedrohlichen Stimmen, die sie verfolgten, auch nicht das Gefühl, ständig beobachtet zu werden - nichts von all dem, was mir als mögliche Ursache einfiel. Ich konnte mir das nicht erklären, hatte ich doch schon Hunderte von Phobien erfolgreich und ohne viel Mühe beseitigt. Ich wollte die Sitzung schon beenden, da ich keine Möglichkeit sah, ihr zu helfen, so sehr ich auch wollte. Da sagte sie plötzlich:

"Ich glaube, es hat keinen Sinn mehr wiederzukommen. Sie können mir ja doch nicht helfen. Niemand kann mir helfen. Es ist alles so sinnlos."

Dieser Satz traf mich bis tief in die Seele. Nicht, dass sie mich als ihren Therapeuten ablehnte, war das Schlimme, sondern seltsamerweise, dass sie alles als sinnlos empfand. Ich verstand meine eigenen Gefühle nicht, aber mir lief es eiskalt den Rücken hinunter.

"Was meinen Sie damit, alles sei so sinnlos?"

"Ach, einfach das ganze Leben. Nichts ist von Bedeutung, weder meine Arbeit noch mein Privatleben."

Ich dachte zuerst daran, dass sie in der Midlife-crisis steckte. Doch da war mehr. Und da wurde sie auch schon von einer Panikattacke geschüttelt und heulte wie ein Schlosshund. Ich versuchte, ihr mit einigen NLP-Techniken wieder zur Ruhe zu verhelfen, was auch einigermaßen gelang. Ich distanzierte sie so gründlich von ihren Emotionen, dass sie in der Lage war, sich den Grund für ihre Phobie anzuschauen und dabei einigermaßen ruhig zu bleiben. Sie sah sich in einer Situation, wie sie vor der Himmelstür stand und Einlass begehrte. Gott sprach zu ihr mit einer mächtigen dunklen Stimme:

Du hast deine Lebensaufgabe nicht erfüllt, und deshalb wirst du in der Hölle schmoren.

Es war also Gottesfurcht, die sich in Form einer handfesten Phobie bei ihr zeigte. Sie war überzeugt, dass Gott sie in die Hölle schicke, wenn sie ihrem Leben nicht einen Sinn gab und ihre Aufgabe übernahm - was auch immer das sein mochte. Nach ein paar Minuten NLP-Zauberei fand sie die Ursache dieses Glaubens in einer Situation ihrer Kindheit, in der ein Pfarrer, der den Religionsunterricht an ihrer Schule leitete, alles daransetzte, den Kindern Angst vor dem großen, mächtigen Gott zu machen. Jetzt, als Erwachsene, erkannte sie, dass dieser Pfarrer einfach nur Disziplin in die Klasse bringen wollte und sich nicht anders zu helfen vermochte. Nachdem sie durch einige Techniken diese Angst aus ihrem Unbewussten ausgelöscht hatte, dachte ich, das Problem wäre damit beseitigt. Doch der Mangel an persönlichem Lebenssinn blieb weiterhin erhalten und beeinträchtigte ihr Wohlbefinden erheblich. Ich verstand nicht, wieso es ihr jetzt, nachdem ihr Problem gelöst war, nicht viel besser ging. Wieso machte sie sich solch schlechte Gefühle, nur weil sie nicht wusste, welche Aufgabe sie im Leben haben sollte? Und was hieß das schon, eine Aufgabe zu haben? Ich wusste auch nicht, was die meine sein sollte. Ich wusste momentan nicht, wie ich ihr helfen sollte, und wir beschlossen, für heute Schluss zu machen und uns auf den nächsten Termin zu vertagen.

Als sie gegangen war, drängte sich wieder die Erinnerung in mein Bewusstsein, wie betroffen ich mich fühlte, als die Frau sagte, alles hätte keinen Sinn. Wieso löste das in mir eine derart heftige Reaktion aus? Sicherlich hatte ich mir schon des Öfteren Gedanken über den Sinn des Lebens gemacht, wie jeder andere auch, und war zu keinem vernünftigen Ergebnis gekommen, wahrscheinlich genau wie jeder andere auch. Erst jetzt fiel mir auf, dass dies die Kernfrage unseres seltsamen Traumes von heute Nacht war, die uns diese ominöse Ella gestellt hatte. War ich deshalb so betroffen über den Traum? Ich beschloss, am Abend mit Gina darüber zu reden. Wir hatten an diesem Abend jedoch Gäste, und so nahm ich meine Fragen mit ins Bett.

Ich hatte große Schwierigkeiten einzuschlafen. Ich dachte mit gemischten Gefühlen an diese Nacht. Was, wenn diese Ella heute Nacht wieder "zuschlagen" würde? Moment mal, hatte ich jetzt Angst vor einem Traum? Ich musste wohl total mit den Nerven fertig sein. Ich versuchte, meine fünf Sinne beisammen zu halten. Doch ich konnte die auflodernden Gefühle nicht zum Erlöschen bringen. Was, wenn Ella nicht nur ein Traum war?, schoss es mir durch den Kopf. War sie gut oder böse? Mensch Bodo, rief ich mich zur Raison, jetzt spinn nicht! Du bist Realist. Es gibt nichts, wovor du dich fürchten müsstest. Ja, ja dachte ich noch scherzeshalber, ich weiß das. Aber weiß das auch Ella? Nach einer gewissen Weile schlief ich mit gemischten Gefühlen ein und träumte nur ganz normale, vernünftige, wirre Träume. Die erste Frage, die ich am nächsten Morgen an Gina stellte, war:

"Hast du gut geschlafen?"

"Ja, sehr gut, danke."

"Hast du auch gut geträumt?"

"Ja, auch das, warum fragst du so komisch?"

Erst jetzt fiel mir auf, dass ich unseren Traum nicht verdrängen konnte. Es war der letzte Gedanke, mit dem ich abends einschlief, und der erste, mit dem ich am Morgen aufwachte. Ich beschloss, der Sache sorgfältig auf den Grund zu gehen. Gina machte sich offenbar über diese Angelegenheit weniger Gedanken. Sie stand solchen Phänomenen meist sehr viel offener gegenüber und hatte der Angelegenheit wohl nicht so große Bedeutung beigemessen. Weit gefehlt, wie ich später erfahren musste. Sie hatte nur eine bessere Verdrängungstaktik. Sie beschäftigte sich sehr intensiv mit ihrem Beruf und hatte auch unseren Besuch am gestrigen Abend so kurzfristig eingeladen, um sich abzulenken. Ich hatte den Vorfall schon fast wieder vergessen, und wahrscheinlich waren unsere Träume sowieso nur irgendwie sehr ähnlich gewesen. Ich musste in meiner Panik Gina Suggestivfragen gestellt haben, die sie dann so antworten ließen, als wäre hier etwas Übersinnliches im Spiel - so hatte ich mich mittlerweile beruhigt.

Mehr als zwei Wochen später: Wir wachten eines Morgens durch unseren Radiowecker auf und sahen uns nur an. Keiner von uns musste etwas sagen: Es war wieder passiert. Ich sah es in ihren Augen. Jetzt war es definitiv, es konnte kein Zufall gewesen sein. Mit uns passierte etwas, was nicht in unser Weltbild hineinpasste. Was war denn jetzt noch Realität, was Traum? Und wenn das stimmte, was diese Ella sagte, war dann unser Leben nicht ziemlich unsinnig? Was taten wir eigentlich Tag für Tag? Wir gingen unserer Arbeit nach, machten zweimal im Jahr Urlaub und versuchten, möglichst sorgenfrei zu leben. Einen besonderen Lebenssinn konnte ich darin nicht erkennen. Wir beschäftigten uns eben einfach und lebten ein normales Leben. Jetzt war Gina ziemlich verängstigt. Das, was sie die letzten zwei Wochen so gut unter Kontrolle gehalten hatte, brach nun mit ganzer Wucht durch. Sie war normalerweise nicht leicht aus der Bahn zu werfen. Aber das war jetzt zuviel. Dabei hatten wir im Traum gar keine Angst vor Ella. Sie wirkte auf uns beide wie eine große Schwester, die auf uns aufpasste. Nein, es war nicht Ella, die uns ängstigte. Es war die Angst vor dem, was uns Ella sagen könnte.

Wir konnten uns beide nicht mehr richtig an diesen neuen Traum erinnern, aber das war auch nicht so wichtig. Was uns viel mehr beschäftigte, war die Angst und gleichzeitig die Neugier in Bezug auf die Möglichkeiten, die wir in unseren gemeinsamen Träumen vermuteten. Wer oder was war bloß diese Ella, die es schaffte, in den Träumen von zwei verschiedenen Menschen aufzutauchen? Oder war es vielleicht doch ein Phänomen, dass bei näherer Betrachtungsweise logisch erklärbar war? Ausgeschlossen, die Übereinstimmung zwischen unseren Träumen war zu groß. Es konnte unmöglich Zufall sein. Zumindest musste es eine Art Gedankenübertragung sein oder irgendetwas Ähnliches. Wir beschlossen, dem Phänomen Ella erst einmal auf den Grund zu gehen, bevor wir uns Gedanken darüber machten, wie wir diese Träume einordnen sollten. Aber mit wem sollten wir darüber reden? Unsere Freunde und Bekannten würden uns wahrscheinlich für verrückt halten oder glauben, wir wollten sie auf den Arm nehmen. Nein, wir mussten erst einmal versuchen, allein etwas darüber in Erfahrung zu bringen. Vielleicht gibt es darüber Bücher, dachten wir. Wir konnten doch nicht die einzigen Menschen auf der Welt sein, denen so etwas passierte. Bestimmt gab es Experten, die sich mit solchen Phänomenen auskannten.

Nach einer zweiwöchigen erfolglosen Suche, die uns durch alle Buchläden der Stadt führte, beschlossen wir, den Sprung ins kalte Wasser zu wagen und einen Mann zu konsultieren, der sich als Experten auf dem Gebiet der Parapsychologie bezeichnete. Er würde uns bestimmt nicht für verrückt halten. Wenn doch, wäre es auch egal. Was hatten wir zu verlieren?

Als wir zu ihm kamen, wurden wir von seiner Frau erst einmal in einen Raum geführt, der bis obenan vollgestopft mit okkulten Utensilien war. Da hingen Wünschelruten an der Decke und lagen Steine auf einem Tisch, die wohl irgendeine bestimmte Wirkung haben sollten. Da waren Bilder von Yogis an der Wand, und überall brannten Räucherstäbchen. Es war ein furchtbarer Gestank in diesem Raum. Die Frau ließ uns allein, und wir setzten uns auf ein Sofa, das in der Nähe des Fensters stand. Wir fragten uns, ob wir wohl ein Fenster öffnen könnten, um etwas frische Luft hereinzulassen. Nachdem wir so über eine halbe Stunde in diesem Raum ausgehalten hatten, war es mir egal, ob der Hausherr etwas dagegen haben würde, wenn ich das Fenster öffnete. Wir hatten einen festen Termin vereinbart, und er ließ uns in diesem Gestank ewig warten. Gina wollte schon wieder gehen, doch ich bat sie, noch ein paar Minuten zu warten. Ich ging zum Fenster und wollte es gerade öffnen, da fuhr es mich von hinten an.

"Nein, tun Sie das nicht! Dieses Fenster muss immer geschlossen bleiben!"

Es war der Parapsychologe, der gerade zur Tür hereinkam.

"Dieser Raum wird seit fünf Jahren von allen negativen Energien gereinigt", fuhr er fort.

"Mit einer einzigen Unachtsamkeit hätten Sie fast die Arbeit von fünf Jahren zunichte gemacht."

Mein Gott, dachte ich, der hat seit fünf Jahren nicht mehr gelüftet.

"Spüren Sie nicht, wie wohl Sie sich fühlen, seit Sie in diesem Raum sitzen?"

Ohne auf unsere Antwort zu warten, sprach er weiter.

"Ich führe meine Gäste immer erst einmal in diesen Raum, um sie von allen negativen Energien zu reinigen, bevor ich zu ihnen komme. Ich will nicht den ganzen Müll ihrer negativen Energien abkriegen."

Dieser Mann musste wohl große Angst haben vor uns *normalen* Menschen. Wäre er zu mir in die Praxis gekommen, hätte ich ihm sicher helfen können. Doch dies war unmöglich, wie ich später erfuhr. Er ging niemals aus dem Haus, um sich nicht draußen mit negativen Energien zu verseuchen. Aber wir waren ja zu ihm gekommen, weil wir uns von ihm Hilfe erhofften und nicht umgekehrt. Er setzte sich zu uns und machte allerlei okkulten Firlefanz. Er malte mit einem Kristall angeblich altindische Zeichen in die Luft, steckte noch mehr Räucherstäbchen an und sang ein seltsames, unverständliches Gemurmel vor sich hin. Nachdem er so eine weitere Viertelstunde unsere Geduld beansprucht hatte, wollte er endlich wissen, wozu wir gekommen seien. Wir erklärten ihm die Situation ohne irgendwelche Hemmungen, denn dieser Mann war selbst viel verrückter, als wir es jemals sein konnten. Wir waren noch nicht ganz fertig mit unseren Ausführungen, als er plötzlich aufschrie wie ein Verrückter.

"Er kommt durch, er kommt durch."

Danach war erst einmal eine Zeit lang Ruhe. Wir trauten uns nicht, uns zu rühren, geschweige denn zu fragen, wer da wohl durchkam und wohin durchkam. Nachdem er wieder aus seiner seltsamen Trance erwacht war, erklärte er nur kurz:

"Die Frau, die Euch in Euren Träumen erscheint, ist in Wirklichkeit keine Frau, sondern ein böser alter ägyptischer Gott, der sich als nette Frau bei Euch einschleichen will, um dann schließlich ganz die Kontrolle über Euch zu übernehmen. Die einzige Möglichkeit, dies zu verhindern, ist, mit mir zusammenzuarbeiten und diesen Geist zu vertreiben. Allein würdet ihr das nie schaffen", erklärte er. Dies würde allerdings auch mit seiner Hilfe nicht einfach werden, wir müssten uns von allem anderen frei machen und täglich zu ihm kommen. Mir war klar, dass das Einzige, wovon uns dieser Mann befreien wollte, unser Geld war. Als wir auf sein Drängen nicht eingehen wollte, sagte er: "Gut, Ihr werdet schon sehen, was Ihr davon habt. Macht 300 Mark."

300 Mark wollte dieser Mann für die Sitzung haben, die aus einer halben Stunde Gestank, einer Minute Gespräch, einer Viertelstunde angeblicher Trance und dieser Angstmache bestand! Frustriert zahlten wir brav das geforderte Geld und trösteten uns, um eine Erfahrung reicher geworden zu sein.

Nach diesem Erlebnis waren wir vorsichtiger, wenn es darum ging, einen kompetenten Fachmann oder eine Fachfrau für Parapsychologie zu finden. Wir beschlossen, unsere Hemmungen gegenüber unseren Freunden über Bord zu werfen, zumindest bei denen, die nichts weitererzählten, was man ihnen anvertraute. Zu unserer größten Überraschung hörte man uns ganz aufmerksam zu und fand alles sehr interessant. Einige waren der Meinung, es müsse sich bei Ella um eine Person aus einem früheren Leben handeln. Andere hielten sie eher für eine Projektion aus unserem Unterbewusstsein in Verbindung mit einem allwissenden kosmischen Bewusstsein. Auf jeden Fall hielten sie alle die Geschichte mit unserem Parapsychologen für reine Panikmache und Geldschneiderei. Das brachte uns aber auch nicht so richtig weiter. Wir beschlossen, ein Bewusstseinsexperiment zu machen. Wenn diese Ella in unseren Träumen auftauchen konnte, würde sie dies vielleicht auch in einem ähnlichen Bewusstseinszustand tun, einer hypnotischen Trance.

In meinem Werdegang zum Mentaltrainer hatte ich etwa sechs Jahre mit klinischer Hypnose gearbeitet. In dieser Zeit gab es auch Vorfälle, in denen meine Klienten unglaubliche Fähigkeiten in Trance entwickelten. Es meldete sich zuweilen das Unbewusste direkt zu Wort, ohne dass das Bewusstsein irgendetwas davon mitbekam. Ich bekam auf diese Weise wertvolle Hinweise, wie ich diesen Menschen zu helfen hatte. Und es funktionierte immer. Zu dieser Zeit lernte ich die Weisheit des Unbewussten wirklich schätzen. Diese Stimmen, die sich in Trance meldeten, waren sehr nützlich und Ella eigentlich auch sehr ähnlich. Vielleicht war das am ehesten eine Erklärung für unser Phänomen. Aber bei meinen Klienten gab es einen wichtigen Unterschied zu uns. Es meldete sich niemals ein und dieselbe Stimme bei verschiedenen Menschen. Es musste bei uns wohl etwas damit zu tun haben, dass wir uns einander so nah fühlten. Wir fühlten uns oft wie eine einzige Person. Schon als wir uns kennenlernten, hatten wir oft das Gefühl, schon ewig zusammen gewesen zu sein. Alles passte so gut zusammen, als wären wir füreinander bestimmt gewesen. Wir hatten auch immer den Eindruck, dass wir vom Schicksal zusammengeführt worden sind. Mich überkam das Gefühl, dass vielleicht Ella dafür verantwortlich sein könnte. Wenn dies so wäre, würde ich ihr für immer dankbar sein, egal was oder wer sie war.

Wir waren in meiner Praxis, und Gina befand sich bereits in einer tiefen Trance. Sie fühlte sich sehr wohl und geborgen, und so wagte ich es, die Frage nach Ella zu stellen. Ich hatte die Frage noch nicht ausgesprochen, als Ella sich meldete. Nun war ich nicht sicher, ob dies nur ein Spiel in Ginas Phantasie war oder sich die gleiche Ella in unseren Träumen meldete. Ella erklärte, sie sei ein gemeinsames größeres Ich von uns beiden, und zu ihr würden noch viel mehr Menschen gehören, die alle mit uns verbunden seien. Es war unglaublich, was sie uns da erzählte, und ich wollte mehr wissen. Ella aber sagte, dass diese Art der Kommunikation für Gina sehr belastend sei und wir erst eine leichtere Form finden müssten, um alle Fragen befriedigend beantworten zu können. Sie meinte, dass es eine andere Möglichkeit gäbe, unseren Wissensdurst zu stillen. Sie erwähnte den Namen Seth. Nach der Frage, ob dieser Seth etwas Ähnliches sei wie sie, war erst einmal Funkstille. Nach einer Weile sagte Gina:

"Es ist unglaublich: Ich sehe einen Mann auf einem Thron sitzen, der im Kosmos schwebt, und unter ihm fliegen Engel."

Sie wollte die Sitzung beenden, da sie sich jetzt für völlig übergeschnappt hielt, doch ich ermutigte sie weiterzumachen. Dieser Seth fragte uns doch tatsächlich, ob wir bereit wären, ein Buch mit ihm zu schreiben. Er würde diktieren, und wir bräuchten es nur aufzuschreiben. Er sagte auch, er habe so etwas schon mal gemacht. Wir willigten ein, ohne zu wissen, was auf uns zukommen würde, da wir noch nie etwas mit der Entstehung eines Buches zu tun hatten. Und außerdem war ich nicht sicher, ob es sich bei diesem Seth um das Unbewusste von Gina handeln würde. Die Informationen könnten für Gina sehr nützlich sein. Danach bat mich Gina, die Sitzung zu beenden, da sie sich sehr müde fühlte. Das fiel mir sehr schwer, waren da doch noch so viele Fragen, die ich gerne gestellt hätte. Doch Ginas Wohl ging natürlich vor.

Nach der Sitzung redeten wir noch eine Weile darüber, wie das alles wohl gemeint war und wie wir mit diesen Informationen umgehen sollten. *Die Bäume wachsen unter den Blumen* wollte dieser Seth unser gemeinsames Buch nennen. Komischer Titel.

"Moment mal", sagte Gina, "hat er nicht vorhin gesagt, dass er schon einmal ein Buch diktiert hätte? Wenn das wirklich wahr sein sollte, hätten wir den Beweis, dass es sich nicht nur um mein Unbewusstes handeln kann."

Wir beschlossen, wieder auf die Suche in die Büchereien zu gehen, in denen wir schon einmal alles durchstöbert hatten. Ein Buch von Seth hatten wir natürlich nicht direkt gesucht. Es erschien uns zwar sehr unwahrscheinlich, dass wir dort wirklich ein Buch finden könnten, aber irgendjemand müsste doch von diesem Buch schon einmal etwas gehört haben, oder es müsste in irgendeiner Verlagsliste schon einmal aufgetaucht sein, sofern es wirklich existierte. Es könnte natürlich auch in einer fremden Sprache erschienen sein. Dann würde es schwieriger werden. Wir beschlossen, uns bei unserer schwierigen Suche zu trennen, um Zeit zu sparen. Als wir uns wieder trafen, hatten wir beide jeweils drei Bücher unter dem Arm. Es war überhaupt nicht schwierig gewesen. Dieser Seth hatte bereits in den siebziger Jahren eine ganze Reihe Bücher geschrieben, die allesamt zu Bestsellern auf dem esoterischen Büchermarkt geworden waren. Es gab sie in fast allen Sprachen der Welt. Wir sahen uns nur fassungslos an. Es waren also nicht nur Hirngespinste gewesen mit Seth und Ella. Unser gesamtes Weltbild geriet ins Wanken. Alles, woran wir uns bisher festgehalten hatten, war in Frage gestellt. Die Bücher, die wir gekauft hatten, beschäftigten sich allesamt mit einem neuen, erweiterten Realitätsverständnis. Es waren genau die Fragen, die ich Gina-Seth in Trance stellen wollte. Nur so viele Fragen, wie ich in diesen Büchern beantwortet fand, wären mir gar nicht eingefallen. Mit diesen Ereignissen im Hintergrund las ich jede Zeile sehr genau. Es war beileibe nicht einfach zu verstehen, was Seth zum Ausdruck bringen wollte. Ich konnte mir nicht vorstellen, dass Gina mit Seth ein solch kompliziertes Buch herausbringen würde. Gina war für so einen philosophischen Kram nicht zu haben und viel zu sehr an der Praxis orientiert. Wenn sie etwas sagte, dann war es eindeutig und hatte Hand und Fuß. Aber vielleicht lag das Komplizierte auch nicht nur an Seth, sondern an dem Medium, einer Amerikanerin namens Jane Roberts, durch die Seth diese Bücher geschrieben hatte. Auf jeden Fall wurden alle meine Fragen in den bestehenden Seth-Büchern ausführlich beantwortet. Ich vermutete, die wahre Natur von Ella jetzt zu verstehen. Doch Ella tauchte in meinen Träumen nicht mehr auf, und so hielt ich mich an Seth und Gina. Zu versuchen, mit Ella in Trance Kontakt aufzunehmen, wie Gina es gemacht hatte, kam mir gar nicht in den Sinn. Ich traute es mir auch einfach nicht zu.

Wir widmeten Seth jede Woche einen Abend zum Buchdiktat und hatten mehrmals wöchentlich private Sitzungen mit ihm, um persönliche Fragen zu unserer Weiterentwicklung und unserer Zukunft zu stellen. Es dauerte nicht lange, da machten wir jede Entscheidung, die wir in unserem Leben zu treffen hatten, von Seths Meinung abhängig. Ohne uns dessen bewusst zu sein, legten wir immer mehr die Verantwortung für unser Leben in Seths Hände. Aus ihm sprach so viel Weisheit und so viel Intelligenz, dass wir ganz auf seine Meinung vertrauten. Er hatte auch immer Recht und wusste einfach alles. Dinge, die Gina niemals hätte wissen können, wurden durch Seth ganz leicht für sie wahrnehmbar. Wir kamen mit Seths Hilfe sehr schnell voran mit unserer geistigen Entwicklung. Ich entwickelte mit ihm ein völlig neues Therapiekonzept und hatte damit überragende Erfolge. Gina lernte von ihm Veränderungstechniken, bei denen sie mit einer Art kosmischer Energie arbeitete. Die Auswirkungen waren bombastisch. Ja, wir hatten allen Grund, Seth zu vertrauen. Und das taten wir auch. Aus ihm sprach so viel Liebe und solch eine hohe Akzeptanz jedem Menschen gegenüber, man musste ihn einfach gern haben. Wir waren so in Hochstimmung, dass wir nicht merkten, wie unsere Existenz langsam zerbröckelte. Aber wir machten uns keine Gedanken darüber. Wir hatten ja Seth, und mit ihm konnte uns nichts passieren. Doch es passierte.

Gina verlor ihre Aufträge, und mein Klientenstamm war auf ein paar einzelne Leute zusammengeschrumpft. Auf einmal kamen wir in finanzielle Schwierigkeiten. Aber nicht genug damit: Die Energien, mit denen Gina arbeitete, wirkten sich plötzlich so katastrophal aus, dass Gina glaubte, den Verstand zu verlieren. Wir hatten eine harte Zeit vor uns. Mit den neuen effektiven Seth-Techniken konnte ich mit Gina nicht arbeiten. Das verschlimmerte ihren Zustand nur. Ich musste also auf meine zehnjährige NLP-Erfahrung zurückgreifen, um Gina vom Abgrund zurückzureißen. Nach vier Wochen geballter Lebensangst und härtestem Kampf gegen den eigenen Glauben hatte Gina die Kontrolle über ihr Leben zurückgewonnen. Was war passiert? Wir konnten nicht verstehen, wieso uns Seth dies angetan hatte. Wir waren uns einig, mit Seth nie wieder Kontakt aufzunehmen. Unsere ganzen Zukunftspläne waren dahin und auch alle finanziellen Mittel. Wir mussten auf einmal die Verantwortung für unser Leben wieder selbst übernehmen. Und genau das war Seths letzte Botschaft an uns, die er uns mit diesen drastischen Mitteln gab! Wir erkannten es jedoch erst sehr viel später.

Zurückblickend kann ich sagen, dass Seth sehr lange versuchte, uns zur Eigenverantwortung zu ermahnen. Doch wir wollten wohl einfach nicht verstehen. Schließlich griff er dann zu diesen harten Mitteln und verlor unsere Freundschaft. Doch er hatte sein Ziel erreicht. Wir waren wieder wir selbst. Er hatte uns mit diesem Crash einen letzten Freundschaftsdienst erwiesen. Ohne unsere Eigenverantwortung wären wir niemals dahin gekommen, wo wir heute sind. Aber zunächst begann eine schwere Zeit für uns. Was sollten wir beruflich tun? Alle phantastischen Visionen waren dahin. Ich beschloss, meine Arbeit, die ich mit Seth angefangen hatte, ohne ihn weiterzuführen. Gina tat das Gleiche und entwickelte Konzepte, die die Seth-Wahrnehmung ersetzten. So vergingen einige Monate.

Mit der Zeit machte sich in mir eine latente Unzufriedenheit breit, für die ich keine rechte Erklärung fand. Ich fühlte irgendwie, dass es nicht der einzige Sinn meines Lebens sein konnte, Menschen zu therapieren, auch wenn ich damit gute Erfolge hatte. Mir fiel Ella wieder ein. Ob es mit Ella auch so laufen würde wie mit Seth, wenn ich darauf achten würde, dass ich meine Lebensverantwortung nicht abgab? Ich hatte das Gefühl, es schaffen zu können. Nur Gina konnte ich dies nicht vorschlagen, sie hatte noch genug vom letzten Mal. Ich musste also selber handeln. Ich beschloss, eine Nacht darüber zu schlafen und am nächsten Tag zu entscheiden. In dieser Nacht tauchte unverhofft Ella in meinem Traum wieder auf. Ich hatte offenbar unbewusst schon entschieden. Ich war sehr skeptisch ihr gegenüber und fragte sie schließlich direkt, ob ich bei ihr auch Angst haben müsste, dass sie mich hereinlegt, so wie Seth es getan hatte.

"Ja, weißt du denn immer noch nicht, wer du bist?" fragte Ella, "niemand hat euch hereingelegt außer ihr euch selbst. Glaubst du denn immer noch, Seth oder ich wären Wesen, die außerhalb von euch existieren? Denk darüber nach", sagte Ella noch abschließend, "ich komme wieder, wenn du die Antwort gefunden hast."

Mit diesen Worten verschwand Ella wieder aus meinem Traum, und ich wachte auf. Es war drei Uhr in der Frühe, und ich beschloss, mir Ellas Frage aufzuschreiben, damit ich sie nicht über Nacht vergäße. Am nächsten Tag nahm ich mir wieder die Seth-Bücher vor, in die ich schon lange nicht mehr hineingeschaut hatte. Ich hoffte, dort die Antwort auf Ellas Frage zu finden. Ich erinnerte mich daran, dass ich zu Beginn unserer Arbeit zu wissen glaubte, wer oder was Ella sei. Ich schlug ein Buch auf, in dem ich vermutete, etwas darüber zu finden. Es war unglaublich: Genau die Seite, die ich aufschlug, enthielt eine Erklärung für Ellas Frage. Dort stand:

"Euer Körper ist das fundamentalste Produkt eurer Kreativität auf physischer Ebene. Alle anderen Bewerkstelligungen, die ihr in eurem Leben fertigbringt, sind auf seine Integrität angewiesen. Eure größten künstlerischen Leistungen müssen der Seele im Fleisch entspringen. Tag für Tag erschafft ihr euch selber und verändert eure Gestalt, gemäß der unermesslichen Fülle eurer mannigfaltigen Anlagen. Und so geht ihr aus dem strahlenden psychischen Reichtum der Seele mit eurer Willensfreiheit und euren Sehnsüchten hervor. Ihr erschafft euerseits andere Lebewesen. Ihr bringt auch Kunstformen hervor - fließende, lebendige Konstrukte, die ihr ihrer sozialen und zivilisatorischen Bedeutung nach selbst nicht versteht -, und sie alle fließen durch euer Fleisch- und Blutbündnis hindurch." (Jane Roberts: Die Natur der persönlichen Realität, Genf 1985, S. 200).

Es war wieder einmal sehr schwer zu verstehen, was Seth hier meinte, doch eins hatte ich verstanden: Ich erschaffe meine Realität selbst, und mein Körper ist meine eigene ureigenste Schöpfung - ein lebendiges Kunstwerk, das ich nur leider nicht richtig verstand. Aber wie konnte ich meine Realität erschaffen, ohne zu verstehen wie und ohne es überhaupt zu merken? Ich schaute mir den Text noch einmal genauer an. Ich ginge aus dem psychischen Reichtum der Seele hervor, stand da. Und meine Willensfreiheit und Sehnsüchte hätten auch etwas damit zu tun. Plötzlich fiel es mir wie Schuppen von den Augen: Ich war ein Teil meiner größeren Seele und erlebte mich als individuelles Ich, durch meine Sehnsüchte und meinen freien Willen. Zu meiner Seele mussten also noch mehr Menschen gehören, die sich durch ihre Sehnsüchte und Wünsche von mir unterschieden. Jetzt fiel mir auch wieder ein, was Ella zu Gina und mir bei unserem ersten Trance-Gespräch gesagt hatte, nämlich, dass sie ein größeres gemeinsames Selbst von Gina und mir und vielen anderen Menschen wäre. Und alle wären miteinander verbunden. Natürlich, Ella musste meine Seele sein. Und nicht nur meine. Denn Gina und ich hatten eine gemeinsame Seele. Deshalb erschien sie uns beiden gleichzeitig in unseren Träumen. Und deshalb fühlten Gina und ich uns so sehr miteinander verbunden. Jetzt war ich sicher, vor Ella brauchte ich keine Angst zu haben. War es doch meine eigene Seele, die zu mir sprach. Ich beschloss also zu versuchen, in Selbsthypnose mit Ella Kontakt aufzunehmen.

Botschaft 1: Ich bin, was ich erlebe

"Moment mal, Ella, erklär mir das bitte noch einmal genauer."

"Okay, dann werde ich versuchen, dir eine plastische Vorstellung davon zu geben. Stell dir vor, du bist ein Maler. Du malst das Bild eines Mannes in seinem Haus. Aber das Bild, das du malst, ist lebendig, und der Mann, den du geschaffen hast, hat seinen eigenen freien Willen. Er beginnt in seiner Wohnung ein eigenes Bild zu malen, das wiederum eine lebendige Person zeigt. Diese malt dann auch wieder ein Bild usw. Zuweilen kommt es vor, dass die Person eines Bildes sich Gedanken darüber macht, ob sie wohl selbst genauso gemalt wurde wie der Mensch ihres Bildes. Sie schaut also nicht mehr nur in eine Richtung, sondern auch in die andere. Jetzt sieht sie auf einmal nicht nur die Person, die sie gemalt hat, sondern auch deren Schöpfer und den Schöpferschöpfer. Und genau da stehst du jetzt."

"Ja, aber wo endet denn die Schöpfung von immer neuen Personen? Es muss doch irgendwo anfangen, bzw. aufhören?"

"Es gibt keinen Anfang und kein Ende. Versuch es dir einmal so vorzustellen: Du schaust bis ins Unendliche, was natürlich für dich nicht wirklich möglich ist, auf die immer kleiner werdenden Einheiten. Mit Einheit meine ich hier die Personen der einzelnen Bilder. Am Ende der Unendlichkeit siehst du dann die kleinste Einheit aller Einheiten. Doch wenn du jetzt genau hinschaust, siehst du, dass diese kleinste Einheit von allen auch ein lebendiges Bild malt. Dieses Bild zeigt erstaunlicherweise die Einheit, die du sehen würdest, wenn du in die andere Richtung geschaut hättest, um die größte aller Einheiten zu finden. Verstehst du?"

"Nein."

"Das macht nichts, ich merke, dass du fühlen kannst, was ich meine. Jetzt stell dir weiter vor, dass jede Person auf jedem Bild nicht nur jeweils eine, sondern unendlich viele Personen erschafft, die auch wiederum unendlich viele Personen erschaffen, usw., usw. Und alle Einheiten, die existieren, sind miteinander verbunden, jede mit jeder."

Ich war total verwirrt. Diese Zusammenhänge sollte ein Mensch verstehen können. Ich stellte Ella noch eine Frage:

"Wieviele Leben gibt es denn dann überhaupt, unendlich hoch unendlich oder so etwas?"

"Was für eine Frage, natürlich gibt es nur ein einziges Leben."

Jetzt war die Verwirrung komplett. Meine Hirnwindungen schlugen Salto mortale. Warum musste ich Ella auch immer so blöde Fragen stellen, dachte ich.

"Ja warum?", wollte Ella jetzt auch gern wissen.

"Moment mal", sagte ich, "du weißt doch alles über mich. Dann musst du doch auch wissen, warum ich diese Fragen stelle."

"Ich weiß es auch, Bodo, aber es ist wichtig, dass du dir dessen bewusst wirst, was du eigentlich wissen möchtest."

"Was will ich denn wissen?"

"Du willst schlicht und ergreifend wissen, wer du bist. Aber mach jetzt Pause, Bodo, im Moment würdest du gar nichts mehr verstehen."

Wir beendeten also die Sitzung, und ich fand mich in meinem Sessel wieder, als ich aus meiner Trance erwachte. Seit einem Monat führte ich jetzt schon diese Gespräche mit Ella. Ich stellte ihr Fragen über Fragen und bekam Antworten über Antworten. Ich kam irgendwie nicht weiter. Ella hatte Recht, in meinem Übereifer wusste ich schon gar nicht mehr, nach was ich eigentlich suchte. Alles war so faszinierend. Ich wollte also eigentlich wissen, wer ich bin, wie sich Ella ausdrückte. Doch was hieß das?

Während ich so nachdachte, fiel mir auf einmal auf, dass ich in der letzten Zeit seltsamerweise fast nur Klienten hatte, die auf der Suche nach sich selbst waren. Alle suchten nach Selbstverwirklichung und hatten dieses undefinierte Ziel, sich selbst besser kennenzulernen. Solche Leute kamen früher alle Schaltjahre einmal in meine Praxis. Doch jetzt hatte ich fast nur diese Klienten. Ich wusste gar nicht so recht, wie ich ihnen überhaupt helfen sollte, war ich es doch gewohnt, mit handfesten Problemen umzugehen, bei denen man auch den Erfolg meiner Arbeit sofort bewerten konnte. Und wieder einmal gingen mir Ellas Worte durch den Kopf. Hatte sie nicht immer wieder betont, es gebe keine Zufälle, nichts würde einfach so passieren, sondern alles würde verursacht? Und mit allen Ereignissen, von denen ich betroffen sei, sei ich kompromisslos hundertprozentig einverstanden. Es hatte also offensichtlich etwas zu bedeuten, dass ich so viele Klienten hatte, die nach Selbsterkenntnis strebten. Nur was? Und wie das funktionieren sollte, dass diese Menschen automatisch auf mich zukamen, war mir schon gar nicht klar.

Zur gleichen Zeit etwa war Gina damit beschäftigt, ein Konzept auszuarbeiten, mit dem sie Menschen helfen wollte, einen persönlichen Sinn in ihrem Leben zu erkennen, um damit ihren Beruf befriedigender und erfolgreicher zu gestalten. Hatte dies vielleicht auch etwas mit mir zu tun? Ella sagte doch, alle Ereignisse, mit denen ich etwas zu tun hätte, seien kein Zufall, sondern gewollt. Ging es bei der Frage, wer ich bin, nicht auch um den Lebenssinn? Ich beschloss, Ella danach zu fragen.

Ein paar Tage später saß ich wieder in meinem Sessel und bereitete mich auf meine Trance vor. Es fiel mir diesmal schwerer, zur Ruhe zu kommen und in Trance zu gehen. Die Anspannung, heute vielleicht die richtige Frage zu stellen und eine Antwort zu bekommen, mit der ich diese latente Unzufriedenheit der letzten Monate endlich los würde, verhinderte eine ganze Zeit lang meine Trance. Als ich schon fast aufgegeben hatte und es mir schon beinahe gleichgültig war, ob ich noch ein Gespräch haben würde, vertiefte sich meine Trance. Ich hatte die Anspannung endlich losgelassen. Ich begann den Kontakt zu Ella aufzunehmen, indem ich wie immer einfach sagte:

"Hallo, Ella", und dann wartete. Ella meldete sich sehr rasch und begrüßte mich gleichermaßen mit "Hallo, Bodo!"

"Schön, wieder bei dir zu sein", waren meine ersten Worte.

Und Ella meinte: "Ja, schön."

Wir gingen sehr liebevoll miteinander um. Mit Ella konnte man auch gar nicht anders umgehen. Ich fühlte so viel Liebe und Geborgenheit, wenn ich bei ihr war, dass jegliche Aggressionen sofort verschwanden. Aber so ist das wahrscheinlich, wenn man mit seiner eigenen Seele redet, dachte ich.

"Ella, ich habe erkannt, dass die Ereignisse, die sich zur Zeit in meinem Leben abspielen, irgendeine Botschaft für mich enthalten müssen. Ich glaube, es hat irgendetwas mit dem Sinn des Lebens zu tun."

"Das ist richtig, Bodo."

Wie immer beantwortete Ella nur die Frage, die ihr direkt gestellt wurde. Sie hätte ja auch sagen können, dass es nicht nur um den Sinn des Lebens ging, sondern auch noch um etwas anderes. Aber so eine Antwort bekam ich nie von Ella zu hören. Also war ich in diesem Moment davon überzeugt, jetzt endlich an mein Ziel zu kommen und wirkliche Zufriedenheit in mein Leben bringen zu können. Ich fragte also völlig aufgeregt:

"Ja, und was ist jetzt der Sinn des Lebens?"

Die Antwort auf diese Frage empfand ich zunächst als ziemlich frustrierend. Sie sagte: "Es würde dir nichts nützen, wenn ich dir das jetzt sagen würde, Bodo, du würdest es nicht richtig verstehen und auch nicht akzeptieren."

Zurückblickend kann ich sagen, dass Ella hiermit wie immer Recht hatte.

"Gibt es denn überhaupt irgendeinen Menschen, der den Sinn seines Lebens richtig verstanden hat?"

Die Antwort von Ella gab mir wieder Rätsel auf: "Versuche, das Leben der Menschen in einem größeren zeitlichen Zusammenhang zu sehen, die letzten eintausend Jahre beispielsweise. Vor eintausend Jahren glaubten die Menschen, durch den enormen Einfluss der christlichen Kirchen, der Sinn des Lebens würde in einer Art Prüfung liegen, die die Menschen auf der Erde bewältigen müssten. Nur zu diesem Zweck habe Gott die Erde zum Mittelpunkt des Universums gemacht. Man musste sich Gott zuwenden und den heimtückischen Versuchungen des Teufels widerstehen. Alle Ereignisse wurden durch den Willen Gottes oder die Böswilligkeit des Teufels erklärt. Jede Einflussnahme auf die Realität seitens der Menschen wurde als Ketzerei bezeichnet und meist mit dem Tode bestraft. Denk nur an die vielen Hexenverbrennungen. Diese sogenannten Hexen waren meist Heilkundige, die die Wirksamkeit von Pflanzen, oft auch der Hypnose auf unsere körperliche und geistige Gesundheit erkannten. Denk daran, was mit dir passiert wäre, wenn du in solcher Zeit deine NLP-Praxis eröffnet hättest."

"Ich wäre mit Sicherheit verbrannt worden."

"Richtig, das war mit ein Grund, warum du dir dieses Leben in der jetzigen Zeit ausgesucht hast. Aber zurück zum Mittelalter. Die Menschen dieser Zeit wurden Jahrhunderte dazu gezwungen, den Sinn des Lebens, so wie ihn die Kirche definierte, anzuerkennen. Zuwiderhandlungen wurden von der Heiligen Inquisition rigoros mit dem grausamsten Tod bestraft. So war es nicht verwunderlich, dass niemand sich die Frage nach dem Sinn des Lebens stellte. Man versuchte also, die Prüfungen des Lebens zu bestehen, um nach dem Tod in den Himmel zu kommen. Verboten war alles, was in irgendeiner Form Spaß machte. Solche Dinge waren Teufelswerk. War man beispielsweise unkeusch, so konnte man nur durch einen Priester diese Sünde wieder ungeschehen machen, indem man beichtete. Da alles verboten war, was irgendwie Spaß machte, war die Beichte ein ungeheures Machtinstrument, was die Kirchen ausgiebig ausschöpften. Die Macht der Kirchen zerbröckelte erst ganz langsam im 15. Jahrhundert. Sie hatte etwa 500 Jahre in dieser Form bestanden. Mit dem Machtverlust der Kirchen begann man, wieder den Sinn des Lebens, wie ihn die Kirchen definiert hatten, in Frage zu stellen. Man bemerkte, dass die kirchlichen Würdenträger sich selbst nicht an ihre Gebote hielten und beispielsweise ihr Keuschheitsgelübde immer wieder brachen oder Bestechungsgelder annahmen. Sie schienen offenbar nicht viel Angst vor der Strafe Gottes zu haben.

Als dann im 16. Jahrhundert die Astronomen den unwiderlegbaren Beweis erbrachten, dass die Erde nicht der Mittelpunkt des Universums war, wie die Kirchen immer behauptet hatten, sondern nur ein kleiner unbedeutender Planet in einem unendlichen Universum, brach die mittelalterliche Weltsicht zusammen. Auf einmal konnte man nicht mehr Gott und den Teufel für jedes Naturereignis verantwortlich machen. Man fühlte sich plötzlich haltlos und verstand den Sinn des Lebens nicht mehr. Suchend nach dem Sinn, wollte man nicht mehr den gleichen Fehler wie zuvor begehen und irgendeinen Glauben kritiklos übernehmen. Man wollte Beweise und erfand Bedingungen, mit denen man diese Beweise bewerten musste. Das wissenschaftliche Zeitalter war geboren. Noch heute bewerten die Wissenschaftler die Realität nach den gleichen Bedingungen, und langsam ereignet sich wieder das gleiche Drama wie zu Ende des christlichen Weltbildes. Die Menschen geben sich immer weniger mit den wissenschaftlichen Erklärungen der Realität zufrieden, mit denen so viele Phänomene einfach nicht zu erklären sind.

Solche Übergänge im Weltgeschehen laufen in langsamen zeitlichen Rhythmen ab. Die Zeitdauer einer solchen Periode beträgt ca. 500 Jahre. Dann gibt es noch einen Rhythmus, dessen

Zeitspanne 2000 Jahre beträgt. Aber zurück zum Beginn unserer modernen Wissenschaft.

Man schickte Wissenschaftler hinaus in die Welt, die mit streng wissenschaftlichen Methoden die Wahrheit über das Leben herausfinden sollten, um den Sinn des Lebens zu ergründen. Man merkte sehr schnell, dass man sich auf eine längere Wartezeit einrichten musste und beschloss, es sich so lange so bequem wie möglich zu machen. Mit den Generationen geriet die eigentliche Aufgabe der Wissenschaft in Vergessenheit. Die Menschen, die einst den Sinn des Lebens ergründen wollten, nutzten jetzt die Wissenschaft, um ihren Lebensstandard weiter zu verbessern und sich die Natur "untertan" zu machen. Da man unter den geschaffenen Bedingungen keinen wissenschaftlichen Beweis für die Existenz einer Schöpfung durch Gott finden konnte, entschied man, dass es diesen auch nicht geben könne. Es wurden alle Ereignisse als Zufall deklariert und der Sinn des Lebens als reiner Überlebenskampf gesehen. Da es ein Weiterleben nach dem Tod oder gar Wiedergeburt nicht gab, gingen die Menschen in der Ausbeutung der Natur so weit, dass das natürliche Gleichgewicht der Natur ins Wanken geriet. Durch den erwähnten Rhythmus von 500 Jahren bewegt sich die Menschheit jetzt wieder in ein neues Zeitalter.

Dieser Umbruch wird sich in allernächster Zeit auf diesem Planeten genauso dramatisch ereignen wie der am Ende des Mittelalters. Mehr noch: es kommt nicht nur der Umbruch der 500 Jahre zum Tragen, sondern gleichzeitig auch derjenige der 2000. Dies ist der Grund, warum in deiner Praxis so viele Klienten sind, die sich auf der Suche befinden. Die Unzufriedenheit, die diese Menschen spüren, wird über kurz oder lang auf alle Menschen übergreifen. 500 Jahre habt ihr ein rein spirituelles und weitere 500 Jahre ein rein materialistisches Weltbild gehabt. Was glaubst du wohl, was jetzt passiert?"

"Wir werden diese Weltbilder irgendwie vereinigen müssen."

"Ganz genau. Und ohne dieses Weltbild, das du noch nicht haben kannst, bin ich nicht in der Lage, dir den Sinn deines Lebens näherzubringen."

"Das verstehe ich nicht, du kannst mir doch dieses Weltbild einfach erklären."

"Das kann ich leider nicht", entgegnete mir Ella.

32

"Unsere Kommunikation ist auf deine Glaubenssätze über die Natur der Realität aufgebaut. Ich gebe dir energetisch nur ein andeutendes Verständnis, da ich gar nicht in der Lage wäre, mich in deiner Raumzeit-Welt zu bewegen. Wir sind durch eine Art Zwischendimension miteinander verbunden, wobei du meine Informationen simultan in einem Augenblick erhältst und dein Gehirn diese Informationen in für dich wahrnehmbare physische Modalitäten bringt, die eine bestimmte zeitliche Dauer haben. Das Bild, das du von mir siehst, und die Stimme, die du hörst, sind Projektionen oder Illusionen deines Unbewussten."

"Dann siehst du also gar nicht so aus, wie ich dich sehe?"

"Nein, Bodo, ich sehe überhaupt nicht aus. Ich bin weder Frau noch Mann noch überhaupt etwas, was du dir vorstellen kannst. Verstehst du jetzt, warum ich dir deine Frage nicht so einfach beantworten kann?"

"Ich glaube ja", war meine zurückhaltende Antwort. "Du kannst nur ein Verständnis herüberbringen, das für mich logisch wäre."

"Genau, und was ich dir zu sagen habe, wäre für dich nicht logisch, zumindest jetzt noch nicht."

"Ja, aber wie komme ich weiter, Ella?"

"Wir werden dich einige Erfahrungen machen lassen und bereits vorhandene nutzen, um damit das nötige Verständnis nach und nach aufzubauen. Es wird ein ständiges Wechselspiel zwischen Erlebnissen in deiner äußeren Welt und unseren Gesprächen geben. Die Begegnungen mit anderen Menschen werden so ausgesucht, dass du die Chance hast, von deren Verständnis zu profitieren. Mach dich also bereit, die Botschaft der Menschen, die dir zufällig begegnen, wahrzunehmen. Manchmal musst du ihnen auch etwas helfen, bevor sie dir deine Botschaft geben können. Und jetzt sollten wir unsere Sitzung beenden, wenn du keine Fragen mehr hast."

Ich hatte tausend Fragen, aber ich wusste trotzdem nicht, was ich fragen sollte. Ich sagte also "Tschüs, Ella, bis bald" und erwachte aus meiner Trance.

In der darauffolgenden Zeit versuchte ich in allem, was sich ereignete, eine tiefere Bedeutung zu sehen. Jeden Satz, den man mir sagte, hätte ich am liebsten sofort notiert. Sobald ich jemandem begegnete, war mein erster Gedanke, was dieser mir wohl zu sagen hatte. Ich empfand diese Art zu lernen als enorm stressig, zumal ich immer versuchte, jedem Menschen, der mir begegnete, zu helfen, damit er mir seine Botschaft auch geben konnte. Ich glaube, ich muss zu der Zeit einen seltsamen Eindruck auf die Leute gemacht haben. Auf jeden Fall gab ich nach nicht einmal einer Woche frustriert auf.

In der nächsten Sitzung mit Ella wollte ich meinen Frust erst einmal so richtig herauslassen. Ich war stinksauer, dass Ella mir einen so bescheuerten Entwicklungsweg vorgeschlagen hatte. Doch kaum war ich in Trance und spürte die Nähe von Ella, war in mir nur noch Liebe. Ohne dass unser Gespräch überhaupt angefangen hatte, erkannte ich, dass der Fehler bei mir liegen müsste. Außerdem war mir plötzlich wieder meine Eigenverantwortung klar. Niemand, auch nicht Ella, hatte Schuld an irgendetwas, was mir passierte. Mit diesen Gefühlen nahm ich den Kontakt auf und sagte wie immer:

"Hallo, Ella."

"Hallo, Bodo. Weißt du mittlerweile, warum du es dir so schwer gemacht hast?"

"Ich glaube ja, ich habe der vermeintlichen Botschaft so viel Gewicht gegeben, dass ich überhaupt nicht registrierte, was die Leute eigentlich von mir wollten. Ich habe weiterhin versucht, ihnen meine Hilfe aufzuzwingen, obwohl sie gar kein Interesse daran hatten."

"Richtig, Bodo. Die Botschaft, die im Verlaufe des Gespräches irgendwann gekommen wäre, wurde von dir selbst verhindert, indem du dem Gespräch nicht seinen natürlichen Verlauf gelassen hast. Du hast im Ansatz einen Austausch mit den anderen Personen unterbunden, da du annahmst, sie seien nur gekommen, um dir deine Botschaft zu geben. Doch so funktioniert die Welt nicht. Erinnere dich, ich habe dir mal gesagt, dass jeder Mensch mit jedem Ereignis kompromisslos hundertprozentig einverstanden sein muss. So wie du die Lage eingeschätzt hast, wären die Leute nur für dich gekommen, um dir zu helfen."

"Ja, aber was ist daran falsch?"

"Falsch ist daran, dass dieses Ereignis für dich eine Bedeutung gehabt hätte und für die anderen nicht."

"Heißt das, dass alle Menschen nur etwas tun, wenn sie persönlich davon profitieren können? Das ist doch total egoistisch."

Ich konnte nicht glauben, dass alle Menschen so egoistisch sein sollten. Vor allem hielt ich mich selbst für überhaupt nicht egoistisch. Ich war immer der Meinung, dass ich zum Beispiel meinen Beruf nur ausübte, um anderen Menschen zu helfen.

"Bodo", stoppte mich Ella, "es gibt nicht nur Schwarz und Weiß. Lass es mich dir wieder anhand eines Vergleiches erklären. Stell dir vor, du bist Musiker."

Diese Vorstellung fiel mir nicht schwer, da mein Vater Zeit seines Lebens Musik machte, und auch ich für eine kurze Zeit Schlagzeug gespielt hatte.

"Stell dir weiter vor, du willst mit deinem Instrument ein schönes Lied spielen oder noch besser: dein Lieblingslied. Es macht dir sehr viel Freude, dieses Lied zu spielen, und jetzt mitten im Lied kommt ein anderer Musiker hinzu, der ein anderes Instrument spielt und das gleiche Lieblingslied hat, und möchte mitspielen."

"Das macht natürlich doppelt Spaß", war meine Antwort.

"Gut, dann stell dir vor, eine ganze Band kommt zu dir und spielt mit dir dein Lieblingslied, aber nicht, damit du mehr Freude an deinem Lied hast, sondern weil sie alle dieses gleiche Lied so sehr mögen. Jeder kommt nur für sich allein. Verstehst du, was ich damit sagen will?"

"Heißt das, dass alle Menschen, die mir begegnen, nur mit mir zusammenkommen, weil ich zufällig das Gleiche gut finde?"

"Nicht zufällig Bodo, du weißt, es gibt keinen Zufall, aber ich sehe, du beginnst zu verstehen."

"Moment mal, jetzt ganz langsam zum Mitschreiben. Alle Begegnungen, die stattfinden auf der ganzen Welt, sind von jedem gleich stark gewollt?"

"Ja, Bodo, alle Menschen, die sich begegnen, spielen gewissermaßen immer zusammen ihr derzeitiges Lieblingslied. Von dieser Regel gibt es keine Ausnahme. Die Menschen, die dir eine Botschaft mitteilen wollen, tun dies nur für sich. Da es aber euer gemeinsames Lieblingslied ist, tun sie es auch automatisch für dich und umgekehrt. Und das ist immer so."

"Das kann ich nicht glauben, Ella, was ist denn mit den Kriegen oder Vergewaltigungen, oder wenn kleine Kinder, sogar Babys, missbraucht werden?"

"Bodo, diese Frage ist wegen deines angelernten Gerechtigkeitssinns und deiner Moral sehr schwierig zu beantworten. Denk daran, ich kann dir nur Verständnis geben, wenn dafür Grundlagen vorhanden sind. Ich kann dir nur soviel sagen, dass beide miteinander diese Gewalttat vereinbart haben, weil jeder von beiden gleichermaßen diese Erfahrung braucht. Um dies richtig zu verstehen, müsstest du dich in ein größeres Bewusstsein hineindenken. Vergiss nie, dass kein Mensch wirklich sterben kann. Euer Leben ist nur ein Spiel, eine Rolle, und der Tod eine Illusion. Doch das soll im Moment nicht unser Thema sein. Versuch das nächste Mal, wenn du mit Menschen zusammentriffst, die Begegnung ganz normal ablaufen zu lassen und dir erst hinterher Gedanken darüber zu machen. Und bedenke auch, dass die Botschaft nicht unbedingt verbal sein muss. Meistens ist sie es nämlich nicht. Das Ereignis an sich stellt die Botschaft dar."

"Das verstehe ich nicht."

"Du wirst es mit der Zeit selbst erkennen. Alles, was ich dir jetzt sagen könnte, wäre niemals so tiefgreifend wie die eigene Erkenntnis. Du hättest keine Chance, dein Ziel zu erreichen, wenn ich dir, wie im Schulunterricht, alles vorkauen würde."

"Gut, ich werde es weiter versuchen. Ich danke dir, Ella."

"Ich danke auch dir Bodo. Tschüs."

Nach dieser Sitzung war mir vieles etwas klarer, aber es wurden auch wieder neue Fragen aufgeworfen. Ich versuchte, den Kopf klar zu bekommen, und ermahnte mich, nicht zu vergessen, um was es eigentlich ging. Ich wollte doch ursprünglich wissen, wer ich bin, und den Sinn des Lebens erkennen. Ich beschloss also, in den nächsten Tagen mein eigentliches Ziel im Auge zu behalten.

Die Tage vergingen, und ich hatte immer noch nicht das Gefühl, eine Botschaft bekommen zu haben. Alles war ganz normal. Meine Klienten kamen mit ganz normalen Problemen, und meine Freunde sagten auch nichts anderes als sonst. Normalerweise war Gina immer der Mensch, von dem ich am meisten lernen konnte. Sie war die ganze Zeit, in der ich mich mit Ella unterhielt, damit beschäftigt, ihr Konzept für die innere Berufung auszubauen, wie sie es nannte. Zur Zeit stand sie an dem Punkt, dass sie sich Gedanken über Persönlichkeitsbildung machte. Sie versuchte, Menschen zu helfen, ihre unterschiedlichen Rollen zu erkennen, die sie in Beruf und Freizeit spielten.

"Die meisten Menschen", erklärte Gina, "halten Dienst für Dienst und Schnaps für Schnaps. Dies hat zur Folge, dass sie in ihrem Beruf nicht das tun, was ihnen Spaß macht, sondern das, was sie glauben, tun zu müssen. Die Folgen, die sich daraus ergeben, sind mangelnde Motivation und Unzufriedenheit, über die allerdings nicht ernsthaft nachgedacht wird, da man ja sowieso glaubt, es wäre nun einmal nicht zu ändern. Würden die Leute jedoch ihre Stärken und Interessen einmal genauer untersuchen, dann fiele vielen von ihnen auf, dass sie damit auch Geld verdienen könnten. Sie würden aufhören, die Rolle zu spielen, die von der Firma oder den Kunden erwartet wird, und fingen an, mehr sie selbst zu sein."

Da war es wieder, dachte ich: "Sie selbst sein?" Das könnte etwas damit zu tun haben, wer ich bin. Ich hörte weiter aufmerksam zu.

"Die Leute würden sich dadurch viel wohler fühlen und wahrscheinlich gar keinen großen Unterschied zwischen Beruf und Privatleben sehen."

Gina hatte noch unheimlich viel zu diesem Thema zu sagen, doch ich war nicht mehr in der Lage, ihr konzentriert zuzuhören. Dafür hatte Gina eine fast übersinnliche Wahrnehmung, und sie beendete unser Gespräch. Meine Gedanken kreisten nur noch um den einen Satz, den sie gesagt hatte: "Die Leute würden anfangen, mehr sie selbst zu sein, wenn sie ihre Rollen, die von der Gesellschaft erwartet werden, aufgeben könnten."

Jetzt wurde mir auch klar, dass die Botschaft, die meine Klienten für mich hatten, die ganze Zeit wie auf einem Präsentierteller vor mir lag. Ich hatte sie bloß nicht wahrgenommen, weil ich etwas anderes suchte. Seltsamerweise hatten die meisten meiner derzeitigen Klienten eigentlich das gleiche Problem. Ich hatte das verbindende Element bisher nur nicht erkannt. Sie wollten alle festgefahrene Verhaltensweisen ändern, mit denen sie nicht einverstanden waren. Einige sagten sogar, dieses Verhalten passe nicht zu ihnen. Es sei, als wenn sie in dem Augenblick jemand anderes wären. Natürlich, das musste es sein: Diese Leute spielten alle eine Rolle und merkten es nicht einmal. Sie verwechselten sich selbst mit der Rolle, die sie spielten. Ich musste sofort mit Ella reden.

Wieder einmal saß ich in meinem Sessel und war total aufgeregt. Ich versuchte, mich erst einmal zu beruhigen, denn ich wusste ja, dass ich ein Gespräch mit Ella nur im absoluten Ruhezustand haben konnte. Nach einer Weile fiel ich dann in Trance und fand mich in der Gedankenwelt wieder, die ich für die Gespräche mit Ella in meiner Phantasie aufgebaut hatte. Es war eine seltsame Mischung zwischen dem schottischen Hochland und dem Klima der kanarischen Inseln. Wir trafen uns immer auf einer Steilklippe, die fast senkrecht, etwa 100 Meter, ins Meer abfiel. Oben auf dieser Klippe wuchs wunderbar saftiges frisches Gras, darüber ragten ein paar vereinzelte alte Laubbäume. Es wehte ein angenehmer leichter Wind, und es schien die Sonne. Insekten oder ähnliches Getier hatte ich mir selbst erspart. So konnte ich hier oben wirklich entspannen, ohne dass irgendetwas auf mir herumkrabbelte oder sonst irgendwie störte. Straßen gab es natürlich auch nicht. Nein, ich war ganz allein mit Ella und der Natur. Wir saßen auf zwei Gartenstühlen an einem massiven Eichentisch. Ella saß schon am Tisch. Sie musste offensichtlich schon auf mich gewartet haben.

"Nun, Bodo, wie ich sehe, bist du ein Stück weitergekommen."

"Ich denke schon, Ella, die Menschen spielen in ihrem Leben verschiedene Rollen und glauben, sie seien selbst diese Rolle, die sie verkörpern."

"Richtig, das hast du gut erkannt, und welche Rollen spielst du?"

Ich war erst einmal verblüfft, es war mir noch gar nicht in den Sinn gekommen, dass ich auch eine Rolle spielte.

"Ich weiß nicht. Kannst du es mir sagen?"

"Könnte ich, doch im Moment würdest du mir nicht glauben und versuchen, alles von dir zu weisen."

Oh, es muss ja eine schlimme Rolle sein, dachte ich, wenn ich sie abstreiten würde. Ella hatte wie immer meine Gedanken wahrgenommen und meinte:

"Deine Rollen sind nicht schlimm, es sind ganz normale Dinge, die du tust, aber du würdest dich im Moment noch selbst abwerten, wenn du sie erkennen würdest. Zu einem späteren Zeitpunkt wirst du dich besser akzeptieren können, und diese Rollen werden dir dann bewusst. Es wird dadurch sehr gravierende Veränderungen in deinem Leben geben."

Diese Antwort war nicht ganz das, was ich zu Beginn unserer Sitzung erwartet hatte, und ich fühlte mich wieder frustriert. Jetzt spielte ich irgendwelche Rollen in meinem Leben, die für meine Unzufriedenheit verantwortlich waren, und konnte dies nicht ändern. Warum spielte ich denn überhaupt solch eine Rolle, begann ich mich zu fragen. Ella unterbrach meine Gedanken.

"Bodo, ich bin froh, dass du diese Frage stellst. Die Akzeptanz dir selbst gegenüber, von der ich eben sprach, hängt auch zu einem großen Teil von deinem Verständnis der Hintergründe ab."

"Du meinst also, wenn ich verstünde, warum ich eine Rolle spiele, könnte ich es besser verkraften."

"Ganz genau. Dieses Verständnis allein reicht zwar noch nicht aus, aber es bringt dich einen ganzen Schritt vorwärts. Zunächst einmal spielst du nicht nur eine Rolle, sondern viele verschiedene. Aber lass mich ein wenig ausholen, um es dir besser zu erklären. Zu Beginn deines Lebens weißt du noch ganz genau, wer du bist. Mit dem Beginn ist nicht notgedrungen deine Geburt gemeint, sondern der Zeitpunkt, in dem dein Geist den neuen physischen Körper in Besitz nimmt. Wenn ich hier von einem Zeitpunkt rede, weißt du natürlich, dass ich diesen Sprachgebrauch für dich benutze, um dir das Verständnis zu erleichtern, um das es geht. In Wirklichkeit gibt es natürlich keine Zeit, das weißt du. Es ist nur ein Konstrukt eurer physischen Welt, an das ihr euch alle mehr oder weniger haltet."

"Mehr oder weniger?" fragte ich.

"Ja, Bodo, aber lass uns ein anderes Mal darüber reden. Jetzt sollten wir die Frage nach dem Grund für die Übernahme deiner Rollen regeln."

"Okay, du hast Recht."

"Gut, wir waren am Beginn deines physischen Lebens, der individuell irgendwo zwischen Zeugung und Geburt liegt. Mit 'individuell' meine ich, dass sich jeder Mensch zu dem Zeitpunkt inkarniert, an dem es für ihn am nützlichsten ist. Es hängt sehr stark von seinem Lebensziel ab, das er in diesem Leben verfolgen will. Du musst es dir so vorstellen: Du hast, bevor du überhaupt ein physisches Wesen wirst, ein bestimmtes Ziel, das du erreichen möchtest. Du musst allerdings beim Übergang ins physische Leben das Tor der Unbewusstheit passieren. Das bedeutet, dass du dich, wenn du erst einmal Mensch bist, nicht mehr erinnern kannst, was du eigentlich wolltest."

"Also ist es ja kein Wunder, dass kein Mensch seinen Sinn im Leben kennt", meinte ich.

"Richtig, und zu diesem persönlichen Ziel kommt noch ein allgemeines, dem die gesamte Menschheit folgt. Jetzt überlege dir einmal, Bodo, wie du es erreichen kannst, dass du trotz der Geburt und dem damit verbundenen Vergessen dein Ziel ansteuerst."

"Keine Ahnung, ich wüsste nicht, wie das funktionieren sollte."

"Dann werde ich es dir sagen. Sobald du den physischen Körper in Besitz genommen hast, beginnst du, das Weltbild deiner Eltern anzunehmen. Das bedeutet, du lernst die Denkweise deiner Eltern kennen und machst sie zu deiner eigenen. Je intensiver du dich mit ihnen identifizieren willst, desto früher gehst du in den Körper."

"Ja, aber warum tue ich denn das?"

"Dafür gibt es zwei Gründe. Zum einen hast du durch diese Maßnahmen die Möglichkeit, auf ganz bestimmte Schwierigkeiten im Leben zu stoßen, welche durch die besagte Denkweise deiner Eltern sehr wahrscheinlich auftreten werden und...."

"Moment Ella", unterbrach ich sie, "willst du damit sagen, dass ich die Schwierigkeiten in meinem Leben freiwillig hinnehme?"

"Mehr noch: Du erschaffst sie dir, wie alles andere auch."

"Aber warum mache ich mir Schwierigkeiten?"

"Diese Schwierigkeiten", erklärte Ella, "ergeben zusammen mit deinen Charaktereigenschaften ganz bestimmte Sehnsüchte und Wünsche, durch die du dann unbewusst automatisch auf dein Lebensziel hinläufst. Du musst das jetzt nicht alles verstehen, wir werden, wenn die Zeit gekommen ist, wieder ausführlich darauf zurückkommen."

"Okay, Ella, das ist der eine Grund. Du sagtest aber eben, es gebe zwei Gründe."

"Ja, der zweite Grund ist ein rein weltlicher. Du wächst als hilfloses Kind in einer Welt auf, in der du nicht allein ohne deine Eltern lebensfähig wärest. Du bist also zunächst ganz von ihnen abhängig, und das merkst du auch sehr schnell. Durch die gleiche Denkweise in einer Gruppe kommt es zu einem stärkeren Zusammenhalt, der das Überleben des Einzelnen zu allen Zeiten sicherer macht. Und mehr noch, denk einmal an die Zeit, in der du schon ein paar Jahre älter bist. Um in deiner Familie ohne große Probleme leben zu können, musst du dich so verhalten, dass es von den anderen akzeptiert wird. Wolltest du dir alles merken, was du tun kannst und was nicht, wärst du zwar dadurch für die Standardsituationen handlungsfähig, aber du wärst nie in der Lage, eine noch nie dagewesene Situation entsprechend dem Familiengeist zu meistern. Verstehst du? Durch diese akzeptierte Denkweise wirst du auch in solchen Situationen vermeintlich richtig handeln."

"Ich glaube, jetzt geht mir ein Licht auf. Ich nehme deshalb eine Rolle in meinem Leben an, weil ich nur dadurch zur Familie gehören kann."

"Ja, und du merkst als Kind auch sehr schnell, dass du geliebt wirst, wenn du dich an die Rolle hältst, und dass du bestraft wirst, wenn nicht. Ihr nennt diesen Vorgang Erziehung."

"Aha, ich spiele also die Rolle, die mir meine Familie zugedacht hat."

"Und nicht nur die, Bodo. Nur der erste große Abschnitt deines Lebens spielt sich in deiner Familie ab. Danach kommt der Kindergarten, die Schule, der Verein, der Beruf, die eigene Familie usw."

"Und überall spiele ich verschiedene Rollen?"

"Nicht nur eine, sondern viele. Du bist scheinbar immer jemand anders, wenn du mit anderen Menschen zusammenkommst. Es kommen die gleichen Mechanismen zum Tragen wie in der Familie. Wenn du die gleiche Denkweise akzeptierst, wirst du anerkannt, und wenn nicht, gemieden."

"Aber das würde ja bedeuten, dass ich überall, wo ich hingehe, mein Fähnchen nach dem Wind hinge und keine eigene Meinung hätte", gab ich zu bedenken.

"So kannst du das nicht sehen. Sehr wohl gibt es Meinungsverschiedenheiten und Konfrontationen, ohne dass du dafür bestraft oder abgelehnt würdest, aber immer nur dann, wenn der andere Mensch es, genau wie du, für richtig hält, dass man sich gegenseitig kritisiert oder Meinungsverschiedenheiten diskutiert. Ihr denkt in so einem Fall also nicht einfach das Gleiche, sondern ihr habt die gleichen Werte im Leben. Verstehst du, was ich meine?"

"Ich glaube ja, Menschen verstehen sich dann, wenn sie die gleichen Charaktereigenschaften für richtig und wichtig halten. Ist dies nicht der Fall, fehlt die gemeinsame Verständigungsbasis."

"Ganz genau. Und was passiert nun mit deinen Charaktereigenschaften, wenn du längere Zeit in einer bestimmten Menschengruppe bist?"

"Ich passe mich ihr an, um dazu zu gehören."

"Ganz genau, Bodo, und sie sich dir. Das geschieht natürlich nur, wenn ihr in eurer Sichtweise nicht zu weit auseinander liegt. Wenn es keine gemeinsame Basis gibt, wirst du nicht zu der Gruppe gehören wollen, oder wenn du aus beruflichen Gründen dazu gezwungen bist, wirst du ein Außenseiter bleiben, der von den anderen gemieden wird. Verstehst du nun, was mit den Rollen gemeint ist und wie sie entstehen?"

"Ja, ich denke schon."

"Dann lass uns dieses Gespräch für heute beenden."

"Vielen Dank, Ella."

"Vielen Dank, Bodo. Mach's gut."

Die nächsten Tage verliefen erst einmal ziemlich ruhig. Ich hatte das Gefühl, von meiner geistigen Entwicklung eine Pause zu brauchen. Irgendwie erschien mir diese Arbeit als zu schwierig. Ich hatte es mir fürwahr wesentlich einfacher vorgestellt. Im Prinzip wollte ich doch einfach nur glücklich und zufrieden leben. Warum so ein Riesenaufwand, nur um herauszubekommen, wer ich bin. Ich hätte doch auch einfach so leben können wie die ganze Zeit bisher. Aber das stimmte nicht so ganz. Auch bevor ich mit Ella anfing und vor der Zeit mit Seth, war ich nicht wirklich glücklich. Irgendetwas fehlte immer.

Bei diesen Überlegungen bekam ich plötzlich ein komisches Gefühl. Es war dem Gefühl sehr ähnlich, das ich immer hatte, wenn ich Ellas Nähe spürte. Und da war sie auch schon. Ich konnte sie zwar nicht sehen, aber einigermaßen deutlich hören und vor allem fühlen. Unsere Kommunikation war zwar nicht so gut wie in Trance, aber dafür, dass ich im absoluten Wachzustand war, fand ich sie gut genug. Ich sagte: "Hallo, Ella" und bekam auch gleich, wie schon gewohnt, meine Antwort.

"Hallo, Bodo, wir werden unsere Verbindung mit der Zeit immer mehr verbessern, so dass du auch im normalen

Bewusstseinszustand mit mir reden kannst, wenn du willst. Ich bin jetzt nur gekommen, um dir zu sagen, warum ich damals überhaupt in euren Träumen erschienen bin. Ihr habt zu dieser Zeit beschlossen, einen Weg zu finden, wie man 24 Stunden am Tag glücklich sein kann, und das täglich. Diese Frage werden sich in allernächster Zeit immer mehr Menschen stellen. Das liegt auch an dem großen Umbruch, von dem ich dir erzählt habe, die 500 und die 2000 Jahre, erinnerst du dich?"

"Ja natürlich, die Menschen werden jetzt langsam aus ihrem Winterschlaf aufwachen und feststellen, dass sie so wie bisher nicht weitermachen können."

"Für einige muss allerdings erst alles noch viel schlimmer werden, damit dies geschieht. Damit es einfacher und schneller geht, haben sich viele Menschen auf der Welt entschlossen, durch ihr Leben Beispiele zu geben, um andere zu motivieren, es ihnen gleichzutun. Nur durch das Vorleben einer glücklicheren Lebensweise kann vermieden werden, dass die negativen Ereignisse, die manche Menschen zum Aufwachen bräuchten, weniger drastisch sein müssen. Zu diesen Pionieren gehört ihr beide auch, du und Gina. Der Weg dorthin wird nicht immer der einfachste sein. Aber sei dir bewusst, dass ich immer für dich da sein werde und dass du jederzeit aussteigen kannst."

Mit diesen Worten verschwand Ella wieder, so, wie sie gekommen war, ohne eine Antwort von mir abzuwarten. Was Ella da sagte, gab mir schwer zu denken. Sie sagte es zwar, als wäre es nichts Besonderes, aber ich fühlte mich dabei ein wenig unwohl. Negative Ereignisse sollten passieren, und wir sollten Pioniere sein, die dafür sorgen sollten, dass es nicht gar zu schlimm würde. Die Sache gefiel mir nicht. Ich überlegte mir ernsthaft, ob ich aussteigen sollte, so wie Ella es angedeutet hatte. Aber was wäre, wenn ich das tun würde. Sollte es wirklich irgendwelche negativen Ereignisse geben, dann könnte es sicherer sein, von Anfang an dabei zu sein. Und aussteigen könnte ich ja immer noch. Ich beschloss also weiterzumachen.

An den darauffolgenden Tagen beschäftigten mich wieder die Rollen, die Menschen in ihrem Leben spielten. Was mir besonders auffiel, war die Tatsache, dass Menschen nach wirklich gravierenden Veränderungen ihrer Persönlichkeit auch meistens über kurz oder lang ihren Bekanntenkreis veränderten. Oft gingen sogar Partnerschaften auseinander, weil sich beide nicht mehr richtig verstanden. Es scheint also alles so zu sein, wie Ella mir es gesagt hatte. Wenn einer der beiden sich so stark verändert hatte, dass sich die Werte in seinem Leben wandelten, war er nicht mehr bereit, die alte Rolle zu spielen, und es gab sehr schnell keine gemeinsame Basis mehr. Wenn sich hier nicht einer von beiden dem anderen wieder anpasste, ging die Beziehung meist auseinander. Man spielte seine Rolle also nicht auf Teufel komm 'raus, nur um dazuzugehören, sondern nur wenn sie mit den eigenen Werten übereinstimmte.

In den darauffolgenden Tagen hatte ich noch einige Erkenntnisse, die alle darauf hinausliefen, dass die Rollen, die man spielt, allesamt der eigenen Persönlichkeit entsprechen und keine wirkliche Schauspielerei sind. Sicher spielt man, aber man spielt immer sich selbst. An den Rollen allein konnte ich also nicht erkennen, wer ich war. Es gab keinen bemerkenswerten Unterschied zwischen mir und der Rolle. Nicht so, dass ich hätte sagen können, hier ist der Schauspieler und dort seine Rolle. Ich beschloss, mit Ella Kontakt aufzunehmen, um ihr zu sagen, dass ich so nicht weiterkäme.

Ich hatte schon eine bestimmte Vorahnung und richtete mich auf eine etwas längere Sitzung ein. Als ich wieder in meiner Phantasiewelt Platz genommen hatte, hörte ich hinter mir Stimmen, die näherkamen. Als ich mich umdrehte, wagte ich meinen Augen nicht zu trauen. Ella kam mit einem Mann zu mir, den ich ganz eindeutig als Albert Einstein erkannte. War ich jetzt ganz übergeschnappt, ging es mir durch den Kopf.

"Nein, du bist nicht übergeschnappt! Hallo Bodo."

"Hallo, Ella und hallo...ähm Albert."

"Bodo, mach dir keine Gedanken, dies ist nicht wirklich Albert Einstein. Ich habe dir doch gesagt, dass auch ich nicht diejenige bin, die du zu sehen glaubst. Was du siehst, ist nichts anderes als eine visuelle Kommunikation. Ich habe natürlich mitbekommen, dass du dich mit den Botschaften deiner Welt etwas schwer tust. Deshalb habe ich Albert mitgebracht."

"Ich verstehe nicht recht Ella, was hat denn Albert Einstein damit zu tun?"

"Mit den Botschaften nichts, aber mit dem, was ich dir mitteilen möchte, schon. Denk einmal nach, was verkörpert für dich Albert Einstein?"

"Für mich war er immer die Versinnbildlichung von Physik."

"Ganz genau, Bodo, darum geht es."

"Wie bitte, bekomme ich jetzt Physikunterricht?" fragte ich amüsiert.

"So könntest du es sehen, Bodo. Die Schwierigkeiten, die du bei dem Erkennen der Botschaften hast, lassen sich vermeiden, wenn du die wahre physikalische Natur deiner Realität besser verstehst."

"Wenn dem so ist", sagte ich scherzhaft, "dann lass uns mit dem Unterricht beginnen, Albert."

Als Albert Einstein zu reden begann, war ich zuerst doch erschrocken. Er wirkte so echt, seine Stimme, seine Bewegungen und die Gestiken, die er benutzte, waren so verblüffend einsteinisch, dass ich mir die ganze Zeit vergegenwärtigen musste, dass er nicht echt war.

"Gut Bodo", fing Einstein an, "was weißt du über den Aufbau von Materie?"

"Materie besteht aus kleinsten Teilchen, sogenannten Protonen, Elektronen und Neutronen, die sich in verschiedenen Konstellationen miteinander verbinden und dadurch die verschiedenen Elemente bilden." Mann, ich war richtig stolz auf diese Antwort.

"Und aus was sind die Protonen usw. zusammengesetzt?"

Ha, das wusste ich auch. "Aus den sogenannten Quarks."

"Und aus was setzen sich diese zusammen?"

"Das sind die kleinsten Teilchen, oder zumindest hat man noch keine kleineren gefunden."

"Das ist richtig, Bodo. Trotzdem wissen die Naturwissenschaftler, woraus diese Quarks bestehen. Du weißt von meinen Theorien nicht besonders viel, aber eine Formel ist dir haften geblieben."

"$E = mc^2$", sagte ich wie aus der Pistole geschossen.

"Richtig, Bodo, und was bedeutet diese Formel?"

"Na ja, es ist die Umrechnungsformel, wie sich Masse in Energie umrechnen lässt . Die Masse multipliziert mit dem Quadrat der Lichtgeschwindigkeit ergibt die Energie."

"Ja, aber was bedeutet denn das?"

"Ah so, du meinst, dass Masse eigentlich Energie ist."

"Ja, genau das meine ich, Bodo. Wenn man sich die Quarks einmal genauer anschaut, erkennt man, dass diese sich schon teilweise wie Energie verhalten. Sie bilden also sozusagen das Bindeglied zwischen Materie und Energie."

"Gut, das habe ich verstanden, aber wozu muss ich das wissen?"

"Das wirst du gleich merken, Bodo. Nach den Theorien unserer Wissenschaft soll die Materie und damit auch die Energie aus reinem Zufall entstanden sein und dann auch rein zufällig die kompliziertesten Formen hervorgebracht haben. Genau so zufällig soll dann auch das Leben entstanden sein und dann schließlich der Mensch mit seinem Bewusstsein. Weißt du, Bodo, wie wahrscheinlich alle diese Zufälle wären?"

"Es ist also nicht alles zufällig entstanden, willst du mir sagen?"

"Ganz genau, Bodo. Du hast einmal von mir gehört, dass ich nur aus einem einzigen Grund meine ganzen Theorien entwickelt habe, nämlich um zu beweisen, dass nicht alles Zufall gewesen sein kann. Erinnere dich, das war ursprünglich auch die Aufgabe der Wissenschaftler, bevor sie sich mehr um die Verbesserung der Lebensqualität für die Menschen gekümmert haben."

"Ja, und was ist herausgekommen Albert?" wollte ich begierig wissen.

"Ich kann sagen, dass ich es in meiner letzten Theorie, bevor ich starb, geschafft habe. Es gibt ein Lebensprinzip, das hinter dem sogenannten Zufall steht."

"Welches?" drängte ich weiter.

"Bewusstsein", sagte Albert. "Bewusstsein. Es ging nicht das Bewusstsein aus der Materie hervor, sondern die Materie aus dem Bewusstsein. Genauer gesagt, ist Materie oder Energie nichts anderes als Bewusstsein. Alles ist Bewusstsein, Bodo. Überlege mal, Leben könnte nie aus etwas Totem entstehen, das sagt einem doch schon der gesunde Menschenverstand."

"Ich glaube, da ist was dran. Das habe ich kapiert, nur in welchem Zusammenhang steht denn jetzt das Verstehen der Botschaften mit dieser Erkenntnis?"

"Du willst wissen, wer du bist, Bodo. Ganz global gesagt, bist du Bewusstsein, und zwar ein ganz bestimmtes. Denk noch mal darüber nach, eure Wissenschaftler sagen, alles ist Energie. Du hast jetzt verstanden, dass Energie Bewusstsein ist. Jetzt sage mir, was ist dein Körper?"

"Im Grunde genommen Energie", sagte ich, "also eigentlich Bewusstsein."

"Und Bewusstsein lebt", fügte Einstein hinzu.

"Ah ja, also ist mein Körper lebendes Bewusstsein. Albert, ich glaube, ich verstehe endlich, ich bin mein Körper."

"Ja, aber nicht nur, Bodo. Wie sieht es denn mit deinen Gedanken aus? Sind die nicht auch Bewusstsein."

"Und ob, natürlich."

"Und dein Geist und deine Emotionen?"

"Die natürlich auch."

"Jetzt denke nach, wir sprechen von deinen Emotionen und deinem Körper. Als was kannst du diese noch betrachten?"

"Ich weiß nicht Albert."

"Du kommst nur nicht drauf", sagte Einstein, "es sind Ereignisse. Die einen spielen sich in der Zeit ab und die anderen im Raum."

"Was sind denn Ereignisse im Raum?"

"Gegenstände zum Beispiel, sie haben eine gewisse zeitliche Dauer, wobei Ereignisse in der Zeit eine bestimmte räumliche Dauer haben."

"Das muss ich jetzt nicht unbedingt verstehen, oder?"

"Nein, Bodo, nicht unbedingt. Verstehen solltest du nur, dass Ereignisse und Gegenstände beide ein und dasselbe sind, nämlich Bewusstsein. Was also macht man mit Ereignissen?" wollte Einstein wissen.

"Man erlebt sie."

"Und weiter, wenn diese Ereignisse Bewusstsein sind, wessen Bewusstsein ist das wohl?"

"Mein Bewusstsein, natürlich."

"Und würdest du sagen, du bist dein Bewusstsein?"

"Ja, natürlich würde ich das."

"Wer bist du dann, wenn du daran denkst, dass deine Ereignisse dein Bewusstsein sind?"

"*Ich bin das, was ich erlebe.*"

"Genau, Bodo, du hast es verstanden."

"Was habe ich verstanden?"

"Du hast verstanden, wer du bist."

"Moment mal, wie, wie...."

"Ganz ruhig, Bodo, du bist, was du erlebst! Fertig."

"Ist das die Antwort, nach der ich so lange gesucht habe?"

"Ja", antworteten Einstein und Ella im Duett.

"Jetzt musst du nur noch richtig verstehen, was mit Erleben gemeint ist, und du hast es vollständig kapiert."

Ich wusste doch, dass da noch ein Haken ist, dachte ich bei mir.

"Überlege mal, erlebst du nur deinen Körper, deine Gedanken und deine Emotionen?"

"Natürlich nicht, sonst würde ich ja von der Welt nichts mitbekommen."

"Also, was erlebst du noch?"

"Na einfach alles, was ich erlebe."

"Ganz genau, Bodo. Und mach dir bewusst, dass auch diese Erlebnisse Bewusstsein sind und leben."

"Heißt das, dass diese Ereignisse Leben von meinem Leben sind, dass ich also diese Ereignisse selbst bin?"

"Richtig, Bodo. Du bist die Ereignisse, du bist gleichzeitig Schöpfer und das Geschaffene zugleich, und du erschaffst dich in jedem Augenblick neu."

"Moment mal, das kann nicht sein. An den Ereignissen sind doch auch noch andere Menschen beteiligt. Es sind doch nicht nur meine eigenen."

"Ja, glaubst du denn wirklich, du wärst getrennt von den anderen? Ihr seid Eins, und ihr erschafft die Ereignisse gemeinsam. Manchmal sind viele Menschen daran beteiligt, zum Beispiel bei dem Wetter. Bei anderen Ereignissen sind eher wenige Menschen beteiligt, bei einem Streit zwischen zwei Menschen beispielsweise."

"Bin ich auch der Streit?" wollte ich wissen.

"Natürlich, Bodo, du bist alles, was du erlebst. Absolut alles, zusammen mit den anderen beteiligten Menschen. Verstehst du jetzt, was ich dir gesagt habe, dass den Menschen nur Dinge zustoßen, mit denen sie hundertprozentig einverstanden sind?"

"Ja, ich glaube schon, sie müssen damit einverstanden sein, denn sie sind es ja selbst. Ich lebe nicht nur in meinem Körper, den ich immer für meine Hülle gehalten habe, sondern auch in den Ereignissen. Das ist ein komisches Gefühl. Ja, und wie kann ich durch diese Erkenntnis jetzt die Botschaften der anderen Menschen besser verstehen?"

"Das ist doch ganz einfach. Wenn du die Ereignisse bist, dann kannst du doch an den Ereignissen genau erkennen, wie du bist. Du spiegelst dich darin wie in einem lebendigen Spiegel. Sie zeigen dir alles, was für dich wichtig ist. Deine Werte, deine Überzeugungen, deine Gefühle und Gedanken, einfach alles, was du innerlich tust, zeigt sich in deiner äußeren Welt. Glaubst du, dass du jetzt die Botschaften deiner Welt besser deuten kannst?"

"Ich glaube schon."

"Und was deine Rollen betrifft, die du spielst: Du solltest nicht überlegen, wo der Unterschied ist zwischen dir und deinen Rollen, sondern: was deine Rollen über dich aussagen. Wenn du bist, was du erlebst, dann bist du logischerweise auch deine Rollen. Sie sind also, kurz gesagt, ebenfalls nur Spiegel deiner Persönlichkeit."

"Das muss ich jetzt erst einmal alles verdauen", sagte ich zu den beiden. "Ich möchte mich für heute verabschieden. Es war echt toll mit euch. Ich glaube, die Sache beginnt mir langsam Spaß zu machen. Tschüs, Ella und Albert."

"Tschüs, Bodo."

Ich sah die Welt von nun an mit anderen Augen. Alles war lebendig. Sogar der Boden, auf dem ich ging, gehörte zu meinem lebendigen Selbst. Ich ging sozusagen auf mir selbst spazieren. Ich bekam eine ganz andere Einstellung zu den Dingen, die ich vorher nur als tote Gegenstände gesehen hatte. Ich weiß noch, wie ich dachte, dass wir Menschen mit der Natur bestimmt nicht so umgingen, wenn alle wüssten, dass es ihr eigenes Leben ist. Dass sie nicht nur in ihrer Umwelt leben, sondern alle zusammen selbst die Natur sind.

Und dann waren da noch die Ereignisse, die ja auch lebten. Zeitliche Abläufe hatten auf einmal eine ganz andere Bedeutung, sie waren lebendig. Ich verstand, dass die Ereignisse in meinem Leben, die ich früher als negativ empfunden hatte, nicht wirklich schlecht sein konnten. Sie waren Teil von meinem Leben und somit mit Sicherheit nicht überflüssig für mich. Ich sah diese Ereignisse jetzt mit viel mehr Respekt und erkannte zugleich, dass ich niemandem für irgendetwas eine Schuld geben konnte. Alles bekam eine andere Bedeutung für mich, denn alles war ja, wie ich erkannte, ein lebendiger Spiegel meiner selbst. In den Menschen aus meinem Bekanntenkreis konnte ich wie in einem offenen Buch lesen, wie ich selbst sein musste. Ich erkannte durch sie, welche Charaktereigenschaften, Werte, Interessen, Überzeugungen und Emotionen ich hatte. Ich lernte zu dieser Zeit durch die Menschen in meinem Umfeld sehr viel über mich selbst. Und jetzt konnte ich auch das Wissen über die Rollen, die ich in meinem Leben spielte, richtig nutzen. Ich erkannte darin, was mich motivierte, diese Rollen zu spielen. Den besonderen Schwerpunkt legte ich auf meine Familie, da ich durch Ella wusste, dass dies meine erste Rolle war, die ich angenommen hatte, und viele andere darauf aufbauten.

Auch meine Erfahrungen als NLP-Therapeut waren mir hier eine große Hilfe. In meiner Praxis hatte ich sehr viele Klienten, deren Probleme auf die Rollen zurückzuführen waren, die sie in ihrer Kindheit in Verbindung mit ihren Eltern angenommen hatten. Genau genommen war dies bei über 80 Prozent meiner Klienten der Fall. Immer führte uns unsere Arbeit zu Mama und Papa zurück. Durch dieses neue Wissen war ich jetzt in der Lage, meinen Klienten viel schneller helfen zu können. Ich fühlte mich plötzlich sehr weise und überlegen.

Dies änderte sich aber sehr schnell, als ich das nächste Gespräch mit Ella aufnahm. Ich musste sehr bald erkennen, dass ich eigentlich von all dem, was es zu wissen gab, so gut wie nichts wusste. Ich befand mich wieder in Trance und war gerade dabei, meinen Platz auf unserer Klippe einzunehmen, als ich Ella wieder in meiner Gegenwart spürte. Sie erschien auf ihrem Platz, als wenn sie Scotty von Raumschiff Enterprise heruntergebeamt hätte. Sie hatte wieder, zu meiner Freude, Einstein dabei. Es geht also wieder einmal um Physik, dachte ich so bei mir.

"Langsam verstehst du die nonverbale Kommunikation deiner inneren Bilder. Hallo, Bodo." Mit diesem Satz begrüßte mich Ella.

Auch Einstein schien sich zu freuen, mich wiederzusehen. Nach unserer üblichen Begrüßungszeremonie sagte ich den beiden, dass ich es toll fände, endlich die Wahrheit über das Leben erfahren zu haben. Auf die Antwort, die ich darauf bekam, war ich überhaupt nicht vorbereitet. Sie holte mich ganz schön herunter aus meiner Euphorie.

"Bodo", begann Ella, "wir haben dir nicht die Wahrheit über das Leben gesagt, das können wir nämlich gar nicht."

"Wie bitte", fragte ich, "war das alles dummes Zeug, was ihr mir da erzählt habt?"

"Nein, Bodo, es war kein dummes Zeug. Es war die nützlichste Sichtweise des Lebens, die du für dein Ziel, 24 Stunden am Tag glücklich zu sein, haben kannst. Die Wahrheit ist nicht in physischen Begriffen darstellbar. Wir können dir hier nur Annäherungen geben, die allerdings für dein Vorhaben völlig ausreichend sind. Es gäbe noch unendlich viele andere Sichtweisen, wie du die Realität einordnen könntest. Bodo, ich fühle, dass du schockiert bist. Macht es denn wirklich einen so großen Unterschied, ob es die absolute reine Wahrheit ist, die wir dir hier sagen, oder nur eine Vorstellung von dieser, die aber die beste ist, die du haben kannst?"

"Ich glaube, du hast Recht", sagte ich halbherzig zu Ella, "ich habe nur gedacht, es sei wichtig, die wirkliche Wahrheit zu erfahren."

"Wichtig wozu, Bodo?"

"Wichtig, um mein Leben so zu verändern, dass ich glücklicher werde."

"Und genau darauf sind doch die Informationen, die wir dir geben, angelegt", bemerkte Einstein.

"Ja schon, aber trotzdem. Ich dachte, ich könnte es anderen Menschen weitererzählen und ihnen auch damit helfen."

"Du wolltest, dass die Menschen diese Informationen als Wahrheit akzeptieren und von den falschen Weltbildern loslassen."

"Ja, genau."

"Du wolltest - mit anderen Worten - eine neue Religion schaffen?"

"Nein, Ella, keine Religion, sondern einfach nur die Wahrheit."

"Und genau das behaupten alle Religionen. Die Menschen, die an diese Religionen glauben, sind auch oft der Meinung, dass sie ihre Wahrheiten gegenüber anderen Menschen verteidigen müssen. Oder ihre Wahrheit gibt ihnen sogar vor, dass sie nur gute Menschen sind, wenn sie andere Menschen von ihrer Religion überzeugen, mit anderen Worten: wenn sie diese missionieren."

"Aber das war nie meine Absicht, Ella."

"Deine nicht, Bodo, aber kannst du garantieren, dass nicht andere Menschen, die deine Wahrheit von dir hören, genau so denken könnten? Wie willst du vermeiden, dass deine Anhänger nicht fanatisch werden und denken, sie könnten die Welt nur retten, wenn sie andere Menschen von eurer absoluten Wahrheit überzeugen, wenn nötig mit Gewalt. Was sind schon ein paar Menschenleben, wenn es um das Wohl der gesamten Menschheit geht, oder?"

"Hör auf Ella, das ist ja fürchterlich."

"Ich denke, du hast verstanden, welche Gefahren darin liegen zu glauben, man wüsste die absolute Wahrheit. Auch für andere Menschen sind die Vorstellungen über die Natur der Realität, die wir dir hier geben, nützlich. Aber du solltest es nie als „die" Wahrheit verkaufen. Genausowenig wie ein Photo von einem Haus nicht das Haus selbst ist, sondern nur ein Abbild. Die Wahrheit ist einfach in eurer physischen Denkweise nicht begreifbar."

"Na gut, ich werde irgendeinen Weg finden."

"Okay, Bodo, Albert ist mitgekommen, um dir noch einiges zu erklären. Bist du bereit?"

Ich war bereit, und Einstein legte los.

"Eure Wissenschaftler", begann er zu erläutern, "rätseln immer noch um das Phänomen Gravitation. Wie du weißt, ist alles, was existiert, Bewusstsein. Was ist also Gravitation?"

"Na, auch Bewusstsein, was denn sonst?"

"Richtig, Bodo. Dieser Erkenntnis, die du eben so selbstverständlich geäußert hast, jagen die Naturwissenschaftler schon seit Jahrhunderten vergeblich nach. Wie ich dir bereits erklärt habe, bilden die sogenannten Quarks das verbindende Glied zwischen Materie und Energie. Diese Quarks sind allerdings nicht die kleinsten Elemente, die es gibt. Nennen wir diese kleineren Bestandteile einfach Einheiten. So bestehen diese Quarks aus einer fast unendlichen Zahl von elektromagnetischen Energieeinheiten. Diese wiederum sind zusammengesetzt aus unendlich vielen Bewusstseineinheiten, die allerdings nicht mehr weiter zu verkleinern sind. Diese besagten Bewusstseineinheiten, und das ist der Clou, sind sich über alles bewusst, was existiert. Sie sind vergleichbar mit dem, was du bisher Gott genannt hast. Wir verwenden lieber den Ausdruck "All-das-was-ist", um hier keine Verwicklungen in deinem Verständnis aufkommen zu lassen. Das bedeutet, dass das Bewusstsein von All-dem-was-ist sich sozusagen selbst unendlich oft kopiert hat. Kannst du mir folgen?"

"Ich versuche es, Albert. Mach weiter!"

"Okay, jede dieser Bewusstseinseinheiten ist also absolut identisch mit All-dem-was-ist, und damit meine ich nicht nur alle physischen Welten, sondern auch alle nichtmateriellen.

"Soll das etwa heißen, dass es mehrere Realitäten gibt?" fragte ich erstaunt.

"Es gibt nicht nur mehrere, sondern unendlich viele. Nennen wir sie einmal wahrscheinliche Realitäten oder Wahrscheinlichkeiten. Alles, was in deinem Leben an Ereignissen wahrscheinlich ist, existiert in parallelen Universen."

"Alles, was wahrscheinlich ist", bemerkte ich erstaunt, "das ist ja wahnsinnig viel."

"Es ist noch mehr, als du jetzt vermutest, denn jeder wahrscheinliche Bodo entwickelt sich unabhängig von dir in seiner eigener Realität weiter und hat selbst auch viele Wahrscheinlichkeiten."

"Das sind ja unendlich viele."

"Ja, so könnte man sagen."

"Wie kommt es denn, dass ich davon nichts mitbekomme?"

"Das ist etwas, was du zu Beginn deines Lebens erst einmal lernen musstest. Du lerntest dich auf eine lineare Realität zu konzentrieren und wendetest diese Fähigkeit dann automatisch unbewusst an. Aber sei dir bewusst, dass deine Realität niemals wirklich linear abläuft, du empfindest es nur so. Bei jeder Entscheidung, die du triffst, entstehen viele neue Universen, in denen alle Möglichkeiten gelebt werden, die du bewusst ausgeklammert hast. Und du triffst täglich tausende von Entscheidungen. Jetzt bedenke hierbei noch, dass der Bodo aus der Vergangenheit, der du einmal warst, auch noch in diesem Augenblick existiert und in Situationen, in denen du dich auf eine bestimmte Art und Weise entschieden hattest, vielleicht ganz anders entscheidet und folglich ein ganz anderes Leben führt. Und mit der Zukunft sieht das genauso aus. Zeit ist nur eine Illusion, an die du dich, wie gesagt, am Anfang deines Lebens gewöhnen musstest. In Wirklichkeit ist alle Zeit simultan, was eure Wissenschaftler übrigens schon lange begriffen haben. Sie sind sich bloß der Tragweite dieser Tatsache nicht bewusst."

"Ich existiere also als verschiedene Bodos unendlich viele Male in anderen Universen?"

"So ist es. Erinnere dich wieder an mein Beispiel von dem Maler, der einen Maler malt usw. Ella hat dir erzählt, dass jeder Maler nicht nur einen, sondern unendlich viele andere Maler erschafft. Damit war genau das, was ich dir eben erklärt habe, gemeint. Aber zurück zu unseren Bewusstseinseinheiten. Aus der Verbindung von mehreren dieser Einheiten entsteht sozusagen eine neue Gestalt, die ein eigenes kleines Bewusstsein hat. Dieses Gestaltbewusstsein wird umso komplexer, je mehr Bewusstseinseinheiten sich zusammentun. Die elektromagnetischen Energieeinheiten beispielsweise haben schon ein bestimmtes Gestaltbewusstsein. Diese verbinden sich, wie du weißt, zu den Quarks, die wiederum die Elementarteilchen bilden. Daraus entstehen dann die verschiedenen Elemente und aus der Gruppierung der Elemente die dir sichtbare Materie. Ein Atom in einem Gegenstand, zum Beispiel einem Stuhl, hat selbst keine Ahnung davon, dass es zu einem Stuhl gehört, aber es ist sich bewusst, welchen Platz es in dem Molekül halten muss, um weiterhin das Material Holz zu bilden. Je größer, wie gesagt, die Gestalt wird, desto größer wird auch ihr Bewusstsein. Es bilden sich beispielsweise aus den Molekülen Körperzellen, und diese wiederum organisieren sich zu Organen, die dann deinen Körper bilden. Jede Gestaltform hat ein eigenes Bewusstsein. So weiß eine Nervenzelle, dass sie nicht ins Knie gehört, sondern ins Gehirn oder ins Nervensystem. Eine Leberzelle wird sich nicht in den Nieren verirren usw. Das Herz als Organeinheit weiß schon, wo und wie genau es in dem Körper, in dem es schlägt, arbeiten muss, damit der gesamte Organismus lebensfähig ist. Und so geht es weiter mit den Gestaltbewusstseinsformen. Die Erde zum Beispiel oder das Sonnensystem, die Galaxie und schließlich das dir bekannte Universum. Genau wie dieses materielle Universum gibt es noch unzählige nichtphysische Universen, und alle bestehen aus dem Gestaltbewusstsein der Bewusstseinseinheiten. Diese sind sich des höchsten Gestaltbewusstseins, das die Zusammenfassung von alle dem darstellt, genauso bewusst wie alle kleineren Gestaltbewusstseinsformen.

"Das ist alles ganz schön schwierig", bemerkte ich.

"Bodo", schaltete sich jetzt Ella ein, "das ist das Gleiche, was ich dir schon einmal mit dem Maler, der einen Maler malt, erläutern wollte. Du bist auch so ein Gestaltbewusstsein und bildest zusammen mit vielen anderen Menschen mein Gestaltbewusstsein. Seelen bilden wiederum die nächst höhere Bewusstseinsform, die Wesenheiten usw. Du könntest dir jetzt klein und unbedeutend vorkommen. Aber vergiss nicht, dass du aus den Bewusstseinseinheiten zusammengesetzt bist, die das höchste Bewusstsein darstellen, das existiert. In dir steckt die gesamte Erfahrung, nicht nur der Menschheit, sondern auch von allem, was jemals war oder sein wird. Verstehst du jetzt, warum alles miteinander verbunden ist und im Grunde genommen eigentlich alles eins ist? Weißt du noch, ich habe dir gesagt, es gäbe nur ein einziges Leben?"

"Ja, jetzt verstehe ich, Ella. Ich bin ein Gestaltbewusstsein, das sein eigenes Erlebnisterritorium hat und gleichzeitig bin ich irgendwie eins mit All-dem-was-ist."

"Du hast es kapiert, Bodo. Das, was du als dein Ich empfindest, ist dein Gestaltbewusstsein. Es definiert sich über das, was du erlebst. Das ist die wahre Bedeutung oder vielmehr die nützlichste der Aussage: *Ich bin, was ich erlebe.*"

Nach dieser Sitzung war ich wieder einmal ganz schön "abgefüllt" mit theoretischem Wissen. Es blieb für mich nur eine Frage offen: *Wenn ich bin, was ich erlebe, wie bestimme ich, was ich erlebe?*

Botschaft 2: Ich erlebe, was ich denke

Gina ging es an diesem Tag nicht so gut. Sie machte sich viele Gedanken über unsere finanzielle Situation. Und diese Gedanken waren ausschließlich negativer Natur. Sie waren geprägt von Existenzangst. Sie versuchte, unternehmerisch zu denken und zu überlegen, wie sie ihre neue Dienstleistung anbieten sollte und wie sie damit genug Geld verdienen könnte, um davon zu leben. Aber mit ihrer Kreativität war an diesem Tag nicht viel los. Die Existenzangst dominierte und verhinderte jeden konstruktiven Gedanken. Sie war der Meinung, sie müsse zuerst die Existenzangst auflösen, bevor sie sich weiter Gedanken um ihr berufliches Weiterkommen machen könne. Gina ahnte, dass sie mit den angstvollen Gedanken ihre Realität gestalten würde, merkte aber gleichzeitig, dass sie nicht in der Lage war, diese negativen Gedanken zu unterdrücken. Sobald sie die Kontrolle über ihre Gedanken nur einen Augenblick losließ, waren sie wieder total negativ. Alle Methoden, die sie kannte, um positiv zu denken, verfehlten ihre Wirkung.

In den letzten zehn Jahren hatte sie sich viel mit spiritueller Persönlichkeitsbildung beschäftigt. In allen ihr bekannten Lehren ging man davon aus, dass der Grund für negative Gedanken jedweder Art von dem eigenen Ego ausging. Infolgedessen versuchte Gina, dieses Ego zu bekämpfen, wie sie es gelernt hatte. Ihre Bemühungen in diesem Punkt waren nicht gerade von Erfolg gekrönt. Sie fühlte sich recht hilflos und wütend gegenüber sich selbst. Die äußere Realität zeigte auch schon die ersten Resultate. Das Finanzamt schickte an diesem Tag einen Brief, in dem die Gewerbesteuer der letzten Jahre nachgefordert wurde. Dieser Brief kam allerdings erst zwei Tage später an und hatte an ihren schlechten Gefühlen von heute keine Schuld. Gina bat mich an diesem Abend, Ella zu fragen, warum sie solch große Existenzängste habe. Ich willigte ein und begab mich gleich in meine Trancewelt. Ella war bereits an unserem Treffpunkt und wartete auf mich. Sie wusste natürlich, warum ich kam, und begann sofort, mir die Ursache für Ginas Schwierigkeiten zu erklären.

"Der Grund für Ginas Hilflosigkeit ist in ihrer falschen Sichtweise der Psyche zu finden. Sie kämpft gegen sich selbst. Das bedeutet, sie hat einen Gegner, der genauso stark ist wie sie und auch die gleiche Taktik benutzt. Es ist wie Armdrücken mit sich selbst. Gewinnen kann man nicht. Das Einzige, was passiert, ist, dass man müde wird. Den Gegner, den sie sich geschaffen hat, nennt sie Ego. Wie gesagt, sie hat ihn selbst erschaffen. Sie sieht ihn als Realität an, und ihr Unbewusstes leistet dieser Anweisung Folge."

"Moment, Ella, heißt das, dieses Ego gibt es eigentlich gar nicht? Sie bildet sich das nur ein? Und all die anderen, die ebenso daran glauben, auch?"

"So einfach kannst du das nicht sehen, Bodo. Wenn du an ein Ego glaubst, wirst du dir eins schaffen, und das ist dann wirklich da. Alles wird dann so sein, wie du es gelernt hast."

"Das heißt, ich schaffe mir einen Gegner, der für Menschen, die keine Ahnung haben von spiritueller Persönlichkeitsbildung, gar nicht existiert, und damit hätten diese dann auch keine Probleme damit?"

"So kannst du es sehen, Bodo. In vielen esoterischen Lehren wird angestrebt, das Ego aufzulösen oder es zu bekämpfen. Man stellt sich vor, dieses Ego sei das Negative in Person und bestehe nur aus Ängsten, Zweifel, Ärger, Neid, Habsucht usw. Ähnliche Vorstellungen haben auch die Psychologen, die das Unterbewusstsein zum Übeltäter abstempeln. Seit Sigmund Freud und C. G. Jung glauben die meisten Menschen, ihr eigenes Unterbewusstsein lauere voller Gefahren und wolle ihnen nur schaden. In ihm sei der Abschaum aller Emotionen gespeichert, und alles sei auf niederen Instinkten und sexuellen Trieben aufgebaut. Diese Anschauung ist ein moderner Ersatz für den Teufel der christlichen Kirchen. Ego, Unterbewusstsein oder der Teufel sind allesamt Symbole für das angeblich Böse, das man nicht verstand und einfach nicht haben wollte. Dabei ist das Ego oder das Unterbewusstsein lange nicht so mysteriös, wie man immer glaubte. Als du deine Muster einst lerntest, waren sie dir durchaus bewusst. Nach einer gewissen Zeit funktionierten sie automatisch, und du machtest dir keine Gedanken mehr darüber. Sie funktionierten so gut, dass du dich anderen Anforderungen zuwandtest und sie vergaßt. Wenn jetzt, nach so langer Zeit, diese Muster nicht mehr nützlich sind und du aufgrund mangelnder Bewusstheit nicht mehr verstehen kannst, dass du sie selbst erschaffen hast, machst du oft dein Ego oder dein Unterbewusstsein dafür verantwortlich. Hier schlägt auch wieder ein gelerntes Muster zu, nämlich, dass du nicht geliebt wirst, wenn du an etwas Schuld hast. Wenn niemand Anderes die Verantwortung tragen kann, ist immer noch dein Ego da. Wenn du dir aber die Mühe machen würdest, deinen Ego-Motivationen auf den Grund zu gehen, müsstest du immer jedesmal erkennen, dass eine positive Absicht zugrunde liegt. Doch hier liegt der Punkt, der die Verwirrung stiftet. Die Absicht und das Verhalten des Egos sind absolut nicht in einen Topf zu werfen."

"Was heißt das, die Absichten und das Verhalten? Wo ist da der Unterschied?"

"Stell dir mal vor, Bodo, eine Mutter schreit ihr Kind an. Was glaubst du, warum viele Mütter das tun?"

"Keine Ahnung. Vielleicht weil sie ihre Ruhe haben wollen?"

"Wenn du eine Mutter fragen würdest, könnte sie dir wahrscheinlich gar nicht so direkt eine Antwort darauf geben. Aber glaube mir, es gibt sehr viele Mütter, die ihre Kinder aus Liebe anschreien, um sie zu wohlerzogenen Menschen zu machen, die sich im Leben zurechtfinden können. Würdest du sagen, dass dies ein egoistischer Grund ist?"

"Nein, natürlich nicht. Aber die Art und Weise, wie versucht wird, dieses Ziel zu erreichen, ist nicht die beste."

"Es ist aber genau das, was die Mutter gelernt hat, als sie selbst ein Kind war, ein Muster also. Verstehst du jetzt, was ich mit Absicht und Verhalten meine?"

"Ja, Ella, alles klar. Aber kommen wir jetzt wieder zurück zu Gina. Was kann sie tun?"

"Sie sollte sich zuallererst einmal davon überzeugen, dass ihr sogenanntes Ego tatsächlich nur positive Absichten hat. Wenn sie diese Erfahrung gemacht hat, wird es ihr leicht möglich sein, ihren inneren Kampf zu beenden. Damit werden auch ihre Ängste wieder verschwinden. Sie werden vor allem dadurch aufrecht erhalten, dass Gina glaubt, sie könne sich gegen ihr Ego nicht durchsetzen. Fällt jetzt ihr Gegner weg, gibt es auch die Angst nicht mehr. Nehmt also die Kommunikation mit ihrem Ego auf, wie du es von NLP her mit einem Persönlichkeitsanteil machen würdest, und lass Gina sich mit ihm versöhnen. Vergiss aber nicht: Ihr Ego ist von ihr geschaffen und hat die gleichen Charaktereigenschaften wie Gina. Auch ihr Ego ist sauer auf Gina und kämpft gegen sie an. Es wird sein, als ob du mit zwei Ginas redest, die miteinander im Streit liegen."

"Ella, ich werde es versuchen."

"Mach's gut, Bodo, liebe Grüße an Gina."

Als ich aus meiner Trance zurück war, erzählte ich Gina erst einmal alles, was Ella gesagt hatte. Sie war skeptisch und tat sich schwer, den Glauben an ihr Ego einfach so aufzugeben. Sie war aber auf jeden Fall bereit zu versuchen, was Ella uns geraten hatte. Die Arbeit mit Persönlichkeitsanteilen fiel Gina sehr leicht. Ich hatte immer an ihr bewundert, wie gut ihre Kommunikation mit ihrem Unbewussten funktionierte. Sie musste sich zu diesem Zweck noch nicht einmal in Trance versetzen. Dieses große Kommunikationstalent war auch damals in der Seth-Zeit der Grund gewesen, warum ich nicht selbst mit Seth Kontakt hatte. Von dieser Reinheit und Brillanz, mit der Gina Informationen abgerufen hatte, konnte ich nur träumen. Sie erhielt, im Gegensatz zu mir, sehr oft Informationen, die sie selbst gar nicht verstand. Bei mir musste jede Information als reines Verständnis übermittelt werden, das mein Unbewusstes danach erst in Sprache übersetzte. Ich war mir auch der Richtigkeit meiner Informationen nie so sicher wie Gina. Gewiss war das auch damals der Hauptgrund, warum Seth Gina fragte, ob er mit ihr ein Buch machen könnte. Mit meinen Möglichkeiten der Kommunikation wäre dies nicht möglich gewesen. Aber ich war mit dem Verständnis, das ich von Ella bekam, nicht unzufrieden. Ich hatte das untrügliche Gefühl, dass es für meine Zwecke vollkommen ausreichen würde. Auf jeden Fall freute ich mich darauf, mit Gina zu arbeiten. Sie war immer schon meine Lieblingsklientin, wenn es um meine Arbeit ging. Und das nicht nur, weil ich sie geheiratet hatte. Das Arbeiten mit ihr war eine echte Herausforderung und immer äußerst effektiv.

Wir gingen an diesem Abend in meine Praxis, weil ich diese Arbeit nicht mit unseren privaten Räumlichkeiten verbinden wollte. Wir spielten einfach Therapeut und Patientin. Ich bat Gina, nach innen zu blicken und mit ihrem Ego Kontakt aufzunehmen. Ihr Ego schien aber nicht zu wollen. Sie sah zwar in ihrer Phantasie einen Mann, der wohl das Ego darstellte. Doch dieser versuchte, sich zu verstecken und benahm sich sehr aggressiv, als dies nicht gelang. Ich machte Gina klar, dass sie sich nicht wundern dürfte über dieses Verhalten. Schließlich hatte sie seit über zehn Jahren vehement gegen dieses Ego gekämpft. Gina war der Meinung, es würde erst einmal helfen, wenn sie sich dafür entschuldigte. Ich fand das eine originelle Idee, und Ginas Ego zeigte sich beeindruckt. Es war zwar immer noch skeptisch, aber lange nicht mehr so aggressiv. Gina hätte auch das Problem in der Form lösen können, dass sie sich verinnerlichte, das Ego selbst geschaffen zu haben und es infolgedessen auch wieder verschwinden lassen zu können. Doch der Glaube der letzten zehn Jahre war nicht einfach so vom Tisch zu wischen. Also respektierten wir die Existenz des Egos und versuchten auf dieser Grundlage, eine vernünftigere Form des Zusammenlebens zu finden.

Gina erklärte ihrem Ego, dass sie sich wünsche, mit ihm in Frieden zu leben, und dass sie einsah, es müsse gute Gründe haben für das, was es tat. Herr Ego wurde langsam zugänglicher. Schließlich fragte Gina ihn, warum er die Existenzangst produziere. Seine erste Aussage klang wie eine Rechtfertigung. Er sagte, dass er ihr doch nur helfe, die Dinge realistisch zu sehen, damit sie eine Lösung für ihre Probleme finden könnte. Gina war etwas verblüfft, denn ihr Ego hörte sich plötzlich an wie ihre Mutter. Von ihr wusste Gina, dass sie es gut meinte, wenn sie das sagte. Abgesehen davon, fand Gina, dass ihr Ego damit Recht hatte. Probleme kann man wirklich nur dann lösen, wenn man die Augen vor den Gefahren nicht verschließt. Wir wussten zu diesem Zeitpunkt noch nicht, dass genau diese Ansicht der Grund für die meisten ihrer Probleme war. Zu dieser Erkenntnis sollten wir erst sehr viel später gelangen. Im Moment klang diese Aussage für mich auch plausibel, und wir akzeptierten sie als Wahrheit.

Ihr Ego bemerkte, dass Gina es guthieß, was es tat, und wurde infolgedessen noch etwas sicherer. Erst jetzt bemerkte Gina, warum das Ego so abweisend und aggressiv gewesen war. Es hatte Angst - Angst, getötet zu werden. Und es versuchte natürlich, sich davor zu schützen. Die letzten zehn Jahre mussten für das arme Ego ein permanenter Kampf um Leben und Tod gewesen sein. Natürlich war das Ego nur ein Gedankenmodell, an das Gina glaubte. Doch es verhielt sich wie ein lebender Mensch. Wahrscheinlich war dieses Ego ein Beispiel davon, wie wir Bewusstseinsformen hervorbrachten, die ihr eigenes Leben hatten, so wie Ella es mit den Malern zu erklären versucht hatte. Auf jeden Fall tat es Gina richtig leid, dem armen Ego so zugesetzt zu haben, obwohl dieses eigentlich gar nichts Böses im Schilde führte. Sicherlich hätte Herr Ego manchmal etwas diplomatischer mit ihr umgehen können, doch im Grunde genommen meinte er es nur gut. Seine Absicht war es, dass Gina Lösungen für die großen Probleme des Lebens fände, und deshalb machte er sie mit den Ängsten auf mögliche Gefahren aufmerksam. Während Gina sich mit Herrn Ego noch weiter versöhnte, kam mir eine Idee. Ich fragte das Ego, ob seine Aufgabe wirklich wichtig wäre.

"Und ob sie das ist", gab er zurück.

"Dann wärst du doch sicherlich auch bereit, etwas zu tun, was die Erfüllung deiner Aufgabe noch effektiver macht?"

"Sicher wäre ich das."

"Sieh mal, bis jetzt hast du Gina immer auf einen möglichen Missstand aufmerksam gemacht, damit Gina Lösungen suchen kann. Aber in dir steckt doch bestimmt viel mehr. Immer nur Bedenken zu äußern, wenn etwas Wichtiges ansteht, kann jeder. Aber ich glaube, du wärst bestimmt auch in der Lage, mehr zu tun als das."

"Was meinst du damit, Bodo?" wollte Ego wissen.

"Ich meine, dass du mithelfen kannst, Lösungen zu finden, und vielleicht auch manchmal ganz allein Lösungen suchst, und Gina dadurch entlastet wird. Das wäre doch eine wertvolle Aufgabe für dich."

"Ich würde mich freuen, diese Aufgabe übernehmen zu dürfen", sagte Ego.

"Dann tu es bitte", war Ginas Statement. Gina war sicher, damit die Existenzängste in den Griff bekommen zu haben und wollte die Sitzung beenden. Sie verabschiedete sich noch ganz herzlich von ihrem *neuen* Ego, und wir verbrachten einen schönen Abend, tatsächlich ohne Existenzangst.

Am nächsten Tag kam eine Frau in meine Praxis, die von sich selbst sagte, sie sei krankhaft eifersüchtig. Sie erzählte mir von einer Situation, die dem Fass den Boden ausschlug. Sie war mit ihrem Mann allein zu Hause, als das Telefon klingelte. Ihr Mann stand auf und sagte schnell: "Ich gehe schon, Schatz."

Blitzschnell schoss ihr ein Gedanke durch den Kopf, den sie kaum bewusst bemerkte: "Warum ist er so schnell herangegangen? Könnte es eine andere Frau sein?" Sie begann, ein schwaches Gefühl von Eifersucht zu entwickeln und wurde sehr wachsam. Von nun an konnte ihr Mann machen, was er wollte, sie würde alles zum

Anlass nehmen, ihre Eifersucht weiter zu steigern. Sprach er am Telefon besonders leise, konnte sie sich schon denken, warum. Sprach er laut, wollte er ihr was vormachen. Ging er in ein anderes Zimmer, um sie nicht zu stören, war ja wohl klar, wer am Telefon war. Setzte er sich direkt neben sie, wollte er besonders schlau sein und sie in Sicherheit wiegen. Sprach er lange, konnte er sich nicht lösen. War das Telefonat verdächtig kurz, war es garantiert die Andere. Diese Frau war wirklich eine Gefangene ihrer Eifersucht. Egal, wie sehr sie sich anstrengte, ruhig zu bleiben, ihre Gefühle waren stärker.

Hinter ihrer Eifersucht steckte ein angelerntes Muster, das darin bestand, sich immer sofort vorzustellen, was alles passieren könnte. Sie hatte panische Angst, ihren Mann zu verlieren, und ihr war auch klar, dass die beste Methode, dies zu tun, war, so weiterzumachen wie bisher. Ihre Ängste hatte sie aus ihrer Kindheit mitgebracht, wobei es damals um Spielzeug ging, was man ihr weggenommen hatte. Nun verwechselte sie keinesfalls ihren Mann mit einem Spielzeug, aber es war das gleiche Muster. Sie hatte Angst, dass man ihn ihr wegnehmen könnte. Und so versuchte sie, dies zu vermeiden, indem sie, wie sie es selbst ausdrückte, sehr wachsam war. Ihr Leitspruch war: Vertrauen ist gut, Kontrolle ist besser. Sie überlegte sich immer, was alles passieren könnte, um dann nicht überrascht zu sein und vor allem jegliche Gefahr sofort im Keim zu ersticken. Leider ging sie in ihrer Angst so weit, dass sie die selbst erfundenen Situationen für Wahrheit hielt. Ihr Kopf sagte ihr zwar, dass es nicht so sei, aber ihr Gefühl war stärker. Nachdem wir die Situation aus ihrer Kindheit bearbeitet hatten und ihr Selbstbewusstsein wieder aufgebaut war, war dieses Eifersuchtsmuster aufgelöst. Ich selbst hatte bei dieser Klientin das Gefühl, dass sie irgendeine Botschaft für mich mitbrachte. Ich wusste nur noch nicht, welche.

Nachdem die Patientin gegangen war, nahm ich wieder einmal auf meinem Trancesessel Platz und bereitete mich auf ein Gespräch mit Ella vor. Als ich an unseren Treffpunkt kam, hatte ich gleich ein komisches Gefühl. Irgendwie sah es so aus, als würde die gesamte Landschaft vibrieren. Und da passierte es auch schon. Ella verschwand plötzlich vor meinen Augen und tauchte gleich wieder an einem anderen Ort auf. Sie war jedesmal anders gekleidet und schien auch immer ein anderes Alter zu haben. Dann erschien sie als Mann, wobei immer deutlich zu sehen war, dass es Ella war. Während ich mir Gedanken darüber machte, warum sie das wohl tat, bemerkte ich, dass sich auch die gesamte Umgebung permanent veränderte. Und nicht genug damit, sogar ich selbst schien nicht immer der gleiche zu bleiben. Die Ereignisse um mich herum veränderten sich immer schneller, je mehr ich mich darüber wunderte. Ich versuchte, einen klaren Gedanken zu fassen, und konzentrierte mich darauf, wie Ella normalerweise aussah. Es war sehr anstrengend, aber es gelang mir schließlich, und Ella blieb sie selbst. Die Umgebung veränderte sich immer noch, aber Ella und ich wenigstens nicht mehr.

Ella sagte: "Erinnere dich genau daran, wie alles hier normalerweise aussieht."

Ich schloss meine Augen und konzentrierte mich auf meine Klippe und das grüne Gras. Als ich die Augen wieder öffnete, war alles wieder normal. Erleichtert fragte ich Ella, was los gewesen sei.

"Bodo, du hast soeben eine Kostprobe erhalten, wie deine Realität aussehen würde, wenn du die Ereignisse in deinem Leben nicht sorgfältig auswählen würdest."

"Was, dieses Chaos?" fragte ich. "Alles hat sich ständig verändert, sogar die Zeit."

"Ja, Bodo, so würde es aussehen, wenn du dich nicht unbewusst auf eine bestimmte Realität in einer bestimmten Zeit einstellen würdest."

"Ich dachte, du willst mich damit nur verwirren. Okay. Aber wie stelle ich es denn an, dass ich eine ganz bestimmte Realität erlebe?"

"Genau so wie zu Beginn unserer Sitzung. Du erlebst die Realität, auf die du dich konzentrierst."

"Wie funktioniert das?"

"Durch die Konzentration auf bestimmte wahrscheinliche Ereignisse stellst du deine Wahrnehmung auf diese ein. Nun ist deine Wahrnehmung nicht nur Empfänger, sondern auch Sender der neuen Realität. Du stellst dich so gründlich auf diese Realität ein, dass du alles andere nicht mehr wahrnimmst. Es ist so, als wärest du ein Außerirdischer, der sich auf die Erde beamt und direkt auf einer Straßenkreuzung landet. Nach seiner Rückkehr zu seinem Heimatplaneten erzählt er seinen Freunden, auf der Erde gäbe es kaum Vegetation, viel Lärm und Gestank, und alle würden ständig in komischen Kisten herumfahren. Du würdest an seiner Stelle glauben, alle Plätze der Erde seien so. Verstehst du, genau das passiert mit dir, wenn du dich auf eine bestimmte Realität einstellst."

"Aber wie passiert es, dass ich mich auf eine bestimmte Realität einstelle?"

"Der Schwerpunkt deiner Gedanken liegt auf der wahrscheinlichen Realität, die du für die realistischste von allen hältst. Das heißt, du erwartest diese Realität."

"Bist du sicher, Ella? Es hat für mich eher den Anschein, dass es meistens anders kommt, als ich erwarte."

"Das stimmt, Bodo, es gibt eine Reihe von Ereignissen, über die du dir sehr viele Gedanken machst. Das sind vor allem diejenigen, die du unbedingt erleben willst. Je wichtiger ein Ereignis für dich ist, desto mehr hast du Angst davor, dass es sich nicht ereignet. Du hältst es in so einem Fall oft für wahrscheinlicher, dass es sich nicht ereignet. Das heißt, deine Gedanken sind schwerpunktmäßig aufs Negative konzentriert. Daraus hast du eine globale Aussage gemacht, die heißt: Es kommt meistens anders, als man denkt. Diese Aussage teilst du mit sehr vielen Menschen, was dich glauben lässt, dass es generell so ist. Verstehst du Bodo, wenn du erwartest, dass es anders kommt, als du denkst, wird es infolgedessen genau so kommen, nämlich anders, als du gedacht hast."

"Dann sollte der Schwerpunkt meiner Gedanken auf dem liegen, was ich mir wünsche."

"Ganz genau, das wäre der direkte Weg zur Wunscherfüllung."

"Das klingt, als wenn es ganz einfach wäre. Aber wieso machen es dann nicht alle Menschen einfach so?"

"Ganz einfach Bodo. Die Menschen denken, sie hätten keinen Einfluss auf ihre Realität, und dadurch erschaffen sie sich eine Welt, in der alles genauso aussieht, als hätten sie wirklich keinen Einfluss. *Du erlebst, was du denkst.* Von dieser Regel gibt es keine Ausnahme. Alle Ereignisse beginnen zuerst als Gedanke und werden dann erst in deine Außenwelt hineinprojiziert."

"Ist das die nächste Botschaft, Ella?"

"Das ist sie. Deine Realität entspricht in allen Einzelheiten deinen Gedanken. Albert Einstein würde jetzt sagen, dass die Ereignisse, die du erlebst, Energie sind, genau wie deine Gedanken. Der

Unterschied zwischen Ereignissen und den Gedanken liegt in der Dimension, in der sie existieren. Es ist so ähnlich, wie wenn du das Gleiche in Deutsch und in Englisch sagst. Verstehst du? Es ist nur eine andere Sprache. Alles, was ihr Menschen denkt, wird absolut identisch in die äußere Realität umgesetzt, und zwar exakt so, wie ihr es denkt."

"Bedeutet das, wenn ich hoffnungsvoll an einen Wunsch denke, wird meine Realität absolut genau das widerspiegeln? Das heißt, alles sieht so aus, dass ich hoffen kann, dass mein Wunsch in Erfüllung geht?"

"Genau so ist es. Denk an Gina. Sie hatte Angst vor dem finanziellen Ruin. Ihre Gedanken lagen schwerpunktmäßig bei allem, was an Gefahren auf sie in der Realität lauerte. Damit erschuf sie die Rückforderung des Finanzamtes. Das Ereignis stellte exakt die gleichen Inhalte dar wie ihre Gedanken. Alles sieht momentan noch so aus, als ob ihr dieses Geld, das ihr nicht zur Verfügung habt, bezahlen müsst. Alles in allem für Gina ein Grund, Angst zu haben. Wenn Gina ihre Ängste weiterhin im Zaum hält, so wie ihr es mit ihrem Ego besprochen habt, werdet ihr noch einmal um diese Rückzahlung herumkommen. Gina wird unter Zuhilfenahme eines Steuerberaters Einspruch einlegen, und diesem Einspruch wird seitens des Finanzamtes stattgegeben.

Aber nicht nur in der äußeren Realität erlebte sie, was sie dachte. Auch ihr Ego war ein Gedankenkonstrukt, das sie innerlich sehr intensiv erlebte. Dieses Erleben ging so weit, dass sie körperliche Probleme bekam, deren Ursprung in ihrer Vorstellung über das Ego lag. Ihr erlebt, was ihr denkt, und zwar in allen Erlebnisterritorien. Ob Innenwelt oder Außenwelt, von dieser Regel gibt es keine Ausnahme. Das war auch die Botschaft deiner Eifersuchtsklientin. Sie erlebte ihre Eifersucht. Und unter uns gesagt, sie hat durch ihre Eifersucht auch schon Realität gestaltet. Du weißt, was ich damit meine."

"Sie ist also nicht grundlos eifersüchtig?"

"Ihre Gedanken schaffen ihre Realität."

"Das Problem ist, dass sie diese Gedanken kaum bewusst bemerkt bzw. auch nicht verhindern kann."

"Das ist leider wahr. Die unbewussten Gedanken werden natürlich genauso realisiert wie die bewussten. Die Realität macht hier keinen Unterschied."

"Das heißt, wenn unsere Gedanken unbewusst auf etwas Negatives konzentriert sind und diese Konzentration stärker ist als die bewussten Wunschgedanken, haben wir für die Erfüllung unserer Wünsche schlechte Karten."

"So ist es Bodo. Aber du wirst einen Weg finden, wie du zur Wunscherfüllung kommst."

Aufgrund meiner NLP-Ausbildung war mir klar, was das bedeutet. Ich kann nicht so ohne weiteres meine Gedanken kontrollieren und damit meine Wünsche erfüllen. Ella verabschiedete sich von mir und machte noch den Vorschlag, dass ich Gina alles Wichtige über das unbewusste Denken erklären solle, damit wir zusammen einen Weg zur Wunscherfüllung finden könnten.

Gina war gleich nach dieser Sitzung bereit zu diesem Gespräch, und so legte ich los. Ich erklärte ihr kurz, was Ella mir gesagt hatte, und bat Gina, mich zu fragen, wenn etwas unklar sein würde.

"Warum können wir unsere Gedanken nicht einfach kontrollieren?" fragte Gina.

"Es geht vor allem nicht so einfach mit unseren unbewussten Gedanken, begann ich zu erklären."

"Erkläre mir das bitte etwas genauer, Schatz."

"Also, neben meinen sprachlichen Gedanken gibt es auch andere Gedankenmodalitäten. Ich denke viel in Bildern, Tönen und Gefühlen. Ich kenne Intuitionen und Verstandesdenken. Der Wissenschaft zufolge stammen die sprachlichen und mathematisch abstrakten Gedanken aus meiner linken Großhirnhemisphäre und die Gefühle aus der rechten. Die linke Hirnhälfte ist demnach der Sitz meines Verstandes und die rechte das zu Hause meiner Geistesblitze, genannt Intuitionen. Beide Hirnhälften arbeiten unabhängig und sind trotzdem miteinander verbunden. Meine Intuition wird von meinem Verstand angeregt und führt zu einem Geistesblitz, der wiederum meinen Verstand anregt, neue Gedankenmuster zu entwickeln.

Bedingt durch diese parallel arbeitenden Hirnhälften, denke ich viele Dinge gleichzeitig. Wissenschaftlich gesehen ist der Mensch jedoch nur in der Lage, 7 plus minus 2 Informationseinheiten gleichzeitig bewusst zu verarbeiten. Da unser Leben aber mehr von uns abfordert, verarbeiten wir viele Informationen unbewusst. Ich denke also viel mehr, als mir bewusst ist."

"Aha, jetzt verstehe ich."

"Das ist aber noch nicht alles. Es kommt noch komplizierter. Laut NLP haben Gedanken neben ihrem Inhalt auch ganz bestimmte Strukturen. Nehme ich beispielsweise ein Bild, so kann dieses hell oder dunkel sein, es kann farbig oder schwarz-weiß, groß oder klein, nah oder weit weg, 2-dimensional oder 3-dimensional sein usw. Erinnerst du dich, damit haben wir doch viel gearbeitet?"

"Ja natürlich, Bodo. Diese Strukturen nennt man Submodalitäten."

"Genau, nur sind mir diese normalerweise nicht bewusst. Verändere ich jedoch bewusst eine dieser Submodalitäten, verändert sich sofort meine Denkweise. Nimm dir doch einmal eine bildhafte Erinnerung, zu der du ein starkes Gefühl hast und mach dieses Bild dunkler und kleiner, oder schieb es weiter weg. Bei den meisten Menschen werden die Gefühle dadurch schwächer. Mach es jetzt wieder heller und größer, und die Gefühle werden wieder normal."

"Ist klar, Bodo. Das kenne ich von unserer Arbeit nach der Seth-Krise. Mit diesen Submodalitäten codiert mein Gehirn, wie ich über etwas denke."

"Ganz genau, Gina, aber nicht nur die Intensität meiner Gefühle wird auf diese Weise kodiert, sondern ihre gesamte Intelligenz. In so einem Bild ist eine unglaubliche Datenfülle enthalten. Ob ich glaube, bezweifle, hoffe, befürchte, was mich verwirrt, motiviert oder lähmt, all dies ist in einem einzigen Bild gespeichert. Mein Verstand ist in der Lage, Hunderte von Bildern in einer Sekunde unbewusst zu verarbeiten, und so kann ich zwar einzelne Submodalitäten verändern, um meine Gedanken zu beeinflussen, aber niemals den ganzen Tag meine Gedanken kontrollieren."

"Das ist aber blöd geschaltet", meinte Gina. "Wie sollen wir da unsere Gedanken jemals so gestalten, dass wir unsere Wünsche erfüllen können? Wozu soll das überhaupt gut sein, so viele Dinge unbewusst gleichzeitig zu tun?"

"Um handlungsfähig zu sein, muss mein Gehirn Strukturen besitzen, die einen sinnvollen Ablauf meiner Gedanken ermöglichen. Erst dadurch kann ich blitzschnell auf Anforderungen reagieren, ohne lange darüber nachdenken zu müssen. Ohne diese Anforderungen wäre ich nicht in der Lage, laufen zu lernen oder mit dem Auto eine Vollbremsung zu machen, wenn nötig. Genaugenommen wäre ich zu nichts in der Lage. Mit Hilfe dieser Strukturen lerne ich komplexe Handlungsabläufe, sogenannte Muster. Diese wende ich bei allen ähnlichen Lebenssituationen automatisch an, was mich einerseits sehr schnell handlungsfähig macht, andererseits aber auch immer die gleiche Reaktionsweise mit sich bringt. Bin ich mit diesem Verhalten nicht zufrieden, wird es sehr schwierig, dieses Muster wieder zu verändern. Das kennst du ja aus Erfahrung, Gina. Man kann sich diese Muster vorstellen wie ein Flussbett. Zunächst sucht sich Wasser einen Weg. Mit der Zeit werden die Wege immer tiefer und breiter. Alles, was an Wasser danach kommt, wird automatisch dieses Flussbett benutzen. Aufgrund der vorhandenen Muster wird bei ähnlichen Situationen also immer die gleiche Denkweise aktiviert."

"Und wodurch ändern sich diese Muster dann überhaupt? Es beherrscht doch nicht jeder NLP, um Muster zu verändern."

"Oh, es gibt viele Methoden, Muster zu verändern. Und nicht nur Methoden, es gibt auch ganz natürliche Wege. Durch ein gefühlsbeladenes Etwas, genannt Intuition, ist mein Verstand oft angehalten, neue Muster zu erschaffen. Ihm wird ein Gedanke vorgesetzt, zu dem er kein vorhandenes Muster hat. Blitzschnell schafft er neue Wege oder biegt vorhandene um, denn es bedeutet für ihn Gefahr, etwas nicht in ein Muster einordnen zu können. Er will meine Handlungsfähigkeit sichern und braucht dazu ein in sich logisches und funktionierendes Muster. Diesem Umstand verdanke ich zwar das Festhalten an alten Problemstrukturen, aber ich wäre ohne diese Eigenschaften meines Verstandes wahrscheinlich längst nicht mehr am Leben. Du kennst doch dieses bedrohliche Gefühl der Verwirrung und versuchst auch, es zu vermeiden, so wie jeder andere. Doch manchmal ist Verwirrung notwendig, um alte Verhaltensmuster zu durchbrechen und neue aufzubauen. Es wird alles durcheinandergewürfelt und wieder neu zusammengesetzt. Eine weitere Möglichkeit, neue Muster zu erschaffen, liegt in den Informationen oder dem Verständnis, das ich von anderen Menschen bekomme oder in Phänomenen, die nicht in mein Weltbild passen. Da dies für meinen Verstand Unsicherheit bedeutet, schafft er neue Muster, indem er neue Gefühle kreiert."

"Also gibt es doch Möglichkeiten, meine unbewussten Gedanken zu beeinflussen."

"Ja schon, aber es sind einfach viel zu viele dieser Muster, die wir verändern müssten. Und die meisten davon müssten wir uns erst einmal bewusst machen. Das würde Jahre dauern, bis wir das alles gemacht hätten, nur um uns einen kleinen Wunsch zu erfüllen."

"Aber es muss einen Weg geben! Das fühle ich ganz genau."

"Ich denke, wir werden ihn auch finden. Aber einfache Gedankenkontrolle wird es mit Sicherheit nicht sein."

Botschaft 3: Ich denke, was ich fühle

Es vergingen ein paar Tage, in denen ich immer wieder an meine Eifersuchtsklientin denken musste. Ich hatte ja gleich das Gefühl, dass sie mir etwas Wichtiges klarmachen wollte. Daran konnte ich mich gut erinnern. Im Hinblick auf die zweite Botschaft „Ich erlebe, was ich denke" konnte ich ihr Problem ganz gut einordnen. Sie dachte, sie würde von ihrem Mann betrogen, und erlebte dies zumindest in ihrer subjektiven inneren Welt. Klar war auch, dass sie ihren Mann tatsächlich verlieren könnte, wenn sie so weitermachte. Ihr Denkmuster, das sie in ihrer Kindheit durch das Ereignis mit dem Spielzeug angenommen hatte, bestimmte weiterhin ihre Realität. Sie dachte, Vertrauen sei gut und Kontrolle besser, und genau das schien sie ständig zu erleben. Aber was hatte das Ganze mit der nächsten Botschaft zu tun?

Gina und ich hatten bisher verstanden, dass es nicht möglich war, unsere Gedanken direkt zu kontrollieren. Hatte die dritte Botschaft vielleicht etwas damit zu tun, wie ich meine Gedanken beeinflussen könnte? Meine Eifersuchtsklientin konnte gerade das nicht. Sie versuchte es schon jahrelang, bevor sie zu mir kam. Aber die Eifersucht war immer stärker. Also lag ihre Botschaft wohl nicht darin, mir mitzuteilen, wie man seine Gedanken kontrollieren kann.

Ich beschloss, mit dem Grübeln aufzuhören und es mir leicht zu machen. Ich frage einfach Ella, dachte ich mir. Ich setzte mich also wieder in meinen Sessel und fiel in Trance. Ich weiß noch, wie ich zu unserem geistigen Treffpunkt ging und mich fragte, ob Ella mir wohl überhaupt eine Antwort geben würde. Als ich dann ankam, spürte ich wieder die unbeschreibliche Liebe, die von Ella ausging, und meine Bedenken waren auf einmal wie weggeblasen. Ella kam fröhlich über die Wiese zu mir und begrüßte mich sehr herzlich.

"Hallo, Bodo, du brauchst keine Bedenken zu haben, dass ich dich für faul hielte. Wenn du Fragen an mich hast, werde ich sie dir immer beantworten, gleich, wie überflüssig sie auch immer sein mögen. Es ist vollkommen in Ordnung, wenn du mich alles fragst, was du wissen willst. Du weißt, unsere Kommunikation läuft über dein Verständnis, und ich kann dir nur etwas mitteilen, wenn du deine Aufmerksamkeit auf ein bestimmtes Thema richtest."

"Danke, Ella, ich komme nicht dahinter, was für eine Botschaft diese Frau für mich hatte."

" Dann lass uns einmal gemeinsam überlegen", schlug Ella vor.

"Diese Frau war nicht in der Lage, ihre Gedanken zu verändern", sagte ich.

"Warum nicht?"

"Ihre Eifersucht war stärker."

"Richtig, und was ist Eifersucht?"

"Die Angst, etwas oder jemanden zu verlieren."

"Ganz genau. Was ist Angst, Bodo?"

"Eine Illusion, denke ich."

"Ja, und woran erkennst du diese Illusion?"

"Am Gefühl, würde ich sagen."

"Genau das ist der Punkt, Bodo."

"Wie? Was ist der Punkt?"

"Na, das Gefühl, Bodo. Die dritte Botschaft hat etwas mit dem Gefühl zu tun. Überlege mal genau. Die erste hieß: *Ich bin, was ich erlebe*. Darauf folgte die zweite mit: *Ich erlebe, was ich denke*. Die nächste Botschaft beginnt doch ganz leicht erkennbar mit: 'Ich denke, was ich....'"

"Die dritte Botschaft heißt: *Ich denke, was ich fühle?*"

"Ja, das ist es, Bodo. Der Kandidat hat 1000 Punkte."

"Jetzt wird mir ihre Botschaft klar, Ella: Sie wollte zwar anders denken, aber ihr Gefühl der Eifersucht war stärker."

"Richtig, Bodo, ihr Gefühl war Verlustangst, und Angst ist ein sehr starkes Gefühl. Die unbewusste Erinnerung an das Muster, das sie als Kind mit ihrem Spielzeug gelernt hatte, verursachte wieder diese Verlustangst. Verstehst du?"

"Ja klar, Ella, das Muster verursacht die Gefühle, und diese halten dann ihrerseits das Muster aufrecht. Es entsteht ein Teufelskreis. Das Gefühl, das durch das Muster ausgelöst wird, lässt mich alle Ereignisse im Blickwinkel dieses Gefühls erleben. Auf diese Weise steigere ich mich für gewöhnlich in das Gefühl hinein. Das Gefühl wird zu einer Wahrnehmungsbrille."

"Du hast den Nagel auf den Kopf getroffen, Bodo. Diese Wahrnehmungsbrille lässt es nicht zu, die Dinge mit anderen Augen zu sehen, und so konnte deine Klientin keine andere Beurteilung der

Situation vornehmen, als dass ihr Mann sie betrügt. Ihr Gehirn ließ keine andere Denkweise zu, solange das Muster bestand.

Um nun ein vorhandenes Muster zu ändern, ist es unerlässlich, das Gefühl zu verändern. Ansonsten bleibt man bei der gleichen Denkweise und kann kein anderes Verständnis entwickeln. Tue ich dies, indem ich mir verstandesmäßig ein neues Gefühl aussuche, werde ich dadurch das alte Muster in ein bereits vorhandenes anderes Muster umwandeln, und genau das hast du mit ihr gemacht, als du ihr halfst, ihr Selbstbewusstsein wieder aufzubauen. Auf diese Weise entstand kein neues Muster, es wurde nur einfach ein vorhandenes nützlicheres genutzt. Aber unsere Psyche bietet noch mehr. Es ist möglich, völlig neue Wege zu gehen und Muster zu schaffen, die vorher noch nie da waren. Willst du mehr darüber hören?"

"Und ob ich das will."

"Du weißt aber schon, wie das geht, Bodo. Du hast es Gina nämlich selbst erklärt. Kreativität heißt das Zauberwort. Das Zusammenspiel zwischen Intuition und Verstand."

"Ja natürlich, Ella, Intuition ist ja auch gefühlsmäßig und hält sich nicht an vorhandene Verstandesmuster."

"So ist es. Es ist also ein ganz natürlicher Vorgang, wenn durch die Intuition neue Muster geschaffen werden. Und das Gefühl ist hierfür maßgeblich verantwortlich. Wenn du nichts dagegen hast, sollten wir diese Sitzung für heute beenden. Es stehen wieder Ereignisse in deiner Außenwelt an, die dir helfen sollen, weitere wichtige Dinge zu verstehen."

"Kannst du mir diese Erkenntnisse nicht einfach sagen, Ella?"

"Ich kann dir vieles sagen, aber urteile selbst. Hättest du die dritte Botschaft so leicht verstanden, wenn deine Eifersuchtsklientin nicht gewesen wäre?"

"Wahrscheinlich nicht."

"Mit Sicherheit nicht. Dieser Weg der Weiterentwicklung, den du jetzt gehst, birgt durch das Erleben der Ereignisse eine ganz andere Erkenntnisqualität in sich als beispielsweise ein Schulunterricht. Denk doch einfach einmal an ein praktisches Beispiel. Du sollst beispielsweise einen Schrank nach Gebrauchsanweisung zusammenbauen. Diese Gebrauchsanweisung kannst du zehn Mal lesen oder sogar auswendig lernen, du wirst mit dem Schrank trotzdem deine Schwierigkeiten haben."

Ella hatte hier ein wirklich gutes Beispiel gewählt, denn bei so einer Arbeit fluchte ich für gewöhnlich permanent, weil es so, wie beschrieben, nie funktionierte.

"Wenn du allerdings den Schrank einmal mit deinen eigenen Händen aufgebaut hast", fuhr Ella fort, "wirst du es nach Jahren wieder problemlos hinkriegen."

"Ich glaube, ich weiß, was du meinst, Ella. Ich freue mich schon auf die Erfahrungen in meiner Außenwelt."

"Gut, bedenke dabei immer, wenn du die physische Welt nicht bräuchtest, würde es sie für dich nicht geben. Tschüs, Bodo und liebe Grüße an Gina."

"Mach's gut, Ella, bis bald."

An den darauffolgenden Tagen ereignete sich eigentlich überhaupt nichts Besonderes. Gina und ich gingen unserer Arbeit nach, trafen Freunde in unserer Freizeit und hatten eine gute Zeit. Während die Ereignisse so an mir vorüberzogen, merkte ich nichts von irgendwelchen Fügungen, durch die ich etwas Neues erfahren konnte. Erst in der nächsten Sitzung mit Ella würde ich erkennen, um was es eigentlich ging. Es gab in diesem Zusammenhang mehrere wichtige Situationen, die allesamt für sich selbst wenig Bedeutung zu haben schienen, aber zusammen ergaben sie eine ganz klare Botschaft. Wir trafen zum Beispiel Ira, eine langjährige Freundin von Gina, die uns in der Seth-Zeit sehr intensiv begleitet hatte. Es war damals sehr erstaunlich, dass Ira immer die gleichen Entwicklungsprozesse durchmachte wie wir. Sie ging einen völlig anderen Weg und entwickelte sich trotzdem ganz parallel zu uns. Ihr Weg ging über die Natur. Sie wandelte oft stundenlang durch den Wald - wie der Druide Miracolix bei Asterix und Obelix. Die Natur war für sie die Universallösung für all ihre Probleme. Wir gingen oft mit ihr zusammen in den Wald und genossen dort den Zauber der Natur, den sie uns enthüllte. Es war phantastisch, welchen positiven Einfluss die Natur auf unser Wohlbefinden hatte, wenn wir ihr auf Iras Art begegneten. Zu dieser Zeit beschäftigten wir uns intensiv mit den Energien, die wir durch Seth kennengelernt hatten. Und so sahen wir in jeder Missstimmung, die wir zu dieser Zeit hatten, eine Energieblockade. Durch die Energien der Natur, die Ira für uns offenbarte, lösten sich diese Blockaden im Handumdrehen. Wir hatten Ira, seit wir mit Seth aufgehört hatten zu kommunizieren, kaum noch gesehen. Unsere Entwicklungswege passten einfach nicht mehr richtig zusammen.

Als wir sie an einem dieser Tage trafen, ging es ihr gerade nicht so gut. Sie hatte beruflichen Stress und musste eine Entscheidung treffen, die ihr sehr schwer fiel. Ihr Kopf sagte das Gegenteil wie ihr Herz, und sie wusste einfach nicht, was richtig war. Sie spürte, dass sie den Beruf, den sie bislang ausgeübt hatte, nicht mehr machen wollte. Aber ihr Verstand sagte ihr, dass sie von irgendetwas leben müsse. Ihr war noch nicht so ganz klar, was sie eigentlich genau machen wollte. Doch eines war sicher: Sie musste aus ihrem alten Beruf heraus. Nach einem längeren Gespräch zwischen Gina und ihr entschied sie, das zu tun, was ihr Gefühl ihr geraten hatte. Sie war überzeugt, dass dies in jedem Fall die richtige Entscheidung war, da sie ihren Gefühlen eine übersinnliche Bedeutung zumaß. Sie war überzeugt, dass es Botschaften von oben seien und sie diesen vertrauen müsse. Sie nannte das "Urvertrauen" ins Leben. Ira war überzeugt, dass ihr Leben von einer höheren allwissenden Macht gelenkt würde und dass sie von dieser immer Zeichen bekam, was sie tun sollte. Und so entschied sie, ihren Job zu kündigen, ohne genau zu wissen, wie es weitergehen würde.

Das nächste Ereignis, das in diesem Zusammenhang wichtig war, war ein Telefonat mit Beate, einer Polarity-Therapeutin. Bei ihr war Beziehungsstress angesagt. Sie lebte in einem Dreiecksverhältnis und schaffte es nicht, sich von ihrem Freund zu lösen, obwohl ihr Verstand ihr sagte, dass es für sie keine andere Chance gab. Sobald sie aber mit ihrem Freund zusammen war, hatte sie das Gefühl, dass dieser sie noch immer oder sogar noch mehr liebte als früher. Obwohl dieser immer wieder sagte, dass er seine andere Freundin nicht aufgeben werde, konnte sie sich damit nicht abfinden. Auch sie war genau wie Ira der Meinung, das Gefühl habe immer Recht. Dies war, so weit ich das verstand, auch eine Kernaussage von Polarity. Sie folgte also ihrem Gefühl und fiel von einer Krise in die nächste. Ich versuchte, ihr am Telefon zu helfen, was mir aber nicht so recht gelang. Mir war klar, dass ihr Problem, keinen klaren Schlussstrich ziehen zu können, in ihren Gefühlen lag. Aber so sehr wir uns auch bemühten, das dem Gefühl zugrunde liegende Muster zu durchbrechen, es gelang einfach nicht. Sie dachte ganz eindeutig, was sie fühlte. Doch dieses Wissen half mir nicht weiter. Wir konnten dieses Gefühl nicht ändern.

Am darauffolgenden Tag hatte ich wieder ein Gespräch mit Ella geplant. Ich wollte sie fragen, wie ich die dritte Botschaft praktisch anwenden könnte. Oder ob es sich nur um eine Zwischenstation handelte, mit der man alleine eigentlich gar nichts anfangen könnte. Was ich bis dahin noch nicht wusste, war, dass unsere Sitzung recht kurz werden würde. Nach unserer üblichen Begrüßung fragte mich Ella, ob ich die Botschaften der letzten Tage verstanden hätte.

Ich fragte sie: "Welche Botschaften?"

"Erinnere dich an Ira und Beate, beide hatten etwas gemeinsam."

"Ja, beiden ging es momentan nicht so gut."

"Hast du nicht bemerkt, dass sie beide sehr gefühlsbetont leben? Beide halten ihre Gefühle für unfehlbar."

"Ja, das ist mir aufgefallen. Besonders bei Beate. Wir haben noch versucht, diese Gefühle zu verändern, aber ohne Erfolg. Deshalb wollte ich dich auch fragen, wie man die dritte Botschaft praktisch anwenden kann."

"Du wirst es erleben, Bodo, und zwar sehr bald, aber jetzt möchte ich dir noch ein paar Hintergrundinformationen geben. Beate und Ira können nämlich ihre Gefühle nicht so leicht verändern oder sich gegen sie entscheiden. Sie sind beide davon überzeugt, dass das Gefühl immer Recht hat. Durch diese Denkweise geben sie ihrem Verstand gar keine Chance, korrigierend einzugreifen. Bei Beate kommt noch erschwerend hinzu, dass sie sich ohne die Orientierungshilfe, sich immer nach ihren Gefühlen zu richten, sehr verloren und haltlos fühlen würde. Sie vertraut ihrem Verstand nicht. Und damit steht sie nicht allein. Viele Menschen sagen, dass man, wenn Gefühl und Verstand sich widersprechen, immer das tun sollte, was das Gefühl sagt. Das sei immer richtig. Wenn dies wirklich wahr wäre, bräuchtest du keinen Verstand, er wäre sogar schädlich für dich. Du hast aber einen Verstand, um über deine Gefühle nachzudenken. Deine Gefühle wurden aus einer positiven Absicht heraus geschaffen, doch das kann schon gewesen sein, als du drei Jahre alt warst. Dass diese Kindergefühle in der Welt der Erwachsenen nicht unbedingt nützlich sein müssen, liegt auf der Hand. Tust du hier kritiklos, was dein Gefühl sagt, handelst du wie ein Dreijähriger. Wenn dir beispielsweise dein Vater, als du drei warst, verbot, seine Bücher zu nehmen, und du immer ein schlechtes Gewissen bekamst, wenn du ein Buch in die Hand nahmst, so hätte sich daran bis heute nichts geändert, wenn du nicht irgendwann über dieses schlechte Gefühl nachgedacht und neu entschieden hättest. Du hast dich beim Untersuchen deiner Gefühle oft über ihren Sinn gewundert, der in deinem jetzigen Alter zum Un-Sinn wurde. Das soll allerdings jetzt nicht bedeuten, dass dein Verstand wichtiger ist als deine Gefühle. Verstand und Gefühl sollten sozusagen als gleichberechtigte Partner zusammenarbeiten. Und jetzt sollten wir die Sitzung beenden. Du wirst heute noch eine wichtige Begegnung haben, die dir die praktische Bedeutung der dritten Botschaft klar machen wird. Also viel Erfolg und tschüs bis morgen."

"Tschüs, Ella."

Ich war gespannt, ob ich wirklich an diesem Tag noch eine solche Begegnung haben würde. Ich hatte an diesem Tag noch zwei Klienten, von denen die zweite zum ersten Mal zu mir kam. Sie hieß Nora und war selbst Therapeutin. Sie hatte sich darauf spezialisiert, Frauen zu helfen, die in ihrer Kindheit sexuelle Missbrauchserlebnisse gehabt hatten. Bevor sie zu mir kam, hatte sie schon mehrere Jahre Therapie hinter sich, darunter zwei Jahre in einer psychiatrischen Klinik. Sie wurde dort eingeliefert wegen unkontrollierter Wutanfälle, insbesondere wegen eines Vorfalls, bei dem sie ihren damaligen Ehemann mit einem Messer angriff und lebensgefährlich verletzte. Sie hatte inzwischen geglaubt, von diesen Wutanfällen geheilt zu sein. Doch es passierte vor kurzem wieder. Sie schrie aus unerklärlichem Grund, aus heiterem Himmel, ihren neuen Lebensgefährten an und hätte ihn, wie sie sagte, umbringen können. Danach fühlte sie sich total schmutzig und hatte furchtbare Schuldgefühle. Da sie der klassischen Psychotherapie nicht mehr vertraute, kam sie zu mir, um es mit NLP zu versuchen. Als sie kam, war mir klar, dass sie die Begegnung war, von der Ella geredet hatte. Ich beschloss daher, mich auf ihre Gefühle zu konzentrieren.

Ich fragte also: "Wie fühlten Sie sich bei dem letzten Wutanfall, Nora?"

"Na wie schon, wütend natürlich."

"Und außer der Wut, was war da noch?"

"Das fragen Sie mich, Bodo? Ich bin doch zu Ihnen gekommen, damit sie genau das herausfinden!"

Sie war sehr aggressiv und erwartete wohl von mir, dass ich jetzt mit NLP ihre Probleme wegzaubern sollte. Ich kannte dieses Verhalten schon von vielen anderen Therapeuten, die unbewusst mit mir einen Machtkampf veranstalten wollten. Es ging dabei immer um den Wert ihrer eigenen Arbeit. Sie konnten sich selbst mit ihren eigenen Methoden nicht helfen, und es wäre ihnen einerseits sehr recht gewesen, wenn ich es mit NLP auch nicht schaffen würde. Sonst würde das nämlich für sie bedeuten, dass ihre eigene Arbeit schlechter wäre als meine, glaubten sie zumindest. Ich klärte also zuerst einmal die Fronten und sagte ihr, dass ich nicht in der Lage sei, ihr Problem zu lösen. Niemand könne das, außer sie selbst. Außerdem machte ich sie auf den Machtkampf aufmerksam, den sie mit mir veranstalten wollte, was sie allerdings vehement abstritt. Doch das war nicht wichtig. Es ging mir nicht darum, Recht zu haben, sondern auf einer vernünftigen Grundlage mit ihr zusammenzuarbeiten. Nach dieser Klärung hörte sie dann auch auf mit ihrer aggressiven Art, denn sie wollte es jetzt auf keinen Fall so aussehen lassen, dass ich Recht hätte. Nachdem ich ihr auch gesagt hatte, dass ich der Meinung sei, jede Therapieform habe ihre Stärken und Schwächen, und ich es toll fände, dass sie den Mut habe, eine andere Methode auszuprobieren, wurde sie merklich zugänglicher. Ihr wurde plötzlich wieder klar, warum sie eigentlich gekommen war und dass ihr Problem wirklich wichtiger war als sinnloser Konkurrenzkampf. Wir begannen also wieder von vorne, und ich fragte wieder nach ihren Gefühlen, wenn sie wütend wird.

"Also, Nora, wie fühlen Sie sich, wenn Sie wütend sind?"

"Na wütend halt, ich merke sonst nichts anderes."

"Dann gehen Sie bitte einmal in dieses Gefühl der Wut hinein, aber bitte ohne sie nach außen herauszulassen und auch ohne sie zu unterdrücken. Erleben Sie die Wut voll und ganz. Fühlen Sie einfach nur 'ja, ich bin wütend, und wie wütend', und lassen Sie dieses Gefühl an Ihnen vorüberziehen, ohne es festzuhalten. Gefühle sind wie Wolken im Wind: Sie ziehen für gewöhnlich an einem vorbei, und es kommt etwas anderes hinterher, entweder eine andere Wolke oder Sonnenschein."

Nora kämpfte eine Zeit lang gegen die Wut an, obwohl sie wirklich versuchte, es nicht zu tun, aber die Gewohnheit zollte Tribut. Schließlich gelang es ihr doch, sich ganz und gar auf ihr Gefühl einzulassen, ohne irgendetwas anderes dabei zu denken. Sie erlebte jetzt zum ersten Mal wirklich ihre Wut. Bisher hatte sie diese immer auf jemand Anderes projiziert oder die Wut so lange unterdrückt, bis sie plötzlich explodierte. In solch einer Situation war sie sehr selbstzerstörerisch. Sie malträtierte sich dann so lange selbst, bis sie völlig fertig war. Diesmal erlebte sie die Wut, ohne sich selbst oder andere niederzumachen. Nach einer Minute brach sie plötzlich in Tränen aus. Ich fragte sie mitfühlend:

"Was ist jetzt für ein Gefühl da?"

"Ich habe schreckliche Angst, und ich fühle mich so minderwertig. Ich bin der letzte Abschaum."

"Wo kommen diese Gefühle her?"

"Ich weiß es nicht. Ich kann es mir nicht erklären."

"Sehen Sie, während Sie dieses Gefühl spüren, einmal nach oben, ob da ein Bild, vielleicht eine Erinnerung ist, die mit diesem Gefühl zu tun hat."

"Da ist kein Bild. Da ist nur ein großes schwarzes Loch. Ich hasse dieses Loch."

"Was symbolisiert dieses Loch? Wer oder was ist es wirklich, was Sie hassen?"

"Ich glaube, es ist ein böser Mann. Ich habe schreckliche Angst vor ihm."

Wir mussten die Sitzung an dieser Stelle unterbrechen, denn Nora war zunächst nicht mehr in der Lage, einen klaren Gedanken zu fassen. Sie verhielt sich wie ein kleines verängstigtes Kind, das etwas so Schreckliches erlebt hatte, dass man es kaum noch beruhigen konnte. In unserem nachfolgenden Gespräch erzählte sie mir, dass sie außer den Wutanfällen noch ein Problem hätte, über das sie bisher mit niemandem gesprochen hatte. Sie schämte sich zu sehr deswegen und glaubte auch, dass ihre Klientinnen dafür mit Sicherheit kein Verständnis aufbringen würden. Ihr Problem war, dass sie sich jedesmal sexuell erregt fühlte, wenn sie etwas über Kindesmissbrauch las oder hörte. Sie fühlte sich gleichzeitig erregt und zutiefst beschämt. Sie erklärte auch weiter, dass sie sich auf Therapie mit Frauen, die Missbrauchserlebnisse hatten, nur deshalb spezialisiert hatte, weil sie glaubte, durch die ständige Konfrontation mit dem Problem irgendwann ihr eigenes Problem lösen zu können.

Sie meinte anschließend: "Ich glaube, das hat irgendetwas mit meiner Wut zu tun, deshalb musste ich es Ihnen jetzt einfach sagen."

"Warum glauben Sie, dass es etwas mit ihrer Wut zu tun hat?"

"Ich hatte bei diesem schwarzen Loch sehr ähnliche Gefühle, wie wenn ich etwas über Kindesmissbrauch höre."

"Glauben Sie, wir könnten weitermachen und herausfinden, wo der Zusammenhang ist?"

"Ja, ich will es auf jeden Fall versuchen."

"Dann erinnern Sie sich wieder an dieses schwarze Loch. Fühlen Sie die Gefühle, die damit zusammenhängen, genau wie bei der Wut. Vermeiden Sie die Gefühle nicht, und Sie werden sehr schnell erkennen, was dahinter steht."

"Bodo, ich habe das Gefühl, dieses Loch zieht mich an und will mich verschlingen."

"Bleiben Sie ganz ruhig, Nora! Denken Sie daran, dass dieses schwarze Loch nur eine Vorstellung ist. Lassen Sie einfach los, und gehen Sie in das Loch hinein."

"Das schaffe ich nicht. Ich kann das nicht."

"Okay, dann stellen Sie sich vor, Sie seien nur Zuschauer, und Sie sähen aus sicherer Distanz ganz ruhig zu, wie eine Frau, die genauso aussieht wie Sie, in dieses Loch hineingeht."

"Ich sehe in diesem Loch meine Tante, als sie noch jung war. Ich hasse diese Frau. Ich habe sie immer gehasst."

" Was sehen Sie noch?"

"Ich selbst bin da erst fünf Jahre alt, und meine ganze Familie hasst mich. Ich fühle mich so elend! Ich möchte sterben!"

"Bleiben Sie außerhalb des Loches! Sie sind nur Zuschauer. Was passiert weiter?"

"Nichts mehr, die Kleine hat einfach nur noch Angst und fühlt sich wie der letzte Dreck. Ich möchte zu ihr gehen und sie trösten."

"Dann gehen Sie zu ihr, nehmen Sie die Kleine in den Arm, und geben Sie ihr alles, was sie braucht."

Sie saß fast eine Viertelstunde da wie in Trance. Man sah ihr an, dass sie dort, wo sie war, etwas Schockierendes erleben musste. Als sie dann schließlich die Augen wieder öffnete, sagte sie:

"Ich weiß jetzt, was damals passiert ist. Ich bin mit fünf Jahren von meinem eigenen Opa missbraucht worden, und ich fand das damals sehr schön. Ich spürte zwar, dass damit irgendetwas nicht in Ordnung war, weil es immer hinter verschlossenen Türen stattfand und mein Opa immer sagte, ich solle es niemandem erzählen. Wir hätten uns halt ganz besonders lieb, und das sollte unser Geheimnis bleiben. Aber ich fand es ja auch schön. Er hat mir niemals weh getan oder mit mir wirklich Sex gemacht. Wir haben uns nur angefasst.

Eines Tages aber erwischte uns meine Tante. Sie regte sich so sehr auf, dass ich nur spürte, dass wir etwas ganz Schlimmes getan hatten. Aber das wirklich Schlimme kam erst hinterher. Meine Tante überzeugte die ganze Familie, dass ich Schuld an der ganzen Sache hatte. Ich weiß auch nicht, wie sie das geschafft hat. Ich denke, sie hat es getan, um ihren eigenen Vater zu schützen und sich ihr Bild von ihm zu erhalten. Ich denke, dass sie auch aus dem gleichen Grund die anderen so leicht überzeugen konnte. Auf jeden Fall traf mich die ganze Verachtung der gesamten Familie. Und auch mein Opa ging mir aus dem Weg und verhielt sich mir gegenüber sehr abweisend. Ich war ihm plötzlich nichts mehr wert. 'Was habe ich getan, ich muss der letzte Dreck sein', ging mir damals ständig durch den Kopf. Ich hielt es zu Hause nicht länger aus und lief weg. Ich kann mich nicht mehr daran erinnern, was ich tat und wo ich war, aber nach fünf Tagen wurde ich von der Polizei aufgegriffen und nach Hause gebracht. Ich weiß noch, dass ich damals schwer krank war und ins Krankenhaus kam. Als ich herauskam, verhielt man sich bei mir zu Hause, als wenn nie etwas geschehen wäre. Man wusste wohl nicht, wie man mit der Situation umgehen sollte, und entschied einfach, den Mantel der Verschwiegenheit darüber auszubreiten. Ich muss das alles sehr gründlich verdrängt haben. Nur die Gefühle, von meiner Familie nicht erwünscht zu sein, und die Schuldgefühle blieben. Auch die Wut, die ich auf meine Tante hatte, hat sich seit dieser Zeit nie mehr gelegt. Ich hasse sie immer noch, sie hat mein ganzes Leben versaut."

Jetzt war ziemlich klar, was mit Nora los war. Durch dieses traumatische Erlebnis war sie zum Teil in ihrer Entwicklung in dieser Zeit stehen geblieben. Sie wurde mit dieser Situation nicht fertig und entwickelte sich deshalb so weiter, als wenn es diese Situation nie gegeben hätte. Ihre Persönlichkeit spaltete sich gewissermaßen. Während sie zum einen Teil erwachsen wurde, blieb die Fünfjährige immer in der Zeit stecken, die sie nicht verarbeiten konnte. Wenn jetzt durch irgendeinen Umstand die Gefühle der Fünfjährigen angesprochen wurden, handelte Nora, wie sie es als Kind auch getan hätte. Sie rastete in ihrer Panik aus, da sie keinen anderen Weg sah, sich zu schützen.

Ich fragte Nora: "Wie hängen Ihre Wutanfälle, wegen derer Sie in Behandlung waren, mit diesem Ereignis zusammen?"

"Das erste Mal, wo ich total ausgeflippt bin, hatte mein damaliger Mann meine damals fünfjährige Tochter auf dem Schoss und spielte mit ihr. Ich kam gerade zur Tür herein und sah sie. Ich weiß nur noch, dass ich total ausrastete und nach einem Brotmesser griff. Ich habe ihm mit diesem Messer in den Hals gestochen und ihn lebensgefährlich verletzt. Danach wurde ich in eine psychiatrische Klinik eingeliefert, und man nahm mir mein Kind weg. Es lebt seitdem bei meinem Ex-Mann. Ich muss in dem Moment, als ich zur Tür hereinkam, totale Angst gehabt haben, dass es meiner Tochter genauso gehen würde wie mir. Ich wollte sie doch nur schützen. Als mein neuer Lebensgefährte vor kurzem zum ersten Mal meiner Tochter begegnete - er hatte sie wirklich nur nett angesprochen -, ging es mir genauso. Ich hatte Angst und wollte sie beschützen."

"Nora, gehen Sie bitte wieder zurück zu dem Mädchen, das Sie einmal waren, und geben Sie ihm alles, was es braucht, um erwachsen zu werden."

"Es braucht Liebe und Verständnis und auch viel Zärtlichkeit."

"Geben Sie es ihm, und lassen Sie ihr Leben danach noch einmal an sich vorbeiziehen, als wenn Sie damals schon das Wissen von heute gehabt hätten. Begleiten Sie Ihr Kind in sich, solange es das braucht, und geben Sie ihm wirklich alles, was es benötigt, um glücklich zu sein."

Nora entspannte sich nach einer Weile, und man merkte, dass sie sich mit sich selbst versöhnte. Ihr Kind in ihr erkannte wohl, dass es keine Schuld hatte und doch liebenswert war. Nach einer Weile öffnete Nora wieder die Augen und sagte:

"Es ist erwachsen geworden und dann mit mir verschmolzen. Ich kann jetzt seine Liebe fühlen. Ich glaube, ich habe soeben meine Wut besiegt."

"Wie wäre es, wenn Sie etwas über Kindesmissbrauch lesen würden?"

"Es ist mir irgendwie egal, ich meine, ich finde es nach wie vor abscheulich, aber ich habe nicht mehr diese unangenehmen Gefühle wie vorher."

"Keine Erregung oder Schuld?"

"Nein, nichts dergleichen. Ich danke Ihnen, Bodo."

"Informieren Sie mich bitte, wie es in der nächsten Zeit läuft. Ich möchte Ihnen noch abschließend sagen, dass ich es toll finde, wie sie alles gemeistert haben. Wir sprechen uns also telefonisch, wenn Sie einverstanden sind."

Sie war einverstanden. Nach drei Monaten rief sie mich an und sagte mir, dass sie beabsichtige, wieder zu heiraten. Ihr kam das alles wie ein böser Traum vor, der längst keine Macht mehr über sie hatte.

Ich hatte für mich nach dieser Sitzung verstanden, wie sehr unsere Gefühle unser Erleben, unser Denken und Handeln beeinflussen. Selbst wenn uns diese Gefühle oder die Hintergründe, die zu ihnen geführt haben, nicht bewusst sind, sind sie trotzdem voll aktiv bei der Gestaltung unserer Realität. Mir war klar, dass in diesem Fall das Motto "das Gefühl hat immer Recht" wirklich nicht gelten konnte. Diese Schuld- und Wutgefühle von Nora beeinflussten ihr Leben auf solch negative Weise, dass ihr wirklich niemand geraten hätte, sie solle tun, was ihr Gefühl ihr sage. Aber obwohl sie jahrelang gegen diese Gefühle ankämpfte, bestimmten sie doch voll und ganz ihr Leben. Jetzt, nachdem sie ihre Gefühle verändern konnte, fing ihr Leben neu an. Das war also die praktische Anwendung der dritten Botschaft. Sie hatte tatsächlich gedacht, was sie fühlte, und entsprechend gehandelt. Nach diesem Erlebnis war ich fasziniert davon, wie Ella die Ereignisse in meinem Leben erschaffen konnte, damit ich die Botschaften verstand. Ich lag gerade im Bett und dachte vor dem Einschlafen noch etwas darüber nach, als ich Ella um mich spürte.

"Hallo, Bodo", hörte ich Ella auch schon sagen. "Ich möchte gerne etwas klarstellen."

"Hallo, Ella, um was geht es?"

"Du glaubst, dass ich für die Ereignisse, die passiert sind, verantwortlich bin, aber das stimmt nicht. Du hast dieses Ereignis geschaffen, genau wie alles andere in deinem Leben auch."

"Ja, aber du hast doch heute Morgen schon gesagt, ich würde eine wichtige Begegnung haben, ich dachte, du hättest das für mich gemacht."

"Da muss ich dich enttäuschen, Bodo. Ich wusste heute Vormittag zwar schon, dass dieses Ereignis passieren würde, aber nur, weil es sehr wahrscheinlich war, dass du die Konzentration deiner Gedanken nicht mehr ändern würdest. Aufgrund deiner neugierigen Gefühle in Bezug auf die praktische Bedeutung der dritten Botschaft hast du dieses Ereignis aus einer unendlichen Vielfalt der wahrscheinlichen Ereignisse ausgewählt, indem du deine Wahrnehmung ganz auf diesen Bereich einstellen konntest. Erinnere dich, deine Gefühle sind Wahrnehmungsbrillen, durch die du eine ganz bestimmte Wahrscheinlichkeit wahrnimmst. Die Gefühle lassen dich nicht nur eine Situation aus einem bestimmten Blickwinkel betrachten, wie es bei deiner eifersüchtigen Klientin war, sie bestimmen auch ganz eindeutig, welche Ereignisse du überhaupt erlebst. Aber lass uns morgen ausführlich darüber sprechen. Für den Augenblick wollte ich dir nur sagen, dass nicht ich, sondern du selbst dieses Ereignis geschaffen hast. Also schlaf gut! Wir sprechen uns morgen."

"Gute Nacht, Ella, oder wenn du so etwas nicht hast, dann gute Zeit. Aber das hast du ja auch nicht."

"Ist schon gut Bodo, ich weiß, was du sagen willst. Ich liebe dich auch."

Ich war etwas verlegen und sagte nur: "Tschüs, Ella."

Als ich am Morgen aufwachte, begann ich mich zu fragen, warum Ella eigentlich nicht einfach letzte Nacht zu mir gekommen war, anstatt unser Gespräch auf heute zu vertagen. Aber vielleicht sollte ich ja wieder irgendwelche speziellen Erfahrungen machen, bevor wir weitersprachen. Ich war also sehr gespannt, was der heutige Morgen mit sich bringen würde. Es passierte einfach nichts, zumindest hatte ich nichts erkannt, dachte ich noch. Gegen Mittag beschloss ich, den Kontakt zu Ella wieder herzustellen. Ich setzte mich in meinen Sessel und schloss die Augen. Ich hatte die Augen kaum geschlossen, da sah ich Ella auch schon. Wir waren nicht in meiner üblichen Trancewelt, sondern einfach im Nichts. Ella stand vor mir, ohne

Hintergrund und ohne Boden unter den Füßen. Sie lächelte mich an und begrüßte mich mit "Hallo, Bodo."

"Hallo, Ella."

"Wir haben schon einmal darüber gesprochen, dass wir dein Kommunikationsmodell immer weiter verbessern werden. Deshalb habe ich jetzt auch nicht mehr gewartet, bis du deine Trance eingenommen hast. Wir können uns mittlerweile in deinem fast normalen Bewusstseinszustand unterhalten. Du musst dazu nur in einer guten emotionalen Verfassung sein."

"Bedeutet das, dass ich Kontakt zu dir aufnehmen kann, wann und wo immer ich will?"

"Genau das, Bodo, längere Sitzungen werden wir nach wie vor in altbekannter Weise durchführen, doch zwischendrin, zum Beispiel bei deiner Arbeit, werden wir öfter miteinander kommunizieren können. Spontan aufkommende Fragen werden wir ab sofort gleich klären. Zu deiner Überlegung heute morgen möchte ich dir mitteilen, dass wir zwar auch im Traum miteinander kommunizieren könnten, doch die Informationen wären an diesen Bewusstseinszustand gekoppelt, und es würde dir schwerfallen, alles wieder aus deinem Gedächtnis abzurufen. Mit den Möglichkeiten, die sich jetzt durch unsere spontane Kommunikation ergeben haben, ist ein Traumkontakt sowieso hinfällig geworden. Aber zurück zu gestern Abend. Wir hatten darüber gesprochen, dass deine Gefühle die Ereignisse bestimmen, die du erlebst. Hast du das mit den Gefühlen als Wahrnehmungsbrille richtig verstanden?"

"Ich denke schon, Ella, Ich stelle meine Sinneskanäle auf eine ganz bestimmte Wahrscheinlichkeit ein und nehme dann nur noch diese wahr, obwohl eigentlich eine unendliche Vielzahl von Ereignissen da ist."

"Bodo, was dir jetzt noch klar werden muss, ist die Vielseitigkeit der Gefühle. Die meisten Menschen tun so, als gäbe es nur zwei Gefühle, nämlich Gut oder Schlecht. Doch deine Gefühlsqualitäten sind sehr differenziert. Ich kann mich beispielsweise bedroht fühlen oder akzeptiert. Ich kann mich im Recht oder schuldig fühlen. Ich kann mich machtvoll fühlen oder machtlos. Es gibt eine unendliche Vielzahl verschiedener Gefühle, die du meist jedoch nicht bewusst beachtest. Jedes Gefühl birgt eine große Menge an Information in sich. Das Gefühl kann als Information zwischen unbewussten

Mustern und deinem Bewusstsein dienen. Über das Gefühl kannst du erfahren, welche Absicht mit dem Muster verbunden ist und auf welchem Entwicklungsstand deines Bewusstseins dieses Muster entstanden ist. Tu doch einfach mal so, als ob du ein Gefühl in die Hände nehmen könntest, als wenn es eine Kugel wäre. Du wirst erstaunt sein, dass sich mit der Zeit zwischen den Händen scheinbar etwas befindet."

"Es fühlt sich wie ein Luftpuffer an", sagte ich.

"Konzentriere dich jetzt auf das Gefühl und spüre, was es ist. Mit etwas Übung wird es dir gelingen, dem Gefühl Fragen zu stellen und von deiner inneren Stimme eine Antwort zu bekommen. Das Wichtigste beim Fragen ist, mit diesem Gefühl respektvoll umzugehen. Auf diese Weise gelingt es meist sehr schnell, den Sinn und die Absicht des zugrunde liegenden Musters herauszubekommen."

"Warum ist dies denn wichtig?"

"Wenn du deine Realität bewusst gestalten willst, solltest du in der Lage sein, die Gefühle, die für deine Ereignisse verantwortlich sind, differenzieren und verstehen zu können. Die Ereignisse sind nämlich nur eine andere Sprache als das Gefühl. Sie drücken aber den gleichen Inhalt aus. Bevor jedoch ein Ereignis in der Außenwelt entsteht, existiert es schon eine Weile in deinem Geist. Du kannst also mit ein wenig Geschick an deinen Gefühlen erkennen, welche Ereignisse auf dich zukommen. Deshalb solltest du sie differenzieren können."

"Ah ja, und das Verstehen meiner Gefühle ist dann wohl notwendig, um sie verändern zu können, wenn ich mit der Realität, die ansteht, nicht zufrieden wäre?"

"Schlaues Kerlchen, genau so ist es. Und jetzt versuche mal wieder, ein Gefühl in deine Hände zu nehmen."

"Was für eins soll ich denn nehmen?"

"Ganz egal, Bodo, ich würde dir vorschlagen, eines zu nehmen, das du nicht verstehst."

"Da hab ich was, es ist das Lampenfieber, das ich habe, wenn ich vor einer großen Gruppe von Menschen einen Vortrag halten soll."

"Gut, dann nimm dieses Gefühl jetzt so richtig in die Hände! Stell dir vor, es wäre eine feste Kugel, die dieses Gefühl verkörpert."

"Ich kann es tatsächlich fühlen, Ella."

"Ja schön, denk daran, es ist dein Gefühl, das heißt, es ist Leben von deinem Leben. Bring ihm deine Liebe entgegen, und es wird sich dir offenbaren. Frage es jetzt nach seiner Absicht, dem Grund, warum es erscheint, wenn du Vorträge hältst."

"Ich kann es tatsächlich hören oder eigentlich fühlen. Richtig, ich höre es nicht, ich weiß einfach die Antwort."

"Es ist das Fühlen, woher du deine Informationen beziehst. Dieser Kanal ist etwas ungewohnt für dich. Deshalb meinst du, es einfach zu wissen."

"Ella, das Gefühl sagt, es will mir helfen, volle Leistung zu bringen, aber das kann nicht sein. Es blockiert mich doch viel eher."

"Denk daran, Bodo, Absicht und Verhalten sind nicht miteinander zu verwechseln."

"Ach, stimmt ja, es muss nicht immer wirklich funktionieren, was ein Gefühl zu erreichen versucht."

"Frage das Lampenfieber doch einmal, wie es das macht, dir volle Leistung zu geben."

"Es sagt, es wird von mir aufgefordert, zu kommen und stärker zu werden. Ich frage es mal, wie ich es dazu auffordere. Es sagt, durch ein anderes Gefühl. Durch die Angst."

"Angst vor was, Bodo?"

"Angst vor dem Versagen, sagt es."

"Was passiert denn genau, wenn du Angst hast?"

"Es glaubt, ich brauche jetzt volle Leistung, um diese gefährliche Situation zu überleben. Was redet es denn da für einen Quatsch?"

"Bodo, das sind die Informationen, die es von dir mitgeteilt bekommt. Du kommunizierst mit diesem Gefühl normalerweise nur gefühlsmäßig, und du hast bei einem Vortrag offensichtlich die gleiche Angst, wie du sie in einer lebensgefährlichen Situation haben würdest. Das Gefühl verlässt sich auf diese Information und sorgt dafür, dass du körperlich leistungsfähig bist. Das heißt, es schüttet Adrenalin aus, was deine Konzentrationsfähigkeit schwächt, während deine Muskeln unter 380 Volt stehen."

"Jetzt verstehe ich, und wenn ich durch die Aufregung noch nervöser werde, gebe ich damit die Anweisung, noch mehr Adrenalin auszuschütten. Ein Teufelskreis also."

"Verstehst du dieses Gefühl jetzt, Bodo?"

"Ich denke schon. Um es zu verändern, müsste ich also anfangen, es erst einmal deutlicher zu verstehen."

"Genau so ist es, Bodo."

"Und wie mache ich das?"

"Als erstes, indem du das Gefühl deutlich differenziert wahrnimmst und dir anschließend Gedanken über seine Bedeutung machst. Gefühle sind Ausdruck deiner Überzeugungen. Du fühlst Angst, wenn du von einer möglichen Gefahr überzeugt bist. Du fühlst dich schuldig, wenn du glaubst, unrecht gehandelt zu haben. Du fühlst dich anerkannt, wenn du glaubst, die Voraussetzungen hierfür zu erfüllen. Du fühlst dich machtlos, wenn du überzeugt bist, dein Ziel nicht erreichen zu können.

Diese Überzeugungen werden mit der Zeit zu Glaubenssätzen, die du bald für die Wahrheit hältst. Deine Gefühle geben dir einen starken Handlungsimpuls, der dich normalerweise unbewusst gemäß deiner Glaubenssätze handeln lässt. Indem du deine Gefühle bewusst verstehst, hast du die Chance, die Richtigkeit der zugrunde liegenden Glaubenssätze zu überprüfen und gegebenenfalls hier korrigierend einzugreifen."

"Heißt das, ich kann die Gefühle verändern, indem ich den Glaubenssatz überprüfe, den das Gefühl ausdrückt?"

"Natürlich, Bodo, nichts anderes hast du doch mit Nora gemacht. Nora hat erst einmal ihre Gefühle wirklich wahrgenommen, dann habt ihr die Ursache dieser Gefühle herausgefunden und schließlich die zugrunde liegende Überzeugung überprüft, die darin bestand, dass sie glaubte, sie sei schlecht und wertlos. Nora erkannte sehr schnell, dass das kleine Mädchen in ihr nicht schuldig sein konnte, und löste damit den Glaubenssatz auf. Damit waren auch alle damit zusammenhängenden Gefühle weg."

"Und die kommen auch nicht wieder?"

"Natürlich nicht, ihr habt ja nicht irgendetwas getan, was eine Zeit lang wirkt, ihr habt ihre Einstellung verändert. Das bedeutet, dass ihr Gefühl so lange bleiben wird, wie sie den Glaubenssatz bewusst nicht verändert."

"Ella, über diese Glaubenssätze möchte ich mich gerne noch mit Gina unterhalten."

"Nur zu, wenn du mich brauchst, richte deine Aufmerksamkeit einfach nach Innen, und ich werde da sein. Auch mitten im Gespräch mit Gina."

"Ich danke dir, Ella, bis bald."

"Wann immer du willst, tschüs."

Botschaft 4: Ich fühle, was ich glaube

Am Abend dieses Tages sprach ich noch mit Gina über die neuen Informationen von Ella. Wir hatten den sogenannten Glaubenssätzen schon vorher große Bedeutung beigemessen. Doch bezog sich das immer nur auf unser subjektives Erleben. Dass unsere Gefühle, die diese Glaubenssätze ausdrückten, die Realität bestimmen und damit der Glaubenssatz direkte Auswirkung auf die äußeren Ereignisse haben muss, war uns bislang nicht klar gewesen. Die Einsicht eröffnete uns völlig neue Möglichkeiten, die wir allerdings nur ahnen konnten.

Mir fiel ein, dass die Krise mit Seth ebenfalls ein Problem gewesen war, dessen Ursache in Glaubenssätzen lag. Gina glaubte damals, sie hätte keine Macht mehr über sich selbst. Sie war überzeugt, dass die Energien, mit denen sie arbeitete, über sie bestimmt, und schlimmer noch: Sie glaubte, diese Energien wollten ihre Seele aus ihr herausreißen. Das Resultat waren Todesängste schlimmster Sorte. Diese Energien waren ja allgegenwärtig. Man musste sich permanent Tag und Nacht gegen sie wehren. Ich kann sagen, dass es die schwierigste Sache war, die mir als Therapeut je untergekommen ist. Wäre sie nicht meine Frau gewesen, hätte ich wahrscheinlich aufgegeben. Gina arbeitete mit mir Tag und Nacht daran, die Kontrolle über sich selbst zurückzugewinnen. Es schien lange Zeit hoffnungslos. Nach einer Woche und medikamentöser Unterstützung hatten wir gelegentlich wieder einige Stunden Schlaf. Ginas Zustand stabilisierte sich langsam wieder, indem sie mit NLP-Techniken ihren Einfluss auf ihre Ängste und Gefühle Schritt für Schritt zurückgewann. Nach mehr als zwei Monaten hörten die Kontrollverlustängste langsam auf. Sie hatte ihr Leben wieder unter Kontrolle. Zurückblickend konnte ich jetzt sagen, dass die Ursache ihrer Probleme in einem Glaubenssatz lag. Sie war überzeugt, machtlos zu sein und glaubte, die Energien könnten mit ihr machen, was sie wollten. Was wir durch unsere Arbeit im Endeffekt erreichten, war eine Veränderung dieses Glaubenssatzes.

Wenn es jetzt möglich wäre, mit Ellas Hilfe eine leichtere Methode zu finden, Glaubenssätze zu verändern, wären wir der Erfüllung unserer Wünsche wieder ein ganzes Stück nähergekommen. Gina konnte diese Überlegungen gut nachvollziehen und war der Meinung, wir sollten uns bei unserer Weiterentwicklung auf diese Glaubenssätze konzentrieren. Durch meine NLP-Ausbildung wusste ich einiges über Glaubenssätze, und Gina bat mich, es für sie einmal verständlich zusammenzufassen.

"Was mich zuallererst interessiert, Schatz, ist, wie überhaupt Glaubenssätze entstehen."

"Ich erlebe beispielsweise, wie meine Eltern in ihrer Welt reagieren und beurteile unbewusst, warum sie so handeln. Ich treffe eine Annahme, die ich später, wenn ich älter bin, wieder aufgreife und versuche herauszufinden, ob sie wahr ist. Ich tue dies natürlich nicht wissenschaftlich objektiv, sondern werde durch meine Gefühle dabei beeinflusst. Wenn mir diese Annahme gefällt, suche ich nach Gründen für ihre Wahrheit, und wenn sie mir nicht gefällt, versuche ich, Beweise zu finden, um sie zu verneinen. Ich habe also eine Wahrnehmungsbrille auf, während ich meine Realität untersuche. Mit der Zeit leistet meine Wahrnehmungsbrille ganze Arbeit, und ich finde immer mehr Beweise für oder gegen meine Annahme. Es entwickelt sich eine Überzeugung.

Von nun an geht die Entwicklung meines Glaubenssatzes in die nächste Runde. Da ich meine Überzeugung bereits für die Wahrheit halte, werde ich schon bei Beginn eines Ereignisses entsprechend reagieren. Bin ich beispielsweise überzeugt, dass man niemandem trauen kann und andere meistens nur darauf warten, mir zu schaden, werde ich immer sehr skeptisch sein, wenn ich jemanden kennenlerne. Diese Skepsis führt dazu, dass ich mit meinem gesamten Körperausdruck in Abwehrhaltung gehe. Der andere wird meine Vorsicht bemerken und mir seinerseits auch nicht recht trauen. Dieses Misstrauen wiederum wird mir bedrohlich erscheinen und meine Abwehrhaltung verstärken. Innerhalb kurzer Zeit werden wir eine feindselige Stimmung erzeugt haben und uns gegenseitig nicht mögen. Am Ende werden wir unsere Überzeugung bestätigt haben. Nicht weil der andere wirklich böse ist, sondern weil wir dafür gesorgt haben, dass es so aussieht. Ich handele immer nach meinen Überzeugungen und sorge so dafür, dass das Resultat herauskommt, das ich sowieso erwartet habe. Dieses Verhalten führt zusammen mit der Wahrnehmungsbrille der Gefühle zunehmend dazu, dass ich die Wahrheit meiner Überzeugung nicht mehr bezweifle. Eventuell werde ich noch, bevor ich diese Überzeugung zu einem Gaubenssatz mache, andere Menschen nach ihrer Meinung fragen. Sind diese der gleichen Meinung, treffe ich die Entscheidung, dass meine Überzeugung die wirkliche Realität ist. Durch diesen Austausch mit anderen Menschen nehme ich leichter Glaubenssätze an, an die auch die anderen glauben. Auf diese Weise entstehen gesellschaftliche Normen und Umgangsformen und gesellschaftlich anerkannte Wahrheiten. Diese infizieren dann wieder andere Menschen, ähnlich wie Viren. Es wird schwer, sich von einem Glaubenssatz zu lösen, wenn die ganze Gesellschaft daran festhält. Trotzdem sind Glaubenssätze nur akzeptierte Annahmen und keine Wahrheiten."

"Und Bodo, was jetzt noch hinzukommt, ist, dass die Glaubenssätze unsere Gefühle beeinflussen, die ja bekanntlich unsere Ereignisse gestalten."

"Und dadurch wird der Glaubenssatz natürlich nochmals bestärkt."

"Er entsteht also nicht nur, weil ich mit meinem Verhalten dafür sorge, dass er bestätigt wird. Die Ereignisse bestätigen ihn, weil unsere Gefühle genau diese Ereignisse schaffen."

"Ja, Gina, genau so muss es funktionieren. Deshalb halten wir immer unsere Glaubenssätze für absolute Wahrheit. Wir glauben, dass wir an unserer Realität sehen können, was richtig ist und was nicht. Wir nehmen sie als Beweis für die Wahrheit, wir streiten uns sogar mit anderen Menschen über diese Wahrheiten. Alle glauben, sie wüssten die Wahrheit und lassen sich nicht davon überzeugen, dass es nicht so ist."

"Sie erleben ja auch alle, was sie glauben."

"Gina, du hast gerade etwas gesagt, was in mir eine Erkenntnis gezündet hat. Du sagtest, sie erleben, was sie glauben. Die zweite Botschaft lautete: *Ich erlebe, was ich denke.* Mit diesem Denken muss teilweise das Glauben gemeint sein. Ich glaube, wir sind beim Erleben der vierten Botschaft."

"Frage doch einfach Ella! Du hast doch gesagt, du könntest jetzt fast immer mit ihr reden."

"Du hast Recht, Gina, warte bitte einen Moment."

Ella war sofort da, als ich meine Wahrnehmung nach innen richtete. Ich brauchte gar nicht erst zu fragen. Ich wusste die vierte Botschaft einfach.

"Die vierte Botschaft heißt: *Ich fühle, was ich glaube*. Jetzt wird mir auch der Zusammenhang zwischen den einzelnen Botschaften klar. Wenn ich fühle, was ich glaube, denke, was ich fühle, erlebe, was ich denke, und bin, was ich erlebe, dann bin ich automatisch auch das, was ich zu sein glaube."

"Du hast das System erkannt, Bodo", schaltete sich Ella ein. "Wir kommen jetzt an eine sehr wichtige Botschaft. Aber es wird nicht die letzte sein."

"Ella meint, es wird eine sehr wichtige Botschaft", sagte ich zu Gina.

"Bodo, kannst du Ella bitte etwas für mich fragen?"

"Natürlich, schieß los!"

"Du weißt, ich will immer wissen, wie ich etwas praktisch umsetzen kann. Deshalb möchte ich gerne wissen, wie ich meine Ziele damit verwirklichen kann."

"Okay, Gina, Ella macht mir gerade den Vorschlag, dass sie dir deine Fragen direkt beantwortet, indem sie durch meine Stimme redet."

"Ja, das gefällt mir."

Ella begann, Ginas Frage zu beantworten, indem sie meine Gedanken auf eine seltsame Weise inspirierte. Ich sprach einfach nur das aus, was mir gerade so in den Kopf kam.

"Die meisten Beschränkungen, die in meinem Leben existieren, sind nur Glaubenssätze", begann ich. "Ich bin es gewohnt, in einem bestimmten Rahmen zu denken, dem Rahmen meiner Möglichkeiten. Ich halte es für unzulässig, diese Grenzen zu überschreiten. Zur Verdeutlichung dieser Behauptung möchte Ella uns bitten, eine geometrische Aufgabe zu lösen."

"Was für eine Aufgabe?", wollte Gina wissen.

"Ich habe sie irgendwo schon einmal gesehen, es geht darum, neun Punkte mit vier zusammenhängenden geraden Linien zu verbinden, ohne den Stift abzusetzen. Die Punkte sind so angeordnet, dass sich drei Reihen mit jeweils drei Punkten ergeben. Also ein Quadrat."

Ich konnte mich an die Lösung dieser Aufgabe noch erinnern und auch daran, dass ich es alleine nicht geschafft hatte. Bevor man mir die Lösung zeigte, war ich fest der Meinung, dass sie nicht zu lösen war. Gina ging es ähnlich. Ich ließ sie noch ein bisschen schmoren und zeigte ihr dann die Lösung.

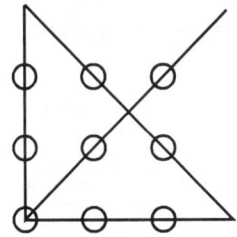

Gina meinte: "Moment mal, so war die Aufgabe aber nicht gestellt. Ich sollte die Punkte miteinander verbinden. Aber so, wie du mir die Lösung gezeigt hast, sind sie nur geschnitten und nicht verbunden."

Es war lustig, genau so war es mir auch gegangen, als man mir die Lösung zeigte. Ich glaubte, so könne man das nicht machen, aber ich merkte, genau wie Gina jetzt auch, dass die Lösung legitim war.

Ella schaltete sich wieder ein und begann zu erklären: "Diese Aufgabe macht deutlich, wie ich mich bei der Erreichung meiner Ziele hauptsächlich einschränke. Die zugrunde liegenden Glaubenssätze empfinde ich als so unumstößlich, dass ich mich bei der Lösung erst einmal betrogen fühle. Ich möchte euch gerne noch eine zweite Aufgabe zu lösen geben. Stellt euch vor, ihr seid Forstarbeiter und bekommt die Aufgabe, zehn Bäume in fünf Reihen zu pflanzen mit je vier Bäumen."

Mein erster Gedanke war, das wären ja insgesamt zwanzig Bäume und nicht zehn. Wir waren eine Zeit lang damit beschäftigt, da kam mir ganz spontan ein Wort in den Kopf: *Pentagramm*. Ein Stern mit fünf Zacken. Ich konnte zunächst noch gar nichts damit anfangen,

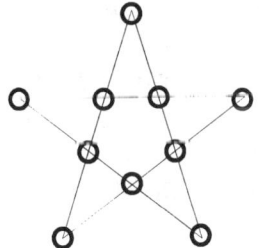

bis Gina rief: "Ich habe die Lösung. Wenn du das Pentagramm aufmalst und in jede Ecke und jeden Schnittpunkt, wo sich zwei Linien schneiden, einen Baum pflanzt, erhältst du zehn Bäume in fünf Reihen, von je vier Bäumen."

Ella gratulierte uns zu der Lösung und fuhr mit ihrer Erklärung fort.

"Während die erste Aufgabe suggeriert: 'Ich kann es nur so und so machen', vermittelt die zweite spontan: 'Das geht überhaupt nicht'. Von diesen Einschränkungen, die nur im Kopf bestehen, habt ihr sehr viele. Dies führt dazu, dass ihr bei der Erreichung eurer Ziele sehr komplizierte Wege geht."

Die Art der Kommunikation veränderte sich wieder zu der seltsamen Inspiration, die ich auch zu Beginn des Gesprächs hatte. Ich hörte mich sagen:

"Wie die beiden Aufgaben deutlich machen, habe ich zwei Hauptkriterien, mit denen ich meine Ziele verwirklichen will. Diesen beiden Haupteinschränkungen verdanke ich die Kompliziertheit meines Lebens. Ich glaube, ganz bestimmte Teilziele realisieren zu müssen, um an mein Ziel zu kommen. Aufgrund dieser Einschränkungen brauche ich zur Realisierung meiner Ziele oft sehr lange und gehe komplizierte Wege. Oftmals gebe ich schon zu Anfang auf, weil mir der Weg als zu mühsam erscheint. Schnell entstehen Zweifel, das Ziel überhaupt zu erreichen. Zweifel und entgegengesetzte Glaubenssätze nehmen mir meine Handlungsfähigkeit. Wobei Zweifel eine lähmende Wirkung haben und gegensätzliche Glaubenssätze zu einem inneren Kampf führen. Es ist wie Armdrücken mit sich selbst: Gewinnen kann ich nicht, ich werde nur ermüden. Um überhaupt handlungsfähig zu sein, verdränge ich oft meine Zweifel und gegensätzlichen Glaubenssätze. Dies führt zu einer leichten Persönlichkeitsspaltung. Zu bestimmten Gelegenheiten lasse ich den einen oder anderen Glaubenssatz gelten. Auf diese Weise bin ich in der Lage, sinnvoll zu handeln, fühle mich aber nicht besonders wohl, da ich immer das Gefühl habe, nicht ich selbst zu sein. Ich spiele eine Rolle. Ich bin plötzlich jemand anderes, wenn ich zur Arbeit gehe oder an einen anderen Ort, wo von mir verlangt wird, mich an bestimmte Regeln zu halten. Ich rede, bewege und fühle mich anders. Bin ich jedoch zu Hause, gelten die meisten Regeln, die ich auf der Arbeit angenommen habe, nicht mehr. Zweifel haben auf mich eine andere Wirkung. Ich kämpfe gegen sie an, überwinde sie, gehe sie an oder räume sie aus. Wenn ich Glück habe, erkenne ich, dass sie nicht berechtigt sind und mache mich von ihnen frei. Wenn der Zweifel überwiegt, gebe ich jedoch auf und verzweifle. Geschieht dies, wende ich mich nach einer gewissen Zeit wieder anderen Dingen zu, oder ich versuche es auf eine neue Art und Weise wieder mit dem alten Ziel. Die Möglichkeit, die ich meistens nutze, um aus der Blockade der Verzweiflung herauszukommen, besteht im Erkennen, dass es wichtigere Dinge im Leben gibt als dieses nicht erreichte Ziel."

"Das ist ja heftig, Bodo, was du da alles von dir gibst", meinte Gina. "Das muss ich jetzt alles erst einmal verarbeiten."

Wir beendeten die Sitzung und verabschiedeten uns ganz herzlich von Ella. Ich verstand nicht ganz, was Gina hierbei als heftig bezeichnete. Sie wollte jetzt allerdings die Sache erst einmal verarbeiten und sich danach wieder mit mir unterhalten. Wir beendeten also erst einmal unser Gespräch und wendeten uns wieder den normalen Aufgaben des Lebens zu.

Ein paar Tage später traf ich mich mit Alex. Wir hatten zusammen studiert und waren seitdem gute Freunde. Wir trafen uns regelmäßig und telefonierten mindestens einmal wöchentlich. Alex hatte mir einen Artikel aus dem *"Spiegel"* mitgebracht, von dem er meinte, er würde mich bestimmt interessieren. In diesem Artikel ging es hauptsächlich um Placebos. Aber man höre und staune, es ging auch um die Macht des Glaubens. Mir war klar, dass ich diesen Artikel mit meiner Neugier wie ein Magnet angezogen hatte. Er kam wieder einmal genau zur richtigen Zeit. Ich beschäftigte mich mit Glaubenssätzen, und rein *"zufällig"* fielen mir Informationen darüber in die Hände. Im wesentlichen ging es in diesem Artikel darum, dass die Wirkung, die Placebos haben, im Glauben an das Medikament begründet liegt. Aber nicht nur der Glaube des Patienten sei hier von Bedeutung, sondern auch der des Arztes. Es würden aus diesem Grunde sogenannte Doppelblindversuche in Kliniken durchgeführt, wo weder Arzt noch Patient von einem Versuch eine Ahnung hätten. Bei diesen Versuchen sei oft kein nennenswerter Unterschied zwischen Placebo und Medikament festzustellen. Sind die Ärzte von dem Versuch jedoch unterrichtet, verschlechtern sich die Ergebnisse erheblich. Die Suggestivkraft der Ärzte ist hier anscheinend von ganz entscheidender Bedeutung. Ein Abschnitt dieses Artikels lautete:

"Steward Wolf von der University of Okaylahoma berichtet über einen Patienten, dessen Asthma auf erprobte Medikamente nicht anspricht. Als der Arzt von einer Pharmafirma Proben eines neuen, vielversprechenden Mittels bekommt, probiert er es gleich bei dem Asthmatiker aus. Die Symptome verschwinden umgehend, kommen

aber, als Wolf die Medikation stoppt, sofort zurück. Er versucht es mit einem Placebo, doch die Krankheitszeichen bleiben. Etliche Male wiederholt er den Wechsel von Wirkstoff zum Placebo und zurück, jedesmal hilft nur das Mittel. Nunmehr sicher, ein wirksames Pharmakon für den Asthmatiker gefunden zu haben, bittet der Arzt die Herstellerfirma um Nachschub. Zu seinem Erstaunen erfährt er, das Unternehmen habe ihm vorher wegen fälschlich gemeldeter Bedenklichkeiten gar keine Arznei, sondern nur ein Placebo geschickt (in: "Wundersames Nichts", Der Spiegel 45/1994).

Die Macht des Glaubens wird auch anhand vieler Wunderheilungen deutlich. Allein im französischen Wallfahrtsort Lourdes hat ein 25-köpfiges Medizinerkommitee bis heute 65 unerklärliche Gesundungen zweifelsfrei als Wunderheilungen abgesegnet. Aufgrund dieses Textes erinnerte ich mich an die Phänomene, über die ich während meiner Zeit als Hypnosetherapeut gelegentlich hörte. In vielen Hypnosestudien treten zuweilen erstaunliche Phänomene auf, die mit unserem alten naturwissenschaftlichen Weltbild nicht zu erklären sind. So wurde zum Beispiel Menschen in Hypnose suggeriert, sie seien Beethoven - und sie sollten eine Sonate komponieren. Menschen, die gerade mal etwas Klavier spielen konnten. Die Ergebnisse waren umwerfend. Die komponierten Stücke wurden von nicht eingeweihten Musikern eindeutig für unbekannte Werke des Meisters erklärt.

Des Weiteren wird von Fällen berichtet, wo Menschen plötzlich in unbekannten Sprachen zu reden begannen, die sie unmöglich zuvor hatten lernen können. In einem Fall wurde von Sprachforschern zufällig eine alte Sprache identifiziert, von der es nur Schriftzeichen gab und von deren Aussprache man keine Ahnung hatte. Und dies alles nur, weil der Proband für die Dauer der Hypnose bereit war, die ihm suggerierten Glaubenssätze anzunehmen. Mir wurde jetzt erst richtig bewusst, welche Bedeutung Glaubenssätze für meine Realität haben mussten. Im Grunde genommen war es ganz einfach, meine Wünsche in Erfüllung gehen zu lassen. Ich musste nur an die richtigen Dinge glauben können. Bei diesen Überlegungen spürte ich, dass Ella mit mir reden wollte. Ich fühlte auch, dass es ein längeres Gespräch sein würde, und entschied, in Trance zu gehen.

Es erschien alles ganz normal in meinem Tranceland. Die Wiese war grün und saftig wie immer. Die Bäume wiegten sich langsam im

Wind. Die Sonne schien, es war einfach alles wie immer. Und doch hatte ich das seltsame Gefühl, dass irgendetwas anders war. Ich kam zu der Stelle, wo wir uns immer trafen und wollte mich setzen. Auf einmal passierte etwas Unglaubliches: Ich fiel durch den Stuhl hindurch, einfach so. Ich konnte den Stuhl nicht berühren, weder mit meiner Hand noch mit meinem Körper. Meine Hand ging einfach durch ihn hindurch. Ich war total verblüfft. Auch der Tisch verhielt sich nicht anders. Ich konnte durch ihn hindurchgehen. Während ich so dastand und versuchte, in meiner Vorstellung alles in Ordnung zu bringen, merkte ich, dass ich die Blumen meiner Wiese nicht mehr riechen konnte. Ich fand den Duft immer so herrlich. Ich spürte auch keinen Wind, obwohl die Bäume sich durch ihn bewegten. Was ging hier vor, und wo war Ella? Ich ging über die Wiese und wollte einen Baum anfassen. Da bemerkte ich, dass ich gar nicht über die Wiese ging, sondern irgendwie durch sie hindurch. Ich spürte auch gar keine Unebenheiten. Ich ging wie auf einer Wolke. Irgendwie war der Boden fest und doch nicht fest. Die Grashalme gingen einfach so durch meine Füße hindurch. Ich gelangte an einem Baum an und versuchte, ihn vorsichtig und konzentriert anzufassen. Nichts! Ich griff ins Leere. Ich konnte es kaum fassen: Nichts hier konnte ich anfassen. Ich sah mir meine Hände an: Sie schauten ganz normal aus. Da schoss mir plötzlich ein Gedanke durch den Kopf: "Kann ich mich überhaupt selbst fühlen?" Konnte ich natürlich nicht. Das war vielleicht komisch. Ich griff durch mich selbst hindurch. Wenn ich offensichtlich keinen Körper hier habe, kann ich ja auch nicht verletzt werden. Ich nahm meinen Mut zusammen und ging an den Rand meiner Klippe. Würde ich da hinunterspringen können? Es waren immerhin über 100 Meter. Ich überzeugte mich noch einmal davon, dass ich wirklich keinen Körper hatte, indem ich mich einfach einen Meter in den Boden hineinsinken ließ. Was soll's, dachte ich mir, ich bin Ja in Trance, und das ist nicht die Realität. Mein Herz hätte normalerweise bis zum Hals schlagen müssen, aber ich konnte nicht einmal mein eigenes Herz spüren.

Ich sprang und sah mich durch die Luft gleiten. Ich überschlug mich in der Luft, konnte aber all dies nicht fühlen, sondern nur sehen. Schließlich schlug ich mit lautem Knall auf dem Boden auf. Nichts, nichts tat mir weh oder war verletzt. Ich hatte plötzlich ein total starkes Gefühl von absoluter Freiheit. Ich konnte hier alles anstellen, ohne mir weh zu tun. Moment mal, dachte ich, wenn ich die Klippe hinunterspringen kann, dann geht es vielleicht auch nach oben. Gesagt - getan, ich sprang eine 100 Meter hohe Klippe hoch. Es war ein phantastisches Gefühl. Durch das Gelingen dieses Vorhabens bestärkt, entschied ich mich, es mit dem größten Traum aller Träume zu versuchen. Ich wollte fliegen, wie ein Vogel im Wind. Ich konzentrierte mich auf den leicht bewölkten Himmel und breitete meine Arme aus, schon flog ich dem Himmel entgegen. Die Erde unter mir wurde immer kleiner. Ich flog durch die Wolken und fühlte mich frei wie ein Vogel. Nach einer Weile dachte ich, es wäre schön, den Wind zu spüren, oder die Beschleunigungskräfte, wenn ich eine Kurve flog. Aber man kann halt nicht alles haben. Nach einer weiteren Weile entschied ich, wieder zurückzufliegen. Irgendwie machte es nicht mehr so richtig Spaß. Im Grunde genommen fühlte ich ja gar nicht, dass ich flog. Ich konnte es nur sehen. Es war, als ob ich mir im Kino einen Film anschaute.

Als ich von meinem Ausflug zurückkam, sah ich Ella schon von weitem an unserem Treffpunkt. Sie hatte auf unserem Tisch eine herrliche Mahlzeit angerichtet. Ich freute mich, sie zu sehen, und wollte mich gerade zu ihr setzen, als ich bemerkte, dass dies immer noch nicht ging. Mir war klar, dass ich von den guten Sachen auf unserem Tisch nichts anfassen, geschweige denn essen konnte. Nein, schön war es nicht, so ganz ohne Körper zu sein. Ich fragte also Ella, ob sie diesen Zustand nicht beenden könne.

"Bodo, hast du verstanden, um was es geht?"

"Ich denke, du wolltest mir zeigen, wie es ist, wenn man keine Grenzen mehr hat, wenn man alle Freiheit der Welt hat. Wir haben ja über die Wahrnehmungsgrenzen vor ein paar Tagen gesprochen."

"Hier geht es um etwas anderes, Bodo: Bist du in der Lage, so irgendetwas zu verändern oder zu gestalten?"

"Nein, ich kann ja nicht einmal etwas anfassen."

"Und fühlst du dich frei dabei?"

"Ganz und gar nicht, Ella! Es ist mir sehr schnell langweilig geworden."

"Jetzt stell dir mal vor, du könntest in deiner äußeren Realität auch nichts anfassen. Was würde dir fehlen?"

"Was mir am meisten fehlen würde, ist die Zärtlichkeit von Gina. Das ist ein furchtbarer Gedanke. Keine Berührung mehr. Noch nicht einmal den Boden unter den Füßen zu spüren, nichts. Ich könnte nichts anfassen, nichts bewegen, nichts verändern."

"Und genau dafür hast du einen Körper."

"Ella, ich glaube, ich wusste das bisher nicht so richtig zu schätzen. Danke für diese Erfahrung!"

"Aber es geht um noch mehr, Bodo. Du hast, bevor wir mit unserer Arbeit angefangen haben, eine Seite im Seth-Buch gelesen, auf der sinngemäß stand, dass alles, was ihr Menschen erschafft, nur durch euren Körper geschaffen werden kann. Und damit war nicht das Erschaffen mit euren Händen gemeint. Er meinte die Gestaltung der Realität, wie wir sie hier besprochen haben, über Glaubenssätze und Emotionen. Verstehst du, ohne deinen Körper kannst du auch keine Ereignisse erschaffen."

"Mein Körper ist demnach mein Umsetzer?"

"So kannst du es sehen, Bodo. Darüber hinaus nimmst du deine Realität auch nur durch deinen Körper in der dir bekannten Weise wahr. Ich habe dir früher schon einmal gesagt, dass deine Wahrnehmung zugleich Empfänger und Sender deiner Realität ist. Damit waren deine körperlichen Wahrnehmungen gemeint. Verstehst du jetzt, was ich meine? Dein Körper ist gewissermaßen das Bindeglied zwischen deinem Geist und der physischen Realität."

"Ella, ich kann nur sagen, ich bin froh, einen Körper zu haben."

"Gut, Bodo, berichte bitte Gina von deiner Erfahrung und beginne, deine körperliche Existenz zu genießen."

"Das werde ich mit Sicherheit. Tschüs, Ella."

"Tschüs, Bodo, und liebe Grüße."

Nach dieser Sitzung wurde mir langsam klar, dass ich auf verschiedenen Wahrnehmungsebenen lebte. Die Glaubenssätze sind rein geistiger Natur. Die Emotionen bilden die Verbindung zwischen Geist und Körper. Die äußere Realität, die meine Glaubenssätze widerspiegelt, wird durch die Gefühle erschaffen. Glaube, Gefühl und Außenwelt sind ein und dasselbe in einer jeweils anderen Sprache der Realität. Genau das hatte Ella mir doch schon einmal erklärt. Nachdem ich dies erkannt hatte, sprach ich mit Gina. Sie sagte mal wieder in ihrer unnachahmlichen Art:

"Okay, dann kümmern wir uns jetzt um Glaubenssätze."

Sie hatte natürlich vollkommen Recht: Wenn wir in unserem Leben etwas verändern wollten, dann ging es über die Glaubenssätze am leichtesten. In unserer Außenwelt etwas zu verändern, brauchten wir erst gar nicht zu probieren. Das hatten wir schon das ganze Leben versucht. Logisch gesehen hatten wir gar keine realistische Chance, auf diese Weise etwas in großem Stil zu verändern. Die äußere Realität war ja nur eine Widerspiegelung unserer Glaubenssätze, und wenn wir die nicht veränderten, tat es unsere Realität auch nicht. Sicherlich, wir hatten in unserem Leben sehr viele Probleme erfolgreich gemeistert. Es änderte sich allerdings nicht wirklich etwas. Die Probleme verlagerten sich nur auf einen anderen Lebensbereich. In der Medizin nennt man so etwas Symptomverschiebung. Die eine Krankheit verschwindet, und eine andere entsteht gleichzeitig neu. Kein Wunder, dass wir viele Probleme in unserem bisherigen Leben gelöst hatten. Wir hatten ja genug davon. Sie wurden in Wirklichkeit nicht weniger, sie wurden nur anders. Ironischerweise könnte man eine Formel daraus machen, die lautet: Die Summe der Probleme ist immer konstant. Aber es wurden ja sogar noch mehr.

Nein, dieser Weg funktionierte bestimmt nicht, um das Ziel zu erreichen, 24 Stunden pro Tag glücklich zu sein. So wie Ella es mir erklärt hatte, gingen wir sowieso in unserer äußeren Realität einer Ersatzbeschäftigung nach. Wir hatten ja in den letzten 500 Jahren vergessen, wozu wir eigentlich hier waren. Da wir nicht wussten, worin der Sinn der Realität liegt, beschäftigten wir uns damit, es uns in irgendeiner Weise bequem zu machen.

Mit der Zeit hatten wir sogar dieses Ziel aus den Augen verloren. Früher gingen wir arbeiten, um es uns danach, mit dem verdienten Geld, bequem zu machen. Heute gingen wir einfach arbeiten, weil wir uns dadurch aus irgendeinem Grund wertvoll fühlten. Wir genossen auch unseren Lebensstandard nicht mehr als etwas Besonderes, sondern machten uns nur noch Sorgen, ihn zu verlieren. Wir hatten Angst, etwas zu verlieren, was wir längst nicht mehr zu schätzen wussten.

Nach meiner letzten Sitzung mit Ella war mir wieder klar geworden, wie göttlich die physische Realität war. Sie eignete sich hervorragend, um die eigene Existenz zu genießen, aber nicht, um dafür gewünschte Ereignisse zu erschaffen. Dafür waren Gefühle und Glaubenssätze viel besser geeignet. Die Gefühle zu kontrollieren, war allerdings auch nicht in vollem Maße möglich, und so hatte Gina wieder einmal vollkommen Recht, wir sollten uns nur noch auf Glaubenssätze konzentrieren.

In den nächsten Tagen deckten Gina und ich sehr viele unbewusste Glaubenssätze auf. Einer der bemerkenswertesten beschäftigte sich mit unserer Figur. Während Gina ständig bemüht war abzunehmen, versuchte ich, mit wahren Fressorgien einige Pfunde zuzulegen. Wir waren beide nicht sehr erfolgreich in unseren Bemühungen. Bei Gina stellte sich ein wahres Phänomen ein. Sie aß am Tag nur noch ein, zwei Äpfel und nahm nicht ab. Sie legte sogar noch Gewicht zu. Ich wollte es zuerst nicht glauben, aber die Waage war nicht kaputt. Bei mir zeigte sie nämlich wieder einmal weniger an als normal. Gina musste sehr viel Wasser in ihrem Körper eingelagert haben, anders war das nicht zu erklären. Aber warum tat ihr Körper das? Sie machte Nulldiät und aß über eine Woche überhaupt nichts, sie trank nur Wasser. Als sie sich auf die Waage stellt, hatte sie trotzdem kein Gramm abgenommen. Das geht nicht mit rechten Dingen zu, dachte ich.

Umso erstaunter waren wir, als wir den zugrunde liegenden Glaubenssatz endlich aufgedeckt hatten. Sie hatte schlicht und ergreifend den pauschalen Glaubenssatz: "*Essen macht dick.*" Nicht: "Wenn man zuviel isst, wird man dick", sondern einfach: "Wenn man isst, wird man dick, egal, wieviel man isst". Ihr war natürlich sofort klar, dass dieser Glaubenssatz Quatsch mit Soße war. Sie entschied zu glauben, Essen sei notwendig, um dem Körper alles zu geben, was er zum Leben braucht. Von diesem Tag an nahm Gina plötzlich ab. Es war kaum zu glauben, die vier Kilo, die ihr so lange riesige Probleme bereitet hatten, verschwanden, ohne dass sie sich darum kümmern musste. Auch ihre Essgewohnheiten änderten sich total. Schmeckten ihr vorher fast nur Sachen, die viele Kalorien hatten, war sie jetzt ganz wild auf Salat und Gemüse. Wir hatten den Glaubenssatz durch das Aufdecken gleichzeitig verändert, und damit änderte sich ihre gesamte Realität.

Es funktionierte also, was Ella uns erzählt hatte. Gina schwebte in allen Wolken. So leicht hatte sie es sich nicht vorgestellt, ihre Pfunde zu verlieren. Seit sie 14 Jahre alt war, hatte sie um ihre Figur gekämpft. Doch die Freude währte nicht sehr lange. Nach ein paar Wochen stellte sie sich wieder einmal nichtsahnend auf die Wage. Sie war geschockt. Sie hatte die ganzen vier Kilo wieder zugenommen. Was war passiert? Funktionierte es doch nicht mit den Glaubenssätzen? Ich konnte es nicht glauben und beschloss, sofort mit Ella zu reden. Ella bat mich, in Trance zu gehen, um die Informationsübertragung besser zu gewährleisten. Ich war momentan emotional nicht gut genug drauf, um im normalen Bewusstseinszustand zu kommunizieren. Als ich Ella in meinem Tranceland traf, wurde ich gleich wieder ruhiger. Ella begrüßte mich mit den Worten:

"Ihr seid gerade dabei, eine wichtige Erfahrung zu machen."

"Was für eine Erfahrung, Ella?"

"Ihr wundert euch, wieso Ginas Gewicht zuerst herunterging und dann, als sie sich am meisten freute, wieder zu steigen begann."

"Und ob wir uns wundern!", war meine vorwurfsvolle Antwort.

"Bodo, hast du denn überhaupt keine Ahnung, warum das passiert sein könnte?"

"Ich denke, es liegt entweder daran, dass der Glaubenssatz, den wir geschaffen haben, nicht länger wirkt, oder es gibt in ihrer Persönlichkeit irgendeinen Einwand. Letzteres halte ich für wahrscheinlich."

"Damit liegst du gar nicht so schlecht. Es gibt etwas, was dagegen spricht. Es ist für dich nicht so leicht nachzuvollziehen, denn du bist in diesem Punkt gänzlich anders gestrickt."

"In welchem Punkt, Ella?"

"Gina hat einen Glaubenssatz, der den Erfolg, den ihr schon erreicht hattet, wieder rückgängig gemacht hat."

"Wie denn das? Und vor allem, warum denn um alles in der Welt?"

"Den vollen Umfang dieses Grundes kann ich dir momentan noch nicht mitteilen. Aber das Wichtigste daran ist ihr Glaube, sie dürfe ihre Ziele nicht so einfach erreichen."

"Das kann doch wohl nicht wahr sein! Warum darf sie das nicht?"

"Sie glaubt, dass sie nicht selbst entscheiden kann, ob sie es wert ist, diesen Wunsch erfüllt zu bekommen."

"Bist du da sicher, Ella? Ist unsere Kommunikation in Ordnung? Bilde ich mir das alles vielleicht nur ein?"

"Frage Gina selbst, Bodo! Bleib in Trance, und wir reden gemeinsam mit Gina."

"Okay, versuchen wir es. Ich hoffe, Gina hält mich nicht für verrückt."

Mir war etwas seltsam zumute: Würde Gina damit überhaupt etwas anfangen können, und würde ich ihr mit diesen Informationen vielleicht diesen verrückten Glaubenssatz erst einpflanzen? Aber ich glaube, so leichtgläubig war Gina nicht. Sie konnte gut für sich allein entscheiden. Kritiklos irgendeine Information zu übernehmen, war nicht Ginas Ding.

Ich fragte sie also: "Gina, kannst du dir vorstellen, dass du einen Glaubenssatz haben könntest, der etwas damit zu tun hat, dass du nicht so einfach abnehmen darfst?"

Zu meiner Überraschung sagte Gina sofort: "Und ob ich das kann! So bin ich erzogen worden."

"Wie meinst du das?"

"In meiner Familie war es normal, dass man nicht selbst bestimmen konnte, ob man wertvoll ist. Nur wenn ich das bin, habe ich auch das Recht, mir meine Wünsche zu erfüllen. Wenn ich mir das richtig überlege, habe ich, wenn ich ein Ziel erreichen wollte, die meiste Zeit damit verbracht, mir zuerst von anderen Menschen bestätigen zu lassen, dass ich es auch wert bin, diesen Wunsch erfüllt zu bekommen."

"Dann könnte es also tatsächlich so sein, dass du aus diesem Grund wieder zugenommen hast?"

"Das könnte ich mir vorstellen, Schatz."

"Wenn das so ist, dann sollten wir diesen Glaubenssatz einfach auflösen."

Gina nickte, und ich begann, ihr einige Fragen zu stellen.

"Warum glaubst du denn, dass andere erst deinen Wert bestätigen müssen, bevor du dir einen Wunsch erfüllen kannst?"

"Bodo, ich weiß ganz genau, dass ich nicht bewusst so denke. Aber mein Gefühl sagt, es ist so, weil ich mir den Wert nicht selbst geben kann. Denn das wäre anmaßend."

"Wer kann dir denn dann den Wert geben, die anderen Menschen?"

"Im Grunde genommen auch nicht, eigentlich nur Gott."

"Und woher weißt du, dass Gott der Meinung ist, dass du es jetzt verdient hast?"

"Wenn mir andere Menschen meinen Wert bestätigen, oder wenn es mir einfach zufällt, dann hat Gott es so gewollt. Bodo, ich hätte nie geglaubt, dass ich so etwas glaube. Ich habe mich eigentlich mit vierzehn von der katholischen Kirche distanziert und denke im Grunde genommen ganz anders. Aber ich spüre, dass ich innerlich tatsächlich so glaube, wie ich es gesagt habe."

"Offenbar gibt es einen Unterschied, ob man etwas unbewusst glaubt oder bewusst", bemerkte ich.

"Gott bestimmt also, ob du etwas wert bist oder nicht. Wie macht er denn das? Woran erkennt er es denn?"

"Bodo, da kommt was ganz Unangenehmes... Er erkennt es daran, wie sehr man sich bemüht hat. Das bedeutet, er erkennt es eigentlich genau daran, wie sehr ich gelitten habe, um es zu bekommen. Das stimmt, was ich da sage: In meiner Familie wurde es als große Leistung angesehen, wenn man viel aushalten konnte. Man durfte zwar nicht jammern, aber man musste schon dafür sorgen, dass die anderen es merkten, wie man litt. Es wurde als Leistung angesehen, viel leiden zu können."

"Ja, aber wozu soll das gut sein, leiden zu können?"

"Gott hilft denen, die sich bemühen", meinte Gina.

Es war deutlich zu sehen, dass sie all das, was sie da sagte, nicht mehr bewusst nachvollziehen konnte, aber sie hielt sich im Leben tatsächlich an diese Überzeugungen. Ich hatte mich immer gewundert, dass es Menschen wie Gina gab, die so viele Probleme im Leben zu bewältigen hatten. Sie schien auf Probleme regelrecht wie ein Magnet zu wirken.

Ich fragte sie weiter: "Warum macht Gott das so?"

"Das Leben ist eine Prüfung, ein Kampf. Und nur die Menschen, die diese Prüfungen bestehen, werden von Gott angenommen."

"Und wie besteht man diese Prüfungen?", wollte ich wissen.

"Indem ich von allen weltlichen Versuchungen loslasse. Mein Gott, Bodo, das ist wirklich der Grund, warum mein Leben bisher so schwer war: Ich wollte tatsächlich leiden, um von Gott erhört zu werden. Ich wäre zwar Zeit meines Lebens nicht glücklich geworden, aber dafür nach dem Leben von Gott angenommen worden. Ich hatte ständig Angst bei allem, was ich tat, dass etwas passiert. Aus diesem Grund versuchte ich dauernd, Leistung zu bringen, damit ich die Berechtigung hatte, so zu leben, wie ich wollte."

"Das heißt, du hast permanent gelitten, denn nur das war die Leistung, die Gott anerkannte?"

"So war es wohl Bodo. Das ist ja alles fürchterlich!"

Plötzlich schaltete sich Ella wieder in unser Gespräch ein: "Lass sie mit Gott reden, Bodo", sagte sie.

Ich verstand, was sie meinte. Nicht mit dem wirklichen Gott, sondern mit dem, den sie in ihrer Phantasie erschaffen hatte. Also sagte ich zu Gina: "Nimm doch mal Kontakt auf zu 'Gott', und frage ihn, warum er das so tut."

Sie verstand sofort, was ich meinte, und schloss ihre Augen.

"Okay, Bodo, ich sehe ihn."

"Frag ihn doch bitte einmal, wieso die Menschen leiden müssen, um etwas wert zu sein."

"Die Menschen müssen leiden, weil sie nur dadurch von allen weltlichen Versuchungen loskommen können."

"Warum müssen sie denn von allem Weltlichen loskommen?" wollte ich wissen.

"Alles Weltliche ist schlecht. Man muss ihm entsagen."

"Wer hat denn das Weltliche gemacht?"

"Gott hat alles gemacht."

"Warum macht er denn etwas Schlechtes?"

"Damit wir uns davon lösen können."

"Dann brauchte er es doch erst gar nicht zu schaffen. Oder könnten wir Menschen selbst etwas Schlechtes erschaffen, und er bringt uns jetzt bei, dies richtig zu tun?"

"Nein, Bodo, Menschen können nicht selbst erschaffen, das kann nur Gott."

"Dann frage ihn doch bitte, warum er Schlechtes erschafft, wenn doch gar keine Gefahr bestünde, dass wir selbst Schlechtes erschaffen."

"Er sagt, wir müssten lernen loszulassen."

"Aber wozu, wenn er nichts Schlechtes erschafft, wozu sollen wir dann loslassen lernen?"

"Das weiß er nicht", sagte Gina tatsächlich.

"Was? Er ist doch Gott, und er weiß selbst nicht, warum er das tut?"

"Nein, weiß er wirklich nicht. Ich glaube, das ist alles Quatsch, was ich da erzählt habe."

"Aber es ist genau das, was du lebst, Gina. Dein ganzes Leben besteht aus Kampf und Leiden."

"Das stimmt, Bodo, ich lebe nach den Richtlinien, die dieser Gott mir eben sagte. Aber das ist doch vollkommener Schwachsinn. Einerseits glaube ich, Gott sei ein Gott der Liebe und Güte und vollkommen, und andererseits glaube ich, er ließe die Menschen leiden und wüsste selbst nicht warum. Also darin kann der Sinn des Lebens nicht bestehen, leiden zu müssen, um am Ende des Lebens dann von Gott erlöst zu werden."

"Ich glaube, Gina, damit hast du diesen Glaubenssatz aufgelöst. Du musst es dir nur noch gelegentlich klarmachen, wenn du wieder in Versuchung gerätst zu leiden, damit es von deinem Unbewussten übernommen wird."

"Das werde ich tun, darauf kannst du dich verlassen."

Nach dieser Sitzung war Gina der Meinung, das Leiden hätte ein Ende. Doch es war noch lange nicht alles gewesen. Wir kamen allerdings erst einige Monate später dahinter. Zunächst hatte ich noch eine sehr interessante Sitzung mit Ella, in der es darum ging, wie Glaubenssätze miteinander in Verbindung stehen. In dieser Sitzung nannte mir Ella zum ersten Mal Glaubenssätze von anderen Menschen, die nicht einmal anwesend waren. Sie begann mit ihren Ausführungen.

"Glaubenssätze stehen nie für sich allein. Sie sind immer in größere Systeme eingebunden. Auch in Ginas Fall mit den Glaubenssätzen über Gott war es nicht nur ein einziger Glaubenssatz, den sie verändert hat. Diesem Glaubenssatz unterstanden eine Vielzahl von anderen Überzeugungen, die dafür notwendig waren, damit sie genug leiden konnte. Aber diese Glaubenssätze werdet ihr erst noch finden. Merke dir zunächst einmal, dass es eine Glaubenssatzhierarchie gibt. Durch diese bilden sich ganze Glaubenssatzsysteme.

Nimm zum Beispiel Alex. Er hat folgendes Glaubenssystem: 'Um glücklich zu werden, muss ich geliebt und anerkannt sein. Um geliebt zu werden, muss ich für Vertrauen und Harmonie sorgen. Harmonie und Vertrauen erschaffe ich durch Anpassung und persönliches Zurückstecken.' Da Alex auch glaubt, in einer Partnerschaft absolut alles gemeinsam tun zu müssen, fühlt er sich unfrei in einer engen Beziehung und zieht es vor, allein zu leben. Er müsste immer nur Kompromisse machen und ständig für Vertrauen sorgen. Zufrieden ist er allein allerdings nicht.

Viele Menschen glauben, Leistung bringen und erfolgreich sein zu müssen, um liebenswert zu sein. Sie dürfen keine Fehler machen, müssen mehr geben als nehmen, müssen schön, lieb, intelligent und sexy sein. Interessant ist, dass jeder seine Glaubenssätze über die Liebe bestätigt findet. Glaubst du, erfolgreich sein zu müssen, um liebenswert zu sein, fühlst du dich auch selbst von erfolgreichen Menschen angezogen. Ihr versteht euch auf Anhieb. Ihr spiegelt euch gegenseitig eure Ideale wider und erfüllt auch beiderseitig eure Kriterien, um geliebt zu werden. Ihr werdet also wegen eures Erfolges geliebt und liebt aus gleichem Grund. Dies funktioniert auch mit allen anderen Glaubenssätzen über die Liebe. Voraussetzung ist, dass du auf einen Menschen triffst, der die gleichen Kriterien für Liebe anlegt wie du selbst. Es ist gleichgültig, welche Ideale du verkörperst. Denn du findest immer einen Menschen, der dich gerade dafür liebt. Die einzige Möglichkeit, dies zu verhindern, ist zu glauben, dass du nicht liebenswert bist, da die Menschen in deiner Umgebung deinen Glauben widerspiegeln müssen. In Wahrheit gibt es natürlich keine Bedingungen für Liebe. Aber ihr haltet euch trotzdem an eure Wertkriterien.

Das größte aller Glaubenssysteme ist dein Weltbild. Das, was du über das Leben im allgemeinen glaubst, bildet die Grundlage für all deine Glaubenssätze. Glaubenssätze haben eine gegenseitige Anziehungskraft. Wenn du beispielsweise davon überzeugt bist, dass das Leben ein Kampf ist, in dem jeder gegen jeden antreten muss, und der Stärkste gewinnt, wirst du nur Glaubenssätze annehmen wollen, die du für diesen Kampf als sinnvoll empfindest. Du kannst nicht glauben, dass alle Menschen von Grund auf gut sind und alle dein Bestes wollen. Denn darin würdest du die Gefahr sehen, von den meisten Menschen ausgenutzt und betrogen zu werden. Du wirst also versuchen, deine Stärke auszubauen, und jeden Glaubenssatz begrüßen, der für dich Schutz bedeutet. Auf diese Weise werden von dir im Laufe deines Lebens Tausende Gaubenssätze angenommen, die dich alle auf den großen Kampf im Leben vorbereiten. Du hast keine andere Chance, da der Glaube an den Kampf immer dein Bewertungskriterium für die Wahrheit von Überzeugungen sein wird. In direktem Zusammenhang mit deinem Weltbild gibt es einen Glaubenssatz, der den realistischen Rahmen deiner Möglichkeiten festlegt. Du glaubst, nur auf eine ganz bestimmte Art und Weise

Einfluss auf deine Welt zu haben. Wenn du zum Beispiel glaubst, alles im Leben sei vorherbestimmt, hast du überhaupt keinen Einfluss auf dein Schicksal. Du machst erst gar keinen Versuch, etwas zu verändern, und reagierst nur auf das, was kommt. Somit sieht dann in deinem Leben wirklich alles so aus, als hättest du überhaupt keinen Einfluss.

Der Glaube an den Einfluss auf dein Leben dagegen führt zu einem ganz bestimmten Gefühl, das bei allem, was du erlebst, mitschwingt und so ein Muster aufrecht erhält, das ich als Grundmuster des Lebens bezeichnen möchte. Dieses Muster sorgt dafür, dass deine Wahrnehmung und dein Verhalten entsprechend verändert werden. Du wirst dich drehen und wenden können, wie du willst, du wirst nichts, aber auch gar nichts erleben, was deiner Grundstimmung widerspricht. Und wenn doch, wirst du es nicht so wahrnehmen. Die Ereignisse, die objektiv gegen deine Grundstimmung sprechen, werden durch die Wahrnehmungsbrille des Gefühls verzerrt und als Bestätigung deines Weltbildes umgedeutet.

Glaubst du *"Ich muss mein Karma der letzten Leben abtragen"*, hast du nur die Möglichkeit, dein Leben zu verändern, indem du wiedergutmachst, was du in den letzten Leben verbrochen hast. Wenn du hingegen glaubst, die Erde sei eine Strafkolonie, bist du machtlos und kämpfst Zeit deines Lebens gegen das Leiden an.

Bei Ginas kirchlichem Weltbild will Gott, dass sie leidet, um wiedergutzumachen, dass Adam und Eva in den Apfel gebissen haben. Hier hat sie die Chance, brav zu leiden und ihre Schuld abzutragen, und kann am Ende ihres Lebens von Gott erlöst werden. Sie hat also die Möglichkeit, für die Ewigkeit glücklich zu werden, nur nicht zu Lebzeiten. Leiden können und ein schweres Leben voller Entbehrungen zu haben, wird hier zum Ideal erhoben. Übrigens eine ausgezeichnete Möglichkeit, Menschen zu beherrschen.

Ein weiteres Weltbild, und zwar das umweltschädlichste, ist das der alten Naturwissenschaft. Wo das Leben nur zufällig aus toter Materie entstanden und nach dem Tod sowieso alles zu Ende ist, kannst du tun und lassen, was du willst, es wird keinen großen Einfluss auf die Welt haben. Und wenn doch, ist es sowieso egal. Dein Einfluss beschränkt sich auf dein Tun, und was kannst du als Einzelner damit schon erreichen? Dieses Weltbild führt zu

Umweltzerstörungen und dazu, dass du den Großteil des Tages damit verbringst, Dinge zu tun, die du nicht gut findest. Aber du glaubst, es tun zu müssen, da du nur so deine Existenz sichern kannst. Und die meisten anderen Menschen tun es ja auch. Da der Einzelne machtlos ist, versuchst du, mit der Masse mitzuschwimmen. Was bleibt dir denn anderes übrig? Du machst es dir halt so schön wie irgend möglich. Dies ist das Weltbild, das gegenwärtig die Lebensqualität auf der Erde am meisten einschränkt, was an unserer Natur leicht abzulesen ist. Aber nach deinem Tod ist ja sowieso alles zu Ende, und 'nach dir die Sintflut'."

"Du gehst ja wieder ganz schön hart mit mir ins Gericht", sagte ich.

"Bodo, das ist nicht meine eigene Beurteilung der Realität. Du weißt, ich kann dir nur Verständnis geben, und dazu gehört auch, dass ich mich an deine Denkweise halten muss. Was in jedem Fall in allen gängigen Weltbildern gleich bleibt, ist das Gefühl der Machtlosigkeit. Dies äußert sich beispielsweise darin, dass du einen Arzt aufsuchst, der deinen Körper wieder reparieren soll, da du glaubst, dich nicht selbst heilen zu können. Solange du an deine Machtlosigkeit glaubst, hast du keine andere Wahl, als zum Arzt zu gehen, denn es ist für dich lebenswichtig. Doch mit jeder Fremdheilung wird der Glaube an deine Machtlosigkeit noch mehr verstärkt. Du befindest dich in Abhängigkeit von den Ärzten, und die sehen das genauso, denn sie handeln nach ihren Überzeugungen wie jeder andere auch. Oft kommt es vor, dass Ärzte Placebos verordnen, die nur aus Traubenzucker bestehen und keine medizinische Wirkung haben, wie du in dem Artikel gelesen hast, den dir Alex zugespielt hat. Der Patient glaubt jedoch an die Wirkung des Medikaments und wird gesund.

Aber auch in anderen Lebensbereichen verstärkst du den Glauben an deine Machtlosigkeit. Wo die Lösung zum Greifen nah in dir selbst zu finden wäre, suchst du nach Propheten, die dir sagen, was für dich richtig ist. Und wenn du dann doch eine wichtige Information aus deinem Inneren empfangen hast, denkst du, diese Information könne nicht von dir sein. Du schreibst sie einem höheren Wesen zu. So wie du es mit Seth und bei mir auch gemacht hast am Anfang. Da du dich zu unbedeutend fühltest für solch ein Wissen, glaubtest du, höchstens Kanal sein zu können für eine nichtphysische Wesenheit. Auf diese Weise nimmst du zwar wenigstens die Information aus dir an, doch glaubst du, dass sie wortwörtlich wahr ist. Die Informationen sind jedoch durch deine Grundstimmung gefärbt, und es kann dir Nachteile bringen, sie wörtlich zu nehmen, insbesondere wenn du dir sagen lässt, was du zu tun und zu lassen hast, und so deine Eigenverantwortung völlig verlierst. Wenn du in dieser Abhängigkeit bleibst, hast du keine Chance mehr, dich weiterzuentwickeln. Deshalb wurde bei euch auch mit eurer Seth-Krise die Notbremse gezogen. Dass dies so dramatisch ablief, ist in Ginas Glaubenssatzsystem begründet. Aber das werdet ihr noch herausfinden. Ich glaube, du hast wieder einmal genug Informationen zum Nachdenken. Ich würde vorschlagen, die Sitzung zu beenden, wenn du keine Fragen mehr hast."

"Ich bin jetzt so voll, Ella, dass ich keine Fragen mehr habe. Ich danke dir."

Nach dieser Sitzung brauchte ich erst ein paar Tage, um alle Informationen einzuordnen. Als Gina und ich wieder begannen, ihr Glaubenssystem aufzudecken, fiel uns alles schon viel leichter. Mittlerweile waren wir dahinter gekommen, dass sich Gina viele unlösbare Probleme geschaffen hatte, um sich wertvoll zu fühlen. Das heißt, sie bezog ihre Lebensfreude aus ihrem Wert, den sie wiederum aus ihrem Leiden herleitete. Im wesentlichen waren es drei Kernglaubenssätze, die für ihr Leidenwollen verantwortlich waren: 1) Ich bin klein und unbedeutend. 2) Ohne Hilfe kann ich mir meine Wünsche nicht erfüllen. 3) Ich bekomme nur Hilfe, wenn ich leide. Gina drückte es in einem Gespräch einmal so aus:

"Um sicherzugehen, dass ich bekomme, was ich will, muss ich leiden, damit ich Hilfe bekomme. Um leiden zu können, muss ich viel kämpfen. Wenn ich trotz Kampf und trotz größter Anstrengung mein Ziel nicht erreichen kann, werde ich zuerst noch wütend und mobilisiere alle Kräfte. Das klappt natürlich auch nicht. Ich verzweifle also und leide noch mehr. Ich werte mich total ab und fühle mich total unfähig. Mein Leiden wird noch größer. Erst wenn ich bis über alle Grenzen hinaus gelitten habe, lasse ich von meinem Ziel los. Mittlerweile glaube ich auch nicht mehr, dass mir andere Menschen helfen werden, da ich es nicht wert bin. Ich lade jetzt noch Schuld auf mich, um noch mehr leiden zu können. Ich treibe das so weit, bis ich keinen freien Willen mehr habe und am Leben zerbreche. Nun bin ich bereit, die Gnade Gottes dankbar zu empfangen. Ich war bisher überzeugt, die Gnade Gottes würde einem erst zuteil, wenn man sich total demütig und gebrochen an Gott wendet. Das bedeutete in meinen Glaubenssätzen: Gott will, dass die Menschen am Leben zerbrechen, um sie dann in seine Gnade aufzunehmen. Aus diesem Grund fühlte ich mich, als wäre ich die Schuld persönlich."

Wieder ein paar Tage später erkannten wir noch mehr wichtige Glaubenssätze, die mit dem Leiden zusammenhingen. Gina hatte eine Reihe von Überzeugungen, die Ella als gegensätzliche Glaubenssätze bezeichnet hatte. Diese führten dazu, dass ihr Spiel mit dem Leiden erst richtig funktionieren konnte. Gina konnte von anderen Menschen nicht gut Hilfe annehmen, da sie sich dann abgewertet fühlte. Um dies zu vermeiden, versuchte sie, immer die Starke zu sein und besser als die anderen. Damit fühlte sie sich dann sicher vor Angriffen und Beleidigungen. Deshalb umgab sie sich meistens mit Menschen, die irgendetwas nicht so gut konnten wie sie selbst. Damit konnte sie immer anderen Menschen helfen, aber keine Hilfe von anderen bekommen. Wenn sie sich jetzt besser fühlte als die anderen, kamen Gefühle wie *"Ich bin die Beste, ich kann erreichen, was ich will"*. Sie war ständig damit beschäftigt, sich selbst zu bestätigen, dass sie etwas wert war. Und so standen sich auf der einen Seite die Motivation, wertvoll zu sein, und auf der anderen die Motivation, leiden zu wollen, gegenüber. Ihre beste Möglichkeit zu leiden, war also, sich wertlos zu fühlen, und so blieb ihr größter Wunsch immer wieder unerfüllt.

Kurz vor Weihnachten kam Gina zu mir und hatte noch mehr von diesen Glaubenssätzen gefunden, die ihr Leiden sicherten. Sie erklärte: "Ich habe gemerkt, dass ich mich innerlich total angetrieben fühlte, mich weiterzuentwickeln, damit ich immer die Sicherheit habe, dass mir nichts passiert. Dabei ist mir klar geworden, dass dies wieder ein perfektes System war, um leiden zu können. Denn je mehr ich vorwärts wollte in meiner Entwicklung, desto mehr machte ich mir Leistungsdruck. Nun weiß ich aber, dass Druck Gegendruck erzeugt, und ich dadurch erst recht nichts erreichen konnte. In Bezug auf andere Menschen habe ich auch oft mit Druck gearbeitet und bekam von ihnen Ablehnung zu spüren. Ich wollte ihnen helfen, aber sie lehnten meine Hilfe ab, denn sie fühlten sich logischerweise unter Druck gesetzt und wehrten sich dagegen. Ich fühlte mich dabei total abgelehnt und wertlos und hatte mein unbewusstes Ziel wieder erreicht: Ich konnte leiden. Um mich sicher zu fühlen, habe ich immer dafür gesorgt, dass ich mich wertlos fühlte. Ich wusste ja, Gottes Gnade war mir sicher, wenn ich genug litt, und damit konnte mir nichts passieren. Ohne die Abwertung meiner Person durch mich oder andere habe ich mich unsicher gefühlt. Die Ur-Angst vor dem Leben war so groß, dass ich ohne Gottes Hilfe verloren war. Wenn mir jetzt jemand helfen wollte, musste ich dafür sorgen, dass er es nicht schaffte. Ich hätte ja sonst Erfolge gehabt und mich infolgedessen nicht mehr abwerten können. Ich sorgte also in jeder Hinsicht dafür, dass ich immer genug Misserfolge hatte. Nur so fühlte ich mich Gott nahe und brauchte keine Angst zu haben. Was mir auch noch klar geworden ist: Ich kann nur leiden, wenn ich mich als Opfer fühle. Sehe ich mich als Schöpfer meiner Realität, kann ich nicht leiden."

Was Gina da gerade sagte, passte genau zu dem, was Ella über die Machtlosigkeit sagte, die den meisten Glaubenssystemen zugrunde liege. Würde sich Gina als Schöpfer ihrer Realität fühlen, hätte ihr gesamtes Glaubenssystem keinen Sinn. Langsam wuchs in mir die Neugier, was ich wohl selbst für ein Glaubenssystem aufgebaut und ob ich auch alles auf Machtlosigkeit gestützt hatte. Ich beschloss, Ella zu fragen. Ich setzte mich auf meinen Sessel und ging sehr schnell in Trance.

" Wenn du in deinem Leben Probleme hast", begann Ella zu erklären, "gibt es dafür einen Glaubenssatz, mit dem du dieses Problem verursacht hast und weiterhin aufrecht erhältst. Du kannst diesen Glaubenssatz finden und umwandeln. Wenn du beispielsweise, wie Alex, glaubtest, dich anpassen zu müssen, um geliebt zu werden, könntest du erkennen, dass dies nicht wahr ist, da es bei deinem besten Freund zum Beispiel auch nicht so ist. Dein Verhalten würde sich augenblicklich ändern. Solch eine Auflösung eines Glaubenssatzes ist immer möglich und kann sehr befreiend wirken. Doch der Glaubenssatz, den du stattdessen annimmst, wird automatisch deiner Grundstimmung entsprechen. Und wenn diese die Machtlosigkeit enthält, wird der neue Glaubenssatz es ebenfalls auf irgendeine Weise tun. Es wird früher oder später auch damit Probleme geben. Da die Grundstimmung den Rahmen deiner Möglichkeiten absteckt, solltest du dich darauf konzentrieren, diese zu verändern. Die Grundstimmung selbst ist auch nur ein

Glaubenssatz, der verändert werden kann, was eine Veränderung in allen Lebensbereichen bewirkt. Bei einer Veränderung zu mehr Eigenverantwortung, Liebe und Freiheit fängst du an, mehr du selbst zu sein."

Damit war die Sitzung auch schon beendet. Ella hatte dazu nichts mehr zu sagen. Gina und ich beschäftigten uns infolgedessen in den nächsten Tagen damit, unsere Grundstimmung herauszufinden. Nach langen Überlegungen kam Gina zu dem Ergebnis, dass ihre Grundstimmung Angst sein musste, und ich glaubte, den Zweifel für mich in Anspruch nehmen zu können.

Gina kam zu ihrem Entschluss, indem sie sich ihre größte Motivation anschaute. Ihr größtes Ziel im Leben war Sicherheit. Sie war ja überzeugt, diese Sicherheit im Leben nur in der persönlichen Weiterentwicklung zu finden. Daraus entstand ein richtiger Weiterentwicklungsdrang. Damit glaubte sie, allen Gefahren des Lebens begegnen zu können.

Ich fühlte mich in Bezug auf meine Grundstimmung nicht so ganz sicher. Waren es wirklich Zweifel? Ich beschloss, wieder einmal Ellas Hilfe in Anspruch zu nehmen. Ich war gerade unterwegs zu meinem Tranceland. Aber anstatt an meine Klippe zu kommen, landete ich an einem sehr seltsamen Ort. Das Seltsamste war, dass ich mich immerzu um meine eigene Achse drehte. Ich fühlte mich sehr sonderbar. Nach einer Weile wurde mir klar, dass ich nicht den Körper eines Menschen, sondern den eines Zahnrades hatte. Ich wurde von einem anderen Zahnrad angetrieben und trieb meinerseits wiederum eines an. Was sollte dies bedeuten? Nach ein paar Minuten bemerkte ich, dass Ella die Gestalt eines benachbarten Zahnrades annahm.

"Hallo, Bodo, wie geht es dir?"

"Was ist hier los, Ella?"

"Der Zustand, in dem du dich momentan befindest, gibt am ehesten dein Weltbild wieder. Du wolltest doch wissen, wie dein Glaubenssystem aufgebaut ist und ob du es auch auf Machtlosigkeit gestützt hast. Dies ist das beste Umfeld, um alles zu verstehen."

"Wie soll ich hier etwas verstehen, ich drehe mich permanent im Kreis und habe überhaupt keinen Überblick über das, was läuft."

"Damit hast du das Wichtigste schon verstanden."

"Ich verstehe nur Bahnhof, Ella."

"Was du gerade sagtest, spiegelt die Hauptmotivation wider, nach der dein Glaubenssystem aufgebaut ist. Du willst das gesamte System überschauen, zumindest verstehen können, hast aber das Gefühl, du kommst nicht vom Platz und drehst dich nur im Kreis. Das ist deine Art, sich machtlos zu fühlen."

"Das habe ich nicht ganz verstanden, Ella."

"Dann werde ich einmal versuchen, dir das Ganze in einer kleinen Geschichte zu erklären. Ein Schiffsreeder hatte vier große Schiffe. Eines davon war gerade auf dem Weg nach Übersee, als es Probleme mit dem Motor bekam. Der Kapitän des Frachters steuerte sein Schiff sofort in den nächsten Hafen. Nachdem die Mannschaft selbst erst einmal versucht hatte, den Schaden zu beheben, sprang der große Schiffsdiesel überhaupt nicht mehr an. Der Reeder reiste selbst an, um nach dem Rechten zu sehen. Vor Ort angekommen, musste er erfahren, dass seine besten Ingenieure der Meinung waren, dass nur noch eine Generalüberholung der Maschine helfen konnte. Das Ganze war eine Katastrophe. Diese Arbeit würde drei Monate dauern und alles in allem 3.000.000 DM kosten. Dazu kämen noch die Kosten des Lieferverzugs und die Umladung der Fracht auf ein anderes Schiff. Grob geschätzt wäre der Reeder damit vier Millionen Mark los gewesen. Der Reeder beauftragte noch eine Fremdfirma, die den Ruf hatte, Unmögliches wahr zu machen. Aber auch dieses Ergebnis ließ eine Generalüberholung unausweichlich erscheinen. Der Reederei ging es finanziell sehr schlecht. Diese Arbeit würde eventuell den Konkurs bedeuten, wenn sich nicht noch auf die Schnelle ein Geldgeber finden würde. Alles in allem sah die ganze Sache ziemlich schlecht aus. Der Reeder war so mit den Nerven fertig, dass er sich abends in einer Hafenkneipe volllaufen ließ. Er kam mit einem ortsansässigen Klempner ins Gespräch, der ihm im Suff versprach, seinen Diesel wieder zum Laufen zu bringen. Am nächsten Tag hatte der Reeder fürchterliche Kopfschmerzen und konnte sich an den gestrigen Abend kaum noch erinnern. Umso überraschter war er, als sich sein Saufkumpan aus der Kneipe bei ihm meldete, um seinen Schiffsdiesel zu reparieren. Er sagte dem Klempner immer wieder, dass es keinen Zweck hätte. Doch dieser ließ sich nicht abwimmeln. Der Klempner sagte nur, dass er niemals ein Versprechen bräche, und ging an dem Reeder vorbei in den Maschinenraum. Als einziges Werkzeug hatte er eine Rohrzange dabei. Der Reeder lief hinter seinem Kumpel her und beobachtete, dass dieser ziemlich desorientiert durch die Maschinen lief. So einen riesigen Diesel hatte er gewiss noch nie gesehen, dachte der Reeder. Als der Klempner an einem großen Ventil vorbeikam, blieb er plötzlich wie angewurzelt stehen. Er sah einfach nur auf dieses Ventil. So stand er bewegungslos für eine Minute da. Der Reeder wollte gerade zu ihm gehen, um ihn noch einmal von seinem Versprechen zu entbinden, da schlug der Klempner mit seiner Rohrzange einmal kräftig auf das Ventil. Auf einmal gab es ein Zischen und vibrieren im ganzen Raum und tuk, tuk, tuk lief der Diesel an. Der Reeder war überglücklich und fragte den Klempner, wie er das gemacht hätte. Dieser antwortete nur mit: 'Tja, gewusst wie.'

Verstehst du jetzt, Bodo? Du glaubst, wenn du wüsstest, wie alles funktioniert, wäre alles überhaupt kein Problem. Da du jedoch nicht alles weißt, fühlst du dich machtlos. Dieses Getriebe, als das du dich gerade erlebst, stellt deine gesamte Persönlichkeit dar. Die verschiedenen Zahnräder entsprechen bestimmten Bewusstseinsbereichen oder auch Persönlichkeitsanteilen. Diese verschiedenen Persönlichkeitsanteile stützen sich jeweils auf unterschiedliche Glaubenssätze. Man könnte sagen, dass diese Zahnräder die Ereignisse in deinem Leben gestalten. Die Machtlosigkeit, von der ich sprach, liegt jetzt einerseits in dem fehlenden Überblick und andererseits in der gesamten Motivation."

"Den fehlenden Überblick kann ich nachvollziehen. Ich denke schon, wenn ich das gesamte System meines Lebens verstehen würde, es also überblicken könnte, wäre es ein Leichtes, die richtigen Hebel zu betätigen, um die Ereignisse so zu gestalten, wie ich mir das wünsche. Hierbei fühle ich mich schon etwas machtlos. Es ist so verdammt viel, was es zu verstehen gilt. Aber ich glaube trotzdem, es schaffen zu können. Ich denke, ich habe auch anders gar keine Chance, meine Ziele zu erreichen. Und was meintest du eben damit, dass die Machtlosigkeit in der gesamten Motivation zu finden sei?"

"Das, was du gerade als Machtlosigkeit gegenüber deinem System erkannt hast, sind nur die Schwierigkeiten, die du mit der Umsetzung des Verstehenwollens hast. Der größere Teil der Machtlosigkeit liegt aber darin versteckt, dass du überhaupt diesen Weg gewählt hast, alles verstehen zu wollen. Ich meine, die

Machtlosigkeit hat erst dazu geführt, dass du mit dem Verstehen einen Weg eingeschlagen hast, dein Leben positiv zu gestalten. Wenn du dich nicht machtlos fühlen würdest, hättest du gar keine Motivation, überhaupt etwas verstehen zu wollen. Da du aber nicht weißt, wie du dein Leben erschaffst, versuchst du, dieses Wissen durch Spekulation zu ersetzen. Das ist die Hauptfunktion, die du deinem Verstand auferlegt hast."

"Du meinst, Ella, mein Verstehenwollen ist auch nicht besser als das Leidenwollen von Gina?"

"Es ist angenehmer, Bodo, aber nicht besser. Egal, welchen Weg du einschlägst, solange die Ausgangsmotivation Machtlosigkeit ist, wird es immer wieder Probleme geben."

"Zu welchen Problemen kommt es denn durch mein Verstehenwollen?"

"Komm mit mir auf einen kleinen Trip durch dieses Getriebe."

Ich verließ diesen seltsamen Körper, den ich angenommen hatte, und schwebte körperlos mit Ella an allerlei seltsamen Getriebebauteilen vorbei. Nach einer Weile meinte Ella:

"Such dir jetzt einmal ein Teil aus, über das du mehr erfahren möchtest. Lass dich hierbei von deinem Gefühl leiten."

Ich wusste nicht so richtig. Alles sah so befremdlich aus. Schließlich fiel mein Interesse doch auf ein Hebelchen, das mich irgendwie faszinierte. Ich sah es mir genauer an. Plötzlich fühlte ich mich von diesem Hebelchen angezogen wie von einem Magneten. Die Sogkraft war so stark, dass ich erst einmal erschrak und mich dagegen wehrte. Ella bemerkte dies natürlich und sagte:

"Lass es geschehen, Bodo, es passiert dir nichts. Es ist deine eigene Konzentration, die dich anzieht."

Mir war bei dieser ganzen Angelegenheit nicht so richtig wohl. Ich wollte noch nicht in dieses Teil hinein. Ich versuchte, mich abzulenken, und machte mir klar, dass ich nur in Trance war. In meiner normalen Realität sitze ich jetzt auf meinem Sessel und bin in Ordnung. Ich versuchte, den Sessel zu spüren. Der Sog hörte langsam auf. Als ich mich wieder sicher fühlte, erklärte mir Ella:

"Dieser Sog ist die gleiche Kraft, mit der du dich in die Ereignisse deiner normalen Tagesrealität hineinziehst. Es geschieht ganz natürlich, ohne dass du es überhaupt merkst. Mach dir also keine Sorgen. Es ist alles in Ordnung."

"Okay, ich versuche es noch mal."

Ich konzentrierte mich wieder vorsichtig auf den Hebel, wobei ich versuchte, meine Neugier im Zaum zu halten. Ich sagte mir während der gesamten Zeit, dass es nicht so wichtig sei, ob ich in diesem Hebel sei oder außerhalb. Als der Sog wieder begann, schaute ich zu Ella hinüber, um mich wieder etwas mehr abzulenken. Der Sog wurde auch merklich geringer. Nach einer gewissen Weile hatte ich die Kraft, die mich anzog, unter Kontrolle. Ich ließ mich ganz sanft in den Hebel hineingleiten. Es war phantastisch. Meine ganzen Körpergefühle waren die eines Hebels. Ella nahm die Gestalt des Lagers an, auf dem ich mich bewegte. Ich fragte sie:

"Was hat dieser Hebel für eine Bedeutung?"

"Er repräsentiert eine bestimmte Charaktereigenschaft von dir, die sich auf bestimmte Glaubenssätze stützt."

"Welche Eigenschaft ist es?"

"Fühle selbst, Bodo. Du kannst dich in diese Eigenschaft hineinfallen lassen, und du wirst erkennen, welche Verhaltensweisen diese mit sich bringt."

Ich ließ mich also einfach gehen. Ich konzentrierte mich nur noch auf das Gefühl. Nach ein paar Minuten fühlte ich mich sehr wohl. Irgendwie hatte dieser Hebel etwas mit Harmonie zu tun. Wenig später erinnerte ich mich an eine Situation mit Gina, bei der ich mich mit ihr so verbunden fühlte, als wäre sie mein eigen Fleisch und Blut. Plötzlich bewegte sich mein jetziger Körper. Der Hebel ging in eine andere Stellung. Auf einmal waren alle schönen Gefühle verschwunden. Es kam die Angst auf, Gina zu verlieren. Ich wendete mich schnell an Ella und fragte: Was ist passiert?"

"Dieser Hebel stellt dein Harmoniebedürfnis dar. Er besteht aus den Glaubenssätzen, dass deine Beziehung zu Gina nur dann in Ordnung ist, wenn ihr harmonisch miteinander lebt. Das bedeutet, dass du eure Beziehung sofort gefährdet siehst, wenn ihr einmal keine Harmonie habt. Das Glaubenssystem sieht folgendermaßen aus: Eine gesunde Beziehung ist immer harmonisch. Du musst also für permanente Harmonie sorgen, sonst ist eure Beziehung kaputt. Um zu erkennen, ob die Harmonie besteht, musst du permanent Kontakt halten. Hierzu hast du die Möglichkeit, Zärtlichkeiten auszutauschen, gemeinsame Gespräche zu führen oder etwas zusammen zu unternehmen. Sobald Gina sich nicht wohl fühlt, lässt du alles stehen und liegen und versuchst, ihr zu helfen. Gelingt dies nicht, bekommst du Angst."

"Ach du meine Güte, ich bin eine Klette. Genau das ist die Eigenschaft, mit der ich bei anderen Menschen überhaupt nicht umgehen kann."

"Das ist meistens so, Bodo. Die größten Schwierigkeiten, Menschen zu akzeptieren, liegen darin begründet, dass sie eine Seite in einem selbst widerspiegeln, die man selbst an sich nicht leiden mag und sie deshalb nicht sehen möchte."

"Ich denke, diesen Glaubenssatz kann ich bestimmt ändern."

"Ich würde dir vorschlagen, einen Schritt weiterzugehen und zu erkennen, dass dieses kleine Harmoniesystem in ein größeres eingebunden ist."

"In welches, Ella?"

"In deine Grundstimmung oder anders ausgedrückt, dein Weltbild, das von diesem Getriebe symbolisiert wird. Dein Verstehenwollen ist auch der Ursprung für dein Harmoniesystem."

"Wie hängt das zusammen, Ella?"

"Der Glaubenssatz, dass eine gesunde Beziehung immer harmonisch sein muss, wurde von dir eigens dafür angenommen, um die grundlegenden Mechanismen, die zu Disharmonie in Beziehungen führen, zu verstehen. Gemäß dem übergeordneten Glaubenssatz, dass du nur glücklich werden kannst, wenn du alle Mechanismen des Lebens vollkommen verstehst, versuchst du sie in allen Lebensbereichen zu erkennen. Jede Unwissenheit bedeutet für dich sofort Gefahr. Dein Bestreben ist es, ein todsicheres System zu finden, mit dem du alle deine Ziele erreichen kannst. Also steckt in jeder Disharmonie, die entstehen kann, eine Information über den zugrunde liegenden Mechanismus, den du unbedingt haben willst."

"Heißt das, ich habe gar nicht wirklich ein Problem mit Disharmonie?"

"Natürlich hast du ein wirkliches Problem. Sonst hättest du keine Motivation, etwas zu verstehen."

"Aber wenn ich dich recht verstehe, habe ich dieses Problem doch extra erschaffen, um die Mechanismen des Lebens zu verstehen."

"Genau so ist es. Aber das gilt nicht nur für dieses Problem. Alle deine Probleme haben diesen Ursprung."

"Alle Probleme, wirklich alle? Aber was ist denn mit den wirklichen Problemen, wie zum Beispiel dem, dass wir unseren finanziellen Verpflichtungen kaum noch nachkommen können?"

"Sieh selbst, Bodo! Komm mit mir, und wir werden den Ursprungsglaubenssatz suchen."

Ich schwebte wieder wie von selbst aus dem Hebel, der zuvor meinen Körper dargestellt hatte, heraus. Es ging kreuz und quer durch mein Getriebe. An einer bestimmten Stelle hatte ich das Gefühl, dass ein bestimmtes Zahnrad gegenüber den anderen etwas heller und schöner war. Ich sah es mir wieder etwas genauer an. Es dauerte vielleicht fünf Sekunden, da begann der Sog, den ich schon von dem Hebelchen zuvor kannte. Ich ließ mich in das Zahnrad hineinziehen, und diesmal genoss ich es schon richtig. Es war sehr seltsam und beeindruckend, sich wie ein Zahnrad fühlen zu können. Ich konzentrierte mich wieder auf meine Gefühle und merkte sehr bald, dass es sich bei diesem Zahnrad tatsächlich um meine Charaktereigenschaft handeln musste, die mit Existenzsicherheit zu tun hatte. Ich fühlte mich nicht besonders wohl in diesem Zahnrad. Wenn es sich nicht so dumm anhören würde, hätte ich gesagt, dass dieses Zahnrad Angst vor dem Pennerdasein hatte. Irgendwie auch Angst vor Einsamkeit. Ich fragte einfach Ella:

"Wie sieht denn das Glaubenssystem aus, in dem ich jetzt drinstecke?"

"Du hast Angst vor Kälte, Krankheit, Hunger, Dreck, Ablehnung, Schmerzen und Einsamkeit. Diese Ängste liegen in der Vorstellung begründet, dass du als Penner unter einer Brücke übernachten musst. Der Grund für all diese Ängste liegt jedoch darin, dass du nicht alle Zusammenhänge des Lebens zu verstehen glaubst, die für das Geldverdienen notwendig sind. Aus diesem Grund hast du dich entschlossen, diese Pennerängste anzunehmen, um damit die Motivation zu haben, alle Mechanismen für die bewusste Gestaltung deiner Realität zu verstehen. Auch hier willst du, wie bei deinem Harmoniebedürfnis, ein todsicheres System."

"Aber diese Ängste sind berechtigt: Wir wissen wirklich nicht, wie es weitergehen soll."

"Bodo, muss ich dir denn wirklich noch sagen, dass du mit diesen Ängsten die Situation, wie sie jetzt ist, erst erschaffen hast?"

"Natürlich nicht. Aber irgendwie vergesse ich es in diesem Zusammenhang immer wieder."

"Das Vergessen gehört auch zu deinem System. Du könntest sonst diese Ängste nicht richtig aufrecht halten. Damit würde deine Realität diese Gefahr nicht konsequent widerspiegeln, und du würdest nicht mehr alle Mechanismen, die zum Geldverdienen notwendig sind, verstehen wollen. Das Verstehenwollen ist aber dein höchstes Ziel. Und alles, was mit diesem Ziel in Konflikt steht, wird geopfert."

"Heißt das, dass ich meine Glaubensätze geschaffen habe, um dieses Ziel zu erfüllen?"

"Genau das heißt es. Und hiervon gibt es keine Ausnahme. Du kannst dir in diesem Getriebe jeden kleinsten Winkel vornehmen. Du wirst immer nur die gleiche Ursache für das Erschaffen deiner Glaubenssätze finden. Du glaubst, nur glücklich werden zu können, wenn du die Prinzipien, nach denen das Leben funktioniert, vollständig verstehst."

"Ich habe also meine Glaubenssätze geschaffen, weil ich sie so wollte?"

"Genau das ist die nächste Botschaft."

Botschaft 5: Ich glaube, was ich will

"Die fünfte Botschaft heißt: *Ich glaube, was ich will*. Willst du dir jetzt noch einige Bereiche deines Getriebes ansehen?"

"Nein danke, Ella. Ich glaube, ich habe genug gesehen. Die Glaubenssätze zu verändern, die in diesem Getriebe sind, würde ja doch nur bedeuten, an die Stelle eines problemerzeugenden Zahnrades ein anderes Problem zu setzen. Es hat wohl wenig Sinn, Glaubenssätze zu verändern, die von mir so gewollt sind, dass sie Probleme verursachen und aufrecht halten. Die neuen Glaubenssätze würde ich mit Sicherheit ganz genauso erschaffen. Ich möchte lieber etwas über die nächste Botschaft erfahren."

"Okay, Bodo, ich sehe, du hast verstanden. Dann lass uns jetzt dieses Getriebe verlassen."

Kaum hatte Ella das gesagt, waren wir auch schon wieder auf unserer Klippe. Ich genoss nach der unfreundlichen Umgebung die Natur meines Trancelandes doppelt.

"Bodo, ich möchte dir in Bezug auf die nächste Botschaft die Lebensgeschichte eines deiner Leben erzählen."

"Du meinst eines meiner wirklichen früheren Leben?"

"Ja, es macht noch deutlicher, wie dein Wille deine Realität beeinflusst. Aber ich bitte dich noch zu bedenken, dass dieses Leben parallel zu deinem läuft. Es ist also kein früheres Leben. Du lebst im China des 17. Jahrhunderts. Genauer gesagt, wirst du 1648 geboren und stirbst 1715. Dein Name ist Shai Wong. Du erlebst als Siebenjähriger, wie deine Familie von einer Verbrecherbande überfallen und brutal ermordet wird."

"Warum erzählst du mir so eine Geschichte, Ella?"

"Weil sie sehr deutlich macht, wie dein Wille deine Realität bestimmt, und weil du in deinem jetzigen Leben diesem Shai Wong sehr ähnlich bist."

"In welchem Punkt bin ich ihm ähnlich?"

"Das wirst du selbst herausfinden. Durch jenes Ereignis entsteht bei dem kleinen Shai Wong der Wunsch, ein unbesiegbarer Kämpfer zu werden. Er will nie wieder zulassen müssen, dass Menschen, die er liebt, gewaltsam aus seinem Leben gerissen werden. Er will so stark werden, dass er alle beschützen kann.

Nach dem Überfall nimmt sich sein Onkel seiner an. Dieser Onkel ist zwar sehr wohlhabend, aber er hat von Kindererziehung keine Ahnung. Er lebt allein und arbeitet den ganzen Tag. Nach ein paar Wochen sieht er ein, dass er den kleinen Wong nicht selbst erziehen kann. Er will ihm aber die beste Erziehung zukommen lassen. Das ist er seinem Bruder schuldig. Er beschließt, den Jungen in einem Shaolin-Kloster unterzubringen, wird jedoch erst einmal abgewiesen. Die Kinder, die in dieses Kloster wollen, müssen zuerst eine Reihe von Aufnahmeprüfungen bestehen. Sie werden auf ihre Intelligenz getestet. Shai Wong fällt durch. Bei diesen Aufnahmeprüfungen erlebt der kleine Wong das Kung Fu-Training der Mönche mit. Er ist so begeistert von dieser hohen Kampfkunst, dass er unbedingt in dieses Kloster aufgenommen werden will. Als er dann von seinem Onkel erfährt, dass er abgelehnt wurde, bricht für ihn eine Welt zusammen. Er ist so verzweifelt, dass sein Onkel wieder zu dem Kloster geht und eine große Summe Geld für das Kloster spendet, damit sie seinen Neffen aufnehmen. Da das Kloster arm ist und das Geld dringend benötigt wird, wird Shai Wong doch auf Probe aufgenommen. Der kleine Wong strengt sich unheimlich an, um den Anforderungen des Klosters gerecht zu werden. Er wird ein Muster für Disziplin und Fleiß. Er beginnt, seinen Ausbildern zu gefallen, und wird der Lieblingsschüler seines Kung Fu-Lehrers. So vergehen einige Jahre. Shai Wong hat den Vorfall mit seiner Familie nie vergessen, aber er denkt selten daran. Er konzentriert sich voll auf seine Ausbildung und hat einen brennenden Ehrgeiz. Nichts ist ihm zu viel. Mit siebzehn Jahren beendet er seine Kung Fu-Ausbildung. Er wird der bislang jüngste Kung Fu-Meister, den je ein Shaolin-Kloster gesehen hat. Doch die Priesterweihe wird ihm noch verwehrt. Er soll erst noch in den verschiedensten anderen Disziplinen seiner Ausbildung weiterkommen.

Er bemüht sich sehr, auch diese Ziele zu erreichen, aber ihn verlässt die Motivation. Mit neunzehn sieht er nach einem Gespräch mit seinem Lehrer ein, dass er nicht zum Mönchsein geboren ist. Er verlässt das Kloster. Er ist mittlerweile seinem Lehrer im Kung Fu fast ebenbürtig. Der einzige Ehrgeiz, der ihn treibt, ist, noch besser zu werden. Ihm ist bewusst nicht ganz klar, was er will, aber unbewusst hat er sein Ziel, ein unbesiegbarer Kämpfer zu werden, nie aufgegeben. Genauer gesagt, will er jetzt der beste Kämpfer der

Welt werden. Ohne bewusstes Ziel zieht er durch das Land. Immer wieder gerät er in Situationen, in denen er sich selbst oder andere verteidigen muss. Ungewöhnlich oft wird er von anderen Menschen angegriffen. Es hat den Anschein, als ob er die Gefahr förmlich anzöge. Auf seiner Reise durch das Land hört er immer wieder Gerüchte von großen Kämpfern, die über magische Fähigkeiten verfügen sollen. Diese Geschichten lassen ihm keine Ruhe. Er will herausfinden, ob es wahr ist, dass diese Kämpfer wirklich so unbesiegbar sind. Wenn dies so wäre, dann müsste er herausbekommen, wie sie das machen.

Als er in eine Stadt kommt, in der einer dieser angeblich unbesiegbaren Kämpfer lebt, sucht er ihn auf. Es ist ein großer starker Mann mit sehr gewalttätigem Aussehen. Shai Wong versucht, mit ihm über seine Kampfkunst zu reden, aber dieser empfindet das sofort als eine Herausforderung. Shai Wong versucht den Kämpfer zu beruhigen, aber vergebens. Er wird gezwungen, sich zu verteidigen. Durch die Gerüchte über die Unbesiegbarkeit dieses Kämpfers und sein brutales Aussehen schlägt Shai Wong stärker zu, als er es eigentlich wollte. Er tötet den Mann, ehe er das richtig begreift.

Shai Wong zieht fluchtartig weiter. Aber sein Kampf blieb nicht unbemerkt. Es entwickeln sich Gerüchte über seine Unbesiegbarkeit. Von nun an kann er den Mann, den er getötet hat, verstehen. Er versteht jetzt, warum dieser gleich so aggressiv auf ihn reagiert hat. Er wird von vielen jungen Männern verfolgt, die sich nun mit seiner Kampfkunst messen wollen. Er findet keine Ruhe mehr. Egal wo er hingeht, immer ist einer da, der wissen will, wer der Stärkere ist. Sein Leben gleicht nun einer immerwährenden Flucht. Sobald er in eine Stadt kommt, in der einer dieser großen Kämpfer sich aufhält, wird er zu einem Zweikampf gefordert. Je mehr Kämpfer er besiegt, desto mehr wollen sich mit ihm messen. Sein Ruf eilt über das ganze Land. Er gewinnt alle Kämpfe, obwohl er gar nicht kämpfen will. Er hat sein Kung Fu gelernt, um den Schwachen und Kranken zu helfen. Aber jetzt ist er gezwungen, sinnlose Wettkämpfe zu bestreiten, nur um zu wissen, wer der Bessere ist.

Ihm ist klar, dass er, wenn er am Leben bleiben will, seine Kampfkunst immer weiter verbessern muss. Er sucht alle großen Lehrer des Landes auf und lässt sich in deren Kunst unterrichten.

Immer und immer wieder wird er zum Kämpfen gezwungen. Sein ganzes Leben besteht aus Kampf. So reist er rastlos durch das Land und wird immer besser im Kung Fu. Mittlerweile ist er 45 Jahre, das heißt, er hat sich seit 38 Jahren nur aufs Kämpfen konzentriert. Er hat den Ruf, der größte Kämpfer des ganzen Landes zu sein. Man spricht ihm magische Fähigkeiten zu. Er muss ein Halbgott sein, sagen die Menschen. Aufgrund dieses Rufes wird er jetzt immer seltener herausgefordert. Wer will sich schon mit einem Gott anlegen? Es gelingt ihm, sich in einer Stadt niederzulassen. Er lebt von seinem Ruf. Sein Geld erhält er von den Menschen, die er beschützt. Aber dieses Leben macht ihn nicht zufrieden. Er lebt in der ständigen Angst, aus dem Hinterhalt getötet zu werden. Er beschließt, in die Einsamkeit zu gehen und sein Leben dem Geistigen zu widmen. Mit der Zeit würden die Gerüchte um ihn verstummen. Die Leute würden denken, dass er getötet worden sei, und er könnte irgendwann in Ruhe leben.

Er geht in die Berge. Er lässt sich einen Bart wachsen und zieht Bettlerkleidung an. Gelegentlich bekommt er von vorbeiziehenden Pilgern ein Schälchen Reis zu essen. Dieses Leben kann Shai Wong nicht genießen. Aber es ist besser, als in der ständigen Angst zu leben. Von Zeit zu Zeit zieht er aus Sicherheitsgründen weiter. Eines Tages begegnet er einem alten Mann, der sein Interesse weckt. Er kann sich das zunächst gar nicht erklären. Dieser Mann lebt, genau wie er, von den Almosen der Menschen. Er freundet sich mit seinem Leidensgenossen an. Nach vielen Monaten, in denen er seinen Freund kennengelernt hatte, vertraut er sich ihm an. Er erzählt ihm die ganze Geschichte von den vielen Kämpfen. Er glaubt, seinen Ohren nicht zu trauen, als er erfährt, dass sein Weggefährte aus dem gleichen Grund wie er in die Einsamkeit gegangen war. Die beiden Männer hatten bisher fast nichts miteinander geredet. Sie blieben einfach nur zusammen. Doch jetzt wurde alles anders. Durch die gegenseitigen Erzählungen merkt Shai Wong, dass in ihm die Neugier immer größer wird, wer von den beiden jetzt besser sei. Aber der alte Mann war sicher zwanzig Jahre älter als er. Insofern hat sich diese Überlegung erledigt, denkt er.

Sein Weggefährte erkennt, dass Shai Wong so denkt und bietet ihm plötzlich an, ihm seine Kampfkunst zu zeigen. Shai Wong lehnt zuerst ab, denn er will den alten Mann nicht verletzen. Aber dieser bleibt hartnäckig. Sie machen sich beide bereit für ein gemeinsames Training. Shai Wong will vorsichtig sein, damit er seinen Freund nicht verletzt. Als sich die beiden Kämpfer gegenüberstehen, wagt scheinbar keiner von beiden, den ersten Schritt zu machen. Der alte Mann fordert Shai Wong nach einer Viertelstunde, in der sich die beiden fast bewegungslos gegenüberstehen, auf, ihn anzugreifen. Shai Wong tut, was ihm aufgetragen wird. Natürlich greift er nur vorsichtig an, doch ehe er sich versieht, liegt er plötzlich auf dem Boden. Der alte Mann macht ihm klar, dass er richtig angreifen soll, was Shai Wong auch tut. Aber so sehr er sich bemüht, er landet keinen einzigen Treffer. Immer findet er sich auf dem Boden wieder. Nach zehn Minuten gibt er völlig verwirrt auf. Wie kann das sein, fragt er sich. So gut kann doch ein Mensch gar nicht sein. Er muss tatsächlich ein Gott sein, denkt Shai Wong."

Ich hatte den Erzählungen von Ella so gespannt zugehört, dass ich alles um mich herum vergaß. Ich erlebte die Geschichte plötzlich, als ob ich selbst dieser Shai Wong wäre. Ich fühlte seine Gefühle und sah auch die Umgebung der Berge ganz deutlich vor mir. Plötzlich hörte ich Ella nach mir rufen.

"Bodo, bleibe hier. Verlier dich nicht in Shai Wong. Bleib du selbst, Bodo. Es ist wichtig, dass du dich weiterhin als Bodo wahrnimmst. Du könntest sonst Identitätskonflikte bekommen."

"Alles klar, Ella. Ich bin voll da. Erzähl bitte weiter."

"Shai Wong ist also völlig durcheinander, gleichzeitig aber total beeindruckt. Er bittet seinen weisen alten Freund, sein Lehrer zu werden. Dieser meint, er habe schon lange keinen Schüler mehr gehabt, und er würde sich sehr darüber freuen, ihn unterrichten zu können. Das Training sehe jedoch ganz anders aus als alles, was Wong bisher gemacht habe. Shai Wong ist bereit, alles zu tun, um so gut zu werden wie sein Lehrer. Ihm ist klar, dass er dadurch der beste Kämpfer der Welt werden könnte.

Die Lektionen, die sein Lehrer ihm erteilt, sind fürwahr seltsam. Als erstes bittet er Wong, eine Spinne zu beobachten, die in ihrem Netz sitzt und auf Beute wartet. Ohne zu wissen warum, schaut sich Wong die Spinne viele Wochen unentwegt an. Plötzlich hat er den Eindruck, diese Spinne selbst zu sein. Er kann sich total in sie hineinfühlen. Dieses Erlebnis dauert nicht sehr lange, aber danach sieht er die Spinne mit anderen Augen. Er hat seine Wahrnehmung verändert.

Die Spinne, die mindestens vier Meter von ihm entfernt ist, sieht er, als ob es nur vierzig Zentimeter wären. Er geht zu seinem Lehrer und sagt ihm, er habe gelernt, was zu lernen war.

Ohne danach zu fragen, was er gelernt hatte, gibt dieser Wong die nächste Aufgabe. In der Nähe des Unterschlupfes, in dem die beiden leben, fällt ein kleiner Sturzbach den Berg hinunter. Wong soll nun diesen Bach beobachten, und zwar an einer Stelle, wo der Bach einen kleinen Wasserfall bildet. Wong tut, was ihm aufgetragen wird, und beobachtet viele Wochen diesen Bach. Plötzlich hat er den Eindruck, dass das Wasser viel langsamer fließt. Er kann sogar erkennen, dass der Bach in vielen einzelnen Tröpfchen den Berg hinunterfällt. Normalerweise kann man das nicht erkennen, wie du weißt."

"Ich weiß, das menschliche Auge ist dafür zu träge."

"Genauso ist es, aber diese Wahrnehmung hat sich bei Wong verändert. Prinzipiell ist das menschliche Auge in der Lage, sehr viel mehr wahrzunehmen, als ihr denkt. Doch dazu werden wir noch kommen. Wong geht jetzt zu seinem Lehrer und sagt ihm, er habe wieder gelernt, was zu lernen war. Ihm war klar, dass dieser die Fähigkeit bei ihrem Zweikampf gegen ihn eingesetzt haben musste, um schnell genug reagieren zu können. Wong dachte, er sei jetzt in der Lage, sein Kung Fu so zu verbessern, dass er es seinem Lehrer gleichtun könne.

Dieser aber sagt ihm, dass er noch sehr viel zu lernen habe. Er schickt ihn in die Stadt. Er solle sich als Bettler in die Straßen setzen und seine Augen den ganzen Tag geschlossen halten. Wong tut, was ihm aufgetragen wird. Er versteht nicht, wozu es gut sein soll, aber er ist überzeugt, dass es seinen Sinn hat. Viele Monate vergehen, und Wong hält den ganzen Tag seine Augen geschlossen. Mittlerweile weiß er genau, wenn jemand zu ihm kommt und ihm Geld hinwirft. Er hört am Klang der Münze, welche es ist, und weiß auch am Abend, wieviel er zusammen hat. Er ist nicht sicher, aber er denkt, dass er die Lektion gelernt habe, und kehrt zurück zu seinem Lehrer. Dieser empfängt ihn sehr herzlich, sagt ihm aber, dass er seine Lektion noch nicht richtig verstanden hat. Er schickt ihn wieder zurück, aber diesmal nicht auf die Straße, sondern zu einem befreundeten Heiler. Er lässt diesem Heiler von Shai Wong ausrichten, ihm einen Gefallen zu tun und Wong zu unterrichten. Wong versteht zwar nicht, warum er die Heilkunst lernen soll, tut aber, was ihm aufgetragen wird.

Dieser Heiler arbeitet mit der Energie seiner Hände. In deiner heutigen Zeit würde er als Geistheiler bezeichnet. Wong sieht diesem Heiler viele Monate zu. An einem sehr warmen und trüben Abend passiert dann plötzlich etwas Seltsames. Wong ist schon sehr müde, aber er sieht seinem Meister weiterhin zu. Er kann seinen Blick kaum noch scharf halten. Die Bilder verschwimmen vor seinen Augen. Auf einmal hat er den Eindruck, dass aus den Händen seines Meisters bunte Farben leuchten. So etwas hat er noch nie gesehen. Es muss die Energie sein, mit der er heilt. Als er jedoch genau hinschaut, verschwinden diese Farben. Wong meint schon, es sei eine Halluzination gewesen, aber plötzlich tauchen die Farben wieder auf. Nur jetzt sieht er sie nicht allein aus den Händen kommen. Der ganze Körper strahlt dieses seltsame Licht aus. Und auch der Körper des Patienten. Wong schaut sich seine Hand an. Auch er selbst leuchtet in diesen bunten Farben. Er sieht jetzt genau, wie sein Meister seinen Patienten behandelt. Überall dort, wo die Farben hässlich und schmutzig aussehen, bringt er durch seine Hände wieder schöne Farben hinein. Überzeugt, diese Lektion jetzt endlich gelernt zu haben, kehrt er wieder zurück zu seinem Meister. Er versteht zwar noch nicht, was er mit dieser Fähigkeit anfangen soll, aber er spürt ganz deutlich, dass seine Zeit bei dem Heiler zu Ende ist. zu Hause angekommen, bittet er seinen Lehrer um Aufklärung.

Dieser bietet ihm ein zweites Sparring an, wobei er ihn bittet, nichts zu tun, als seine Augen auf die Energie einzustellen. Wong tut, wie ihm gesagt wird. Als sein Lehrer ihn angreift, sieht Wong plötzlich, wie die Farbe seiner Ausstrahlung sich verändert. Besonders an den Körperstellen, die er für den Angriff benutzen will. Auf diese Weise wusste sein Lehrer also immer schon vorher, wie Wong ihn angreifen würde. Wong benutzt jetzt zusätzlich die Fähigkeiten, die er zuvor gelernt hatte. Er sieht genau jedes Detail seines Lehrers, die kleinste Veränderung der Farben ebenso wie die unscheinbarste Bewegung. Alles erscheint ihm wie bei der Spinne unheimlich nah zu sein. Er erinnert sich an den Sturzbach und stellt seine Wahrnehmung auf die hohe Geschwindigkeit ein. Sein Lehrer sieht nun aus, als bewege er sich in Zeitlupe. Auf diese Weise ist man wirklich jedem Angreifer gewachsen, denkt Wong. Er glaubt jetzt, sein Ziel erreicht zu haben und der beste Kämpfer der Welt zu sein. Überzeugt, die Ausbildung jetzt zu Ende gebracht zu haben, dankt er seinem Lehrer, dass dieser ihn unterrichtet hat.

Zu seiner Verwunderung erfährt er, dass seine Ausbildung noch nicht beendet sei. Aber er kann sich nicht vorstellen, wie er seine Kunst noch mehr verbessern könnte. Sein Lehrer blickt ihn bedeutungsvoll an und fragt ihn, welches der beste Kampf sei. Wong meint, dass derjenige Kampf der beste sei, bei dem er unverletzt bleibe. Sein Lehrer fragt ihn, ob ein Kampf, der gar nicht stattfindet, nicht noch besser sei. Jetzt versteht Wong, was er meint. Wenn man nicht kämpft, wird man auch nicht verletzt. Aber was tut man, wenn man angegriffen wird? Sein Lehrer zeigt ihm jetzt seine letzte Lektion. Er bittet Wong, ihn anzugreifen. Wong versucht, ihn anzugreifen. Doch irgendetwas hält ihn zurück. Er hat das Gefühl, sich nicht bewegen zu können. So etwas hat er noch nie erlebt. Sein Körper ist wie gelähmt. Sein Lehrer sagt ihm, er solle jetzt wieder seine Wahrnehmung auf die Energie einstellen und nochmals versuchen, ihn anzugreifen. Wong sieht, wie seine eigene Energie ganz rot wird. Besonders sein rechtes Bein, mit dem er kicken wollte, leuchtet sehr stark. Sein Lehrer steht nur da und sieht ihn an. Von seinem Körper geht ein seltsames goldenes Licht aus, das die Energie von Wongs Bein irgendwie einhüllt. Wong spürt, dass er nicht mehr fähig ist, dieses Bein zu benutzen. Das ist also die wahre Kampfkunst, denkt er. Der beste Kampf ist der, den man vermeidet. Wong lernt diese Fähigkeit seines Lehrers und wird tatsächlich der beste Kämpfer der Welt. Aber er hatte nie mehr einen Kampf. Er konnte wieder inmitten der Gesellschaft leben und wurde auf seine alten Tage tatsächlich noch sesshaft."

"Das war eine sehr schöne Geschichte, Ella. Warum hast du sie mir erzählt?"

"Die Botschaft dieser Geschichte liegt darin, dass Wong erlebte, was er wollte. Er hatte seit seinem siebten Lebensjahr nur den einzigen Wunsch, der beste Kämpfer der Welt zu werden. Dir ist hoffentlich klar, dass die fünfte Botschaft nicht nur bedeutet, dass du glaubst, was du willst, sondern dass du auch erlebst, was du willst. Du erlebst, was du denkst, denkst, was du fühlst und fühlst, was du glaubst. Also erlebst du, was du willst. Wong wollte nur dieses eine erleben. Also war sein ganzes Leben darauf ausgerichtet. Du glaubst hoffentlich nicht, dass sein Leben zufällig so verlaufen ist, dass er ins Shaolin-Kloster kam und später diese vielen Meister hatte, bis hin zu seinem letzten Lehrer, den er ja auch rein 'zufällig' auf einem einsamen Berg traf."

"Ist schon klar, Ella, ich weiß, ich bin ein großer Zweifler."

"Noch eins ist wichtig. Wong hat sein Leben nicht unbedingt als angenehm empfunden, im Gegenteil. Aber er hat genau das erlebt, was sein größter und einziger Wunsch war. Alle anderen Bedürfnisse hat er konsequent zurückgestellt. Bodo, ich möchte dir vorschlagen, unser Gespräch für heute zu beenden, wir können uns wieder sprechen, wann immer du willst."

"Ja, du hast Recht, Ella, mein Bedarf an Informationen ist für heute gedeckt. Ich danke dir für diese interessante Geschichte."

"Tschüs, Bodo, bis bald."

Gina war zu dieser Zeit damit beschäftigt, herauszufinden, wie sie Menschen helfen konnte, ihre beruflichen Ziele zu erreichen. Wir führten an einem der nächsten Tage ein interessantes Gespräch, in dem es erstaunlicherweise um die gleichen Inhalte ging, die ich für die jetzige Botschaft erwartete. Gina wollte meine Meinung hören zu dem, was sie über sich herausgefunden hatte.

"Schieß los, Gina, ich bin ganz Ohr."

"Ich habe erkannt, dass ich viele Ziele und Wünsche habe. Für manche tue ich etwas und für andere nicht. Oft muss ich mich zwischen mehreren Wünschen entscheiden, weil sie sich gegenseitig ausschließen. Diese Entscheidung ist mir keinesfalls immer bewusst. Ich strebe oft nach einem Ziel und frage mich, warum ich es einfach nicht erreiche, bis ich merke, dass ich bei dem Gedanken an das Ziel ein schlechtes Gefühl bekomme. Beim Bewusstmachen dieses Gefühls erkenne ich dann meistens, dass dieses Ziel Nachteile für mich bringt, oder ich glaube, dass es mir nicht zusteht. Ich will beispielsweise beruflich erfolgreich sein und viel Geld verdienen. Unbewusst will ich diesen Beruf aber eigentlich gar nicht ausüben, und Erfolg würde mich dazu zwingen, ihn weitermachen zu müssen, um meinen Lebensstandard zu halten. Ich will einen Job, in dem ich einen wirklichen Sinn sehe und der mir richtig liegt. Natürlich brauche ich Geld. Doch wenn es mir wichtiger ist, den richtigen Beruf zu finden, werde ich unbewusst dafür sorgen, dass ich nicht so erfolgreich bin, wie ich mir es bewusst wünsche. Meine Wünsche sind mir also nicht alle gleich wichtig.

Sobald ich ein Ziel nicht relativ leicht erreichen kann, steht meistens solch ein Konflikt im Hintergrund. Gelegentlich habe ich auch ein schlechtes Gewissen, wenn ich an meine Wünsche denke. Wünsche ich mir beispielsweise, reich und berühmt zu werden, kommt gleich eine Stimme, die mich ermahnt: *'Reichtum macht nicht glücklich und außerdem, wie kannst du so viel vom Leben fordern, wenn so viele Menschen auf der Welt noch nicht mal genug zu essen haben?'* Hinter diesem schlechten Gewissen steht ein positives Motiv. Ich will geliebt werden, und wenn ich diese Wünsche verwirkliche, glaube ich, nicht mehr liebenswert zu sein. Da mir die Liebe wichtiger ist als das Geld und sich in meinem Weltbild beides gleichzeitig ausschließt, werde ich auf das Geld verzichten, was mir normalerweise jedoch nicht bewusst wird. Ich werde einfach kein Geld haben und nicht wissen, warum. Ich habe also eine Hierarchie innerhalb meiner Wünsche. Wenn dem nun so ist, muss an deren Spitze ein Wunsch stehen, der über allen anderen steht. Alle Wünsche, die mit diesem in Einklang stehen, werde ich mir verwirklichen und alle, die dagegen sprechen, opfern."

"Genau dies habe ich von Ella in unserer letzten Sitzung gelernt. Es gibt tatsächlich ein Ziel, das in der Hierarchie ganz oben steht, genau wie du es vermutest. Dieses Ziel hat mit meinem Weltbild zu tun und mit dem Einfluss, den ich auf meine Welt zu haben glaube. Dieses Ziel sehe ich als den realistischen Versuch meiner Wunscherfüllung. Im Grunde genommen will ich natürlich glücklich sein. Das ist mein größter Wunsch. Bloß, wie kann ich das erreichen? Ich kann natürlich versuchen, die vielen Milliarden Menschen auf der Welt und die Natur selbst dazu zu bringen, sich so zu verhalten, wie ich es für richtig halte, und schon bin ich glücklich. Diesen Einfluss glaube ich allerdings nicht auf die Welt zu haben. Die Einflussmöglichkeiten, die mir bleiben, werden durch mein Weltbild festgelegt. Nach deinem kirchlichen Weltbild kann und darf ich sowieso nicht glücklich werden, solange ich meine Schuld nicht abgebüßt habe. Ich muss gut leiden, darf mich nicht beschweren, muss demütig und bescheiden sein - krank sein hilft auch -, und wenn ich dann noch Zeit meines Lebens niemandem etwas Schlechtes getan habe, werde ich am Ende meines Lebens von Gott erlöst und komme in den Himmel. Dort werde ich dann hosiannasingend bis in alle Ewigkeit auf meiner Wolke schweben und im himmlischen Frieden schwelgen. Also, das sind doch klare Anweisungen: Die Guten kommen in den Himmel und die Bösen in die Hölle."

"Sei nicht so sarkastisch, Bodo."

"Das Weltbild der alten Naturwissenschaft und der Psychologie macht es mir nicht so einfach. Leiden gibt hier keinen Sinn, da nach dem Tod sowieso alles zu Ende ist. Ich kann also nur hier auf der Erde versuchen, glücklich zu werden. Die Möglichkeiten, die sich mir hier bieten, sind sehr begrenzt, da alles auf Zufall und psychologischen Bedürfnissen beruht. Ich kann arbeiten und Geld verdienen und mir so ein Stück vom Glück kaufen. Wenn ich anderen mit meiner Arbeit einen großen Nutzen biete, werden sie mich auch gut entlohnen. Andere Menschen bestimmen also nach diesem Weltbild meine Realität. Mein Einfluss ist auf jeden Fall nur auf mein Handeln beschränkt. Die anderen Menschen gönnen mir allerdings mein Glück nicht alle. Ich muss mein Vermögen also gut behüten, da überall die Gefahr lauert, es zu verlieren."

Nach diesem Gespräch wuchs in mir die Neugier, wie sich die meisten Menschen aufgrund dieses neuzeitlichen Weltbildes verhalten, um ihren Einfluss auf andere Menschen auszuüben. Eine andere Möglichkeit, ihr Leben zu beeinflussen, haben sie ja nicht. Ich beschloss, mit Ella darüber zu reden. Ich setzte mich auf meinen Sessel und fiel sehr schnell in Trance. Ich fand mich auf meinem Stuhl in meinem Tranceland wieder. Ella war schon da. Neben ihr saß ein Mann, den ich auf Mitte vierzig schätzen würde. Ich kannte ihn nicht, aber er sah irgendwie vertraut aus. Ich begrüßte die beiden, und Ella stellte mir ihren Begleiter vor.

"Das ist Ernst, Bodo, seinen Nachnamen hat er vergessen. Er ist mitgekommen, um dir einige Dinge zu erklären."

Ich wusste, dass dieser Ernst wieder einmal visuelle Kommunikation war und überlegte, was es wohl zu bedeuten hatte. Ich sagte also: "Hallo, wie geht's?"

"Nicht so gut", meinte Ernst und sah sehr leidend aus. Das Ganze erschreckte mich ein wenig. "Es ist nicht unbedingt schön, wenn man im Freien schlafen und sich von Abfällen ernähren muss", fuhr Ernst fort.

Langsam begann ich zu verstehen: Dieser Mann symbolisierte das pure Leiden. Er war ein totales Opfer. Gina hatte bei einem früheren Gespräch doch auch erwähnt, dass sie sich wie ein Opfer fühlt, um überhaupt leiden zu können. Aber wozu war er hier, was wollte er mir sagen?

Während diese Gedanken durch meinen Kopf gingen, erschien plötzlich noch ein anderer Gast. Er stellt sich mit Nelson Mandela vor und setzte sich zu uns an den Tisch. Was geht denn hier ab?, dachte ich, und da war auch schon der nächste. Dieser Mann gab vor, Sigmund Freud zu sein, und ich muss gestehen, für einen Moment glaubte ich tatsächlich, dass er es war. Der nächste im Bunde setzte dem Ganzen die Krone auf. Es erschien kein Geringerer als Adolf Hitler. Ich richtete meine Aufmerksamkeit noch auf Ella, und versuchte ihr in Gedanken zu vermitteln, dass ich Adolf Hitler in meinem Tranceland nicht haben wollte, doch Ella reagierte nicht. Hitler schwang einige Propagandareden, und Freud hörte genauestens zu, um die Persönlichkeit Hitlers zu ergründen. Nelson Mandela saß am Tisch, als hätte er mit all dem überhaupt nichts zu tun, während Ernst sehr ängstlich dreinschaute. Da platzte mir der Kragen, und ich schrie:

"Jetzt haltet endlich alle mal die Klappe!"

Adolf und die anderen sahen sehr verdutzt aus. Ich sagte etwas zaghafter:

"Ich will jetzt endlich wissen, was das alles hier soll."

Die vier saßen da wie angeschossen. Ella ergriff schließlich das Wort und sagte:

"Sie sind alle mitgekommen, um dir zu demonstrieren, wie ihr Menschen versucht, eure Ziele zu erreichen. Jeder der hier Anwesenden hat natürlich ein anderes Weltbild, aber da gibt es noch etwas. Nicht jeder Mensch mit dem Weltbild von Adolf will auch automatisch die Welt beherrschen."

"Das will ich auch schwer hoffen", meinte ich.

"Ich habe dir in einer der letzten Sitzungen schon einmal etwas über den Einfluss auf die Welt erzählt, den ihr Menschen aufgrund eures Weltbildes zu haben glaubt. Daraus leiten sich Handlungsmechanismen ab, die ich hier einmal Manipulationstaktik nennen möchte. Die vier, die ich dir mitgebracht habe, repräsentieren jeweils eine der Hauptmanipulationstaktiken, die Menschen benutzen. Sie stellen allesamt unterschiedliche Auslegungen der Macht dar. Der hauptsächliche Unterschied liegt bei ihnen im Grad der Aggressivität. Während Ernst und Nelson eher passiv sind, verkörpern Sigmund und Adolf den aggressiveren Typen. Hier führt Adolf natürlich an und Ernst bildet in puncto Aggressivität das Schlusslicht. Kannst du schon erkennen, wie die vier versuchen, ihre Ziele zu erreichen?"

"Ich denke, Ernst versucht es mit Leiden, und Adolf nimmt sich einfach, was er will. Bei den beiden anderen kann ich mir nicht vorstellen, wie sie das machen."

"Bei Ernst liegst du ganz richtig, nur leidet dieser Typ Mensch nicht nur, um von Gott erhört zu werden, wie es bei Gina hauptsächlich ist, sondern er versucht auch, andere Menschen damit zu manipulieren."

"Er appelliert an ihr Mitgefühl, oder?"

"Das auch, aber er hat noch mehr auf Lager. Er ist das geborene Opfer, und wo es Opfer gibt, muss es auch Täter geben. Er schafft es mit Bravour, andere Menschen dafür verantwortlich zu machen, dass es ihm schlecht geht. Durch die Schuldgefühle, die er in anderen wecken kann, bekommt er meist von ihnen, was er will. Niemand greift so einen armen Tropf an, und so fühlt sich das Opfer, während es vor Gott und der Welt Angst hat, relativ sicher. Adolf ist, wie du schon vermutet hast, der Typ, der sich nimmt, was er will, und damit die anderen Menschen sich nicht wehren, macht er ihnen Angst. Man könnte ihn als Täter, Angreifer oder Einschüchterer bezeichnen. Durch seine Aggressivität macht er vielen Angst, und so setzen die Menschen ihm meistens keinen Widerstand entgegen. Nelson ist wiederum ein ganz anderer Typ. Er ist so stolz und unnahbar, dass man einfach nicht an ihn herankommt. Er schafft es, dass sich andere Menschen für ihn interessieren, indem er so tut, als wäre er etwas Besonderes. Durch seine konsequente Art gelingt es ihm auch meistens, und die Menschen versuchen, mit ihm näher in Kontakt zu kommen. Sie geben ihm freiwillig, was er brauchen könnte, um sich einzuschmeicheln.

Jetzt noch unser Freund Sigmund. Ich weiß, dass du ihn auch nicht so besonders gut leiden kannst. Das liegt daran, dass du eine sehr ähnliche Manipulationstaktik benutzt wie er. Und niemand fühlt sich wohl dabei, wenn man ihm seine eigene Manipulationstaktik unter die Nase hält. Sigmund ist ein Kritiker. Er sucht so lange Fehler bei den anderen, bis er irgendetwas findet, und tut so, als würde er ihnen helfen wollen. Damit überzeugt er die anderen Menschen, dass sie ihn brauchen, und bekommt von ihnen auch, was er will. Bei dir ist das ähnlich, Bodo. Du bemühst dich immer, möglichst viel zu wissen, so dass du anderen Menschen mit deinem Wissen helfen kannst. Ich weiß, Bodo, dass du im Moment noch glaubst, du tätest deine Arbeit wirklich für andere. Aber du wirst noch dahinterkommen, dass ich Recht habe.

Eine andere Form des Kritikers ist der Vernehmungsbeamte. Er sucht Fehler, um andere damit bloßzustellen. Er macht ihnen Vorwürfe, damit sie sich klein, schwach und schuldig fühlen und bekommt so von ihnen, was er will. Diese Typen beziehen sich allerdings hauptsächlich auf das gegenwärtig verbreitetste Weltbild, das alte naturwissenschaftliche. Du erinnerst dich, bei diesem Weltbild haben Menschen auf ihr Schicksal keinen Einfluss. Das Einzige, was man tun kann, ist, von anderen Menschen das zu holen, was man braucht.

Bei den Weltbildern des Mittelalters sieht die ganze Geschichte wieder anders aus. Aber das ist für dein Ziel nicht wichtig, deswegen beschränken wir uns auf unsere heutige Zeit. Du kannst dir vorstellen, dass die Menschen versuchen, der Manipulationstaktik des anderen etwas entgegenzusetzen. Um dies zu tun, benutzen sie ihre eigene Taktik, und ein Machtkampf beginnt. Kein Machtkampf im üblichen Sinne, sondern ein Kampf der Manipulation. Nun benutzen die meisten Menschen nicht nur eine einzige Taktik, aber sie bevorzugen eine bestimmte. Es gibt einige Gesetzmäßigkeiten, wie die Manipulationstaktiken zusammenwirken. Aber wenn du willst, machen wir erst noch einmal eine Pause."

Die Pause war mir sehr recht. Es hatte mich etwas getroffen, dass Ella behauptete, ich würde nur deshalb Menschen helfen, um von ihnen zu bekommen, was ich wollte. Ich half sehr oft auch Menschen, ohne ihnen dafür Geld abzuknöpfen. Aber machen wir erst einmal Pause, dachte ich. Ich beteiligte mich ganz zwanglos an der Gesprächsrunde an unserem Tisch. Hier führte im Moment Sigmund das Wort. Er stellte Adolf Fragen über Fragen. Man könnte sogar sagen, er trieb ihn mit seinen Fragen in die Enge. Schließlich platzte Hitler der Kragen, und er schrie:

"Was fällt Ihnen ein, wissen Sie nicht, wen Sie vor sich haben?"

Aber Freud ließ sich nicht beirren. Er kannte solche Ausbrüche wohl schon. Er antwortete wieder mit einer Gegenfrage.

"Warum werden Sie gleich so aggressiv, haben Sie vor den Antworten vielleicht Angst?"

Jetzt reicht's mir aber", sagte Hitler, "wenn Sie jetzt nicht den Mund halten, werden Sie mich mal richtig kennenlernen."

"Genau das möchte ich. Ist es ihr Vater, vor dem sie solch große Angst haben?"

Er wusste sich nicht mehr zu helfen. Er blickte ständig zu den anderen, offenbar um von dort Hilfe zu bekommen. Aber von denen konnte er nichts erwarten. Dies blieb von Sigmund natürlich nicht unbemerkt. Er erkannte eine offene Wunde und begann darin zu bohren.

"Ihnen fehlen wohl Ihre Soldaten, allein fühlen Sie sich wohl klein und schwach Das sind typische Anzeichen eines Minderwertigkeitskomplexes. Denken Sie doch mal an Ihre Mutter, haben Sie da die gleichen Gefühle?"

"Lassen Sie meine Mutter aus dem Spiel, das geht Sie gar nichts an!"

Adolf errötete, als Sigmund seine Mutter erwähnte, was alle am Tisch deutlich sehen konnten. Das nutzte Sigmund natürlich wieder sofort aus.

"Sie werden rot wie eine Tomate, werter Hitler, ich denke, das kann jeder an diesem Tisch sehr deutlich sehen. Es scheint also zu stimmen, Sie haben Angst vor ihrer Mutter."

Adolf fühlte sich ertappt, er sah keinen anderen Ausweg mehr. Voller Wut sprang er Sigmund an die Gurgel. Aber Sigmund war viel kräftiger und wehrte ihn ganz leicht ab. Er sagte nur:

"Setzen Sie sich wieder hin, ich denke, ich kann Ihnen helfen, diesen Mutterkomplex zu beseitigen."

Adolf war so fertig, dass er in Tränen aufgelöst vom Tisch aufstand und weglief.

"Er muss noch schwer an sich arbeiten", war Sigmunds Statement.

Ich muss gestehen, dass ich die Situation nicht ohne Schadenfreude beobachtet hatte, obwohl ich Sigmund ja auch nicht besonders leiden mochte. Aber der sollte sein Fett auch noch abbekommen, wie sich später herausstellte. Nach der Szene mit

Hitler wirkte er jetzt so richtig hochgefahren. Er versuchte also, mit den anderen weiterzumachen. Er fragte Nelson, ob er nicht an den langen Jahren im Gefängnis zerbrochen sei. Doch dieser antwortete einfach nur kurz mit "Nein."

"Das kann ich mir gar nicht vorstellen", meinte Sigmund, "irgendetwas muss doch da zurückbleiben, wenn man so viele Jahre seines Stolzes beraubt wird."

"Niemand kann einen Mann seines Stolzes berauben", war Nelsons Antwort.

"Bestimmt träumen Sie oft noch von der Zeit im Gefängnis, erzählen Sie mir davon."

"Ich träume niemals."

"Das ist Quatsch, jeder Mensch träumt", bemerkte Sigmund leicht aggressiv.

"Ich nicht", war das Einzige, was Nelson dazu zu sagen hatte.

"Das glaube ich Ihnen nicht, warum sagen Sie nicht die Wahrheit?"

Doch Nelson meinte nur:

"Sie können glauben, was Sie wollen, das ist Ihr gutes Recht."

Sigmund wurde langsam etwas heftiger, um den Widerstand Nelsons zu brechen.

"Sie lassen sich von mir als Lügner bezeichnen und behaupten weiterhin, die Zeit im Gefängnis hätte Ihren Stolz nicht gebrochen?"

"Ein Mann definiert sich nicht durch sein Geschwätz, sondern nur durch seine Taten. Sie können behaupten, was Sie wollen, wenn Sie sich dabei gut fühlen."

Sigmund hatte offensichtlich die Nase voll, er sagte nur: "Ihnen ist nicht zu helfen, solange Sie sich so sperren."

Ernst meldete sich jetzt zu Wort und fragte:

"Können Sie mir vielleicht helfen? Mir geht es nicht so besonders gut."

Aufgrund dieser Frage blühte Sigmund förmlich wieder auf.

"Ich denke schon, dass ich Ihnen helfen kann. Wo liegt Ihr Problem?"

"Das weiß ich auch nicht", sagte Ernst, ohne lange nachzudenken.

"Aber woher wissen Sie denn, dass Sie eines haben?"

"Mir geht es halt sehr schlecht."

"Was fehlt Ihnen denn, haben Sie Schmerzen?"

"Ja, sehr große Schmerzen."

"Wo haben Sie denn Schmerzen?"

"Überall."

"Ihr Problem ist also körperlicher Natur."

"Nicht nur."

"Was fehlt Ihnen denn noch? Haben Sie Angst?"

"Oh ja, sehr große Angst."

"Vor was oder wem haben Sie Angst?"

"Vor den Menschen, sie sind alle so grausam. Und vor dem Erfrieren im Winter, und auch vor dem Hunger, ja und natürlich davor, krank zu werden. Dass ich umgebracht werden könnte, kommt noch dazu und..."

"Moment mal", unterbrach ihn Sigmund, "wie lange haben Sie all diese Ängste schon?"

"Oh, schon immer, zumindest solange ich mich erinnern kann."

"Wurden Sie von ihren Eltern oft geschlagen, oder wurde auf irgendeine andere Art Gewalt auf Sie ausgeübt?"

"Oh ja, mein Vater schlug mich immerzu. Er hat mich manchmal fast totgeschlagen."

"Ihre Probleme sind zu groß, um sie hier lösen zu können, Sie müssten hierzu in meine Praxis kommen und sich auf mehrere Jahre Psychoanalyse einstellen."

Man sah Sigmund an, dass er hierzu nicht viel Lust hatte. Er glaubte wohl selbst nicht so recht, Ernst wirklich helfen zu können. Vor allem spürte er wohl, dass Ernst sich an ihn klammerte wie eine Klette. Insgeheim hoffte er, glaube ich, dass Ernst sich abwimmeln ließe durch die Aussicht, viele Jahre Psychoanalyse machen zu müssen. Aber da hatte sich Sigmund verschätzt. Ernst sah zu ihm auf und meinte:

"Wirklich, Sie wollen das für mich tun? Sie sind ein wahrer Engel! Wann kann ich kommen?"

Damit hatte Sigmund nicht gerechnet. Hätte er bloß den Mund gehalten. Doch da kam ihm eine Idee.

"Sobald wir mit Ihrer Krankenkasse die Kosten der Behandlung klargemacht haben."

"Aber ich habe keine Krankenkasse", sagte Ernst sehr betroffen, "können Sie mir nicht auch so helfen?"

Jetzt wurde es Sigmund sehr unangenehm. Er sollte eine Arbeit machen, zu der er überhaupt keine Lust hatte, und das noch, ohne Geld dafür zu bekommen.

"Ich kann mir das leider nicht leisten", sagte er schließlich zu Ernst. "Ich muss ja auch meine Kosten decken."

Man sah Sigmund an, dass dies gelogen war. Ernst ließ allerdings nicht so leicht locker. "Oh bitte, Herr Freud, helfen Sie mir! Sie sind der Einzige, der mir helfen kann. Ich habe doch sonst niemanden. Ich appelliere an Ihr Herz, geben Sie sich einen Ruck. Ich werde Ihnen auf ewig dafür dankbar sein. Bitte weisen Sie mich nicht ab wie alle anderen. Sie sind doch ein guter Mensch, bitte, bitte, helfen Sie mir doch um Himmels Willen! Ich weiß nicht, was ich ohne Ihre Hilfe machen soll. Sie sind meine letzte Hoffnung. Wenn Sie mir nicht helfen, gibt es keinen Grund mehr für mich weiterzuleben."

Sigmund sah schlecht aus. Jetzt klebte dieser Ernst an ihm. Er wusste nicht, wie er ihn noch abschütteln könnte. Ihm war klar, wenn er ihm helfen würde, hätte sich Ernst sehr bald in seiner Wohnung eingenistet und ließe sich beköstigen. Er würde sich an seine Fersen heften und ihn keinen Augenblick mehr aus den Augen lassen. Nein, er konnte es unmöglich zulassen, dass dies geschah. Wie aber sollte er diesen Ernst wieder loswerden? Er fühlte sich sehr unwohl in seiner Haut. Schließlich stand er auf und sagte beim Weggehen nur:

"Tut mir leid, ich kann Ihnen nicht helfen."

Ohne Ernst noch einmal anzuschauen, verließ er den Tisch. Man sah ihm an, dass er Schuldgefühle hatte, weil er Ernst nicht helfen wollte. Ernst hingegen war total betroffen. Flehend sah er in die noch übrig gebliebene Runde. Nelson und ich verhielten uns beide ruhig. Während Nelson mit der Situation offenbar keine Probleme hatte, überlegte ich mir, mit welchem Vorwand ich den Tisch verlassen könnte. Doch da fiel mir wieder ein, dass dies keine Realität, sondern nur meine Trancewelt war. Ich beschloss, die Anwesenden zu ignorieren und mich einfach an Ella zu wenden. Nach diesem Entschluss verschwanden alle Gäste, Ich war mit Ella wieder alleine und sagte nur:

"Ich bin froh, dass sie alle weg sind."

"Hast du erkannt, was hier abgelaufen ist?" fragte Ella.

"Nicht so ganz. Ich war viel zu betroffen von dem Gespräch zwischen Ernst und Sigmund."

"Die vier haben dir eine Kostprobe gegeben, wie die vier Hauptmanipulationstaktiken funktionieren und wie sie zusammenwirken. Adolf versuchte es mit Einschüchterung, war aber Sigmunds Vernehmung unterlegen. Nelson hingegen ließ Sigmund nicht an sich heran, er blieb unnahbar. Ernst benutzte eine Taktik, die Sigmund genauso unangenehm war wie dir. Er spielte ein Opfer, das die Hilfe von anderen braucht, und verursachte anderen dadurch Schuldgefühle. Dadurch fühlte sich Sigmund so hilflos, dass er nur noch mit seinen Schuldgefühlen weggehen konnte."

"Das bedeutet, dass die Taktik von Ernst am mächtigsten ist?"

"Nicht so ganz, Bodo, Ernst konnte dem Kritiker Sigmund Schuldgefühle machen. Aber stell dir einmal vor, was Adolf mit Ernst gemacht hätte. Glaubst du, der hätte sich Schuldgefühle einreden lassen?"

"Nein, bestimmt nicht, er hätte den armen Ernst wahrscheinlich vollkommen fertiggemacht."

"Und Nelson, wie hätte er reagiert?"

"Ich denke, er hätte Ernst genauso abblitzen lassen wie den Sigmund. Stimmt eigentlich, Nelson hatte während des gesamten Gespräches die Nase vorn. Ihm konnte mit seiner Taktik nichts passieren."

"Vergiss nicht, Bodo, dass Nelson im Moment nichts wollte. Die Manipulationstaktik wird aber nicht nur eingesetzt, um sich gegen andere zu wehren, sondern auch, um seine Ziele zu erreichen. Was glaubst du, was für eine Chance hätte Nelson, von Ernst zu bekommen, was er wollte?"

"Ich denke, eine sehr gute, Ernst würde ihn bewundern und so werden wollen, wie er. Er würde wahrscheinlich für ihn alles tun."

"Und genauso würde es bei Adolf aussehen, wenn dieser es wollte. Wobei dieser aufpassen müsste, dass er Ernst nicht ungerecht behandelt, was bei diesem Typ Mensch fast unmöglich ist. Adolf würde mit Sicherheit sehr schnell dazu übergehen, Ernst Angst zu machen, und so von ihm bekommen, was er will. Was für eine Chance hätte jetzt Nelson, von Adolf zu bekommen, was er will?"

"Ich denke keine. Adolf würde ihn mit Sicherheit nicht bewundern und ihm nicht folgen wollen."

"So sehe ich das auch, Bodo. Würde Nelson von Sigmund bekommen, was er wünscht?"

"Wenn er es geschickt anstellen würde, sicherlich. Sigmund hat sich ja für ihn sehr interessiert. Nelson könnte ihn mit seinen Antworten so beeinflussen, dass er ihm freiwillig alles gibt, was er will."

"Dies wäre allerdings schon schwieriger für Nelson, es sei denn, er wollte von Sigmund lediglich Aufmerksamkeit."

Bei dieser Aussage von Ella wurde mir einiges klar. Es ging gar nicht so sehr um materielle Dinge, die man durch seine Manipulationstaktik haben wollte, sondern mehr um immaterielle Werte wie Aufmerksamkeit, Dankbarkeit, Wertschätzung und Zuneigung. Jetzt wurde mir auch klar, warum Adolf so verzweifelt vom Tisch weggelaufen war. Er wollte sich stark fühlen, das war der Wert, den er durch seine Einschüchterungstaktik erreichen wollte. Sigmund hatte ja herausgefunden, dass Adolf sich eigentlich sehr schwach fühlte, vor allem gegenüber seiner Mutter. Also war dies sein größtes Problem und gleichzeitig auch sein größtes Ziel: Er wollte Stärke. Als seine Manipulationstaktik nicht funktionierte, wurde er hilflos und lief weg wie ein Kind.

Sigmund hingegen wollte sich überlegen fühlen, und wahrscheinlich wollte er auch Dankbarkeit. So versuchte er, durch seine Vernehmungstaktik beides zu erreichen. Er verstand die Ursache der Probleme der anderen und fühlte sich dadurch diesen überlegen. Er half ihnen dann, diese Probleme zu verstehen und zu lösen, was ihm die Dankbarkeit seiner Klienten einbrachte. Er fühlte sich dadurch wahrscheinlich erst so richtig wertvoll.

Nelson wiederum wollte offensichtlich bewundert werden, und wahrscheinlich strebte er nach Aufmerksamkeit. Durch seine unnahbare Art erweckte er die Aufmerksamkeit der anderen, vor allem derjenigen, die versuchen wollten, mit anderen Menschen in Kontakt zu kommen wie Sigmund.

Und schließlich Ernst: Er wollte, dass man ihn bedauerte und ihm dadurch auch eine Art Aufmerksamkeit und Zuneigung entgegenbrachte. Witterte er die Chance, dies zu bekommen, klammerte er sich wie eine Klette an seinen Gönner. Vor allem aber verstand er es, anderen Schuldgefühle zu machen. Dadurch kümmerten sich die anderen um ihn, obwohl es ihnen unangenehm war, und er bekam mehr Aufmerksamkeit, als man ihm freiwillig gegeben hätte. Dies funktionierte natürlich nur, wenn sich jemand

Schuldgefühle einreden ließ. Ich empfand die Manipulationstaktik von Ernst als die unangenehmste, der ich kaum etwas entgegenzusetzen hatte. An diesem Punkt schaltete sich Ella wieder in meine Gedanken ein.

"Bodo, wie du richtig erkannt hast, geht es bei dem Manipulieren anderer Menschen hauptsächlich um immaterielle Werte. Der Grund, warum sich die Manipulationstaktiken auf andere Menschen beziehen, ist in eurem gegenwärtigen Weltbild zu finden. Der Einfluss, den ihr auf eure Welt zu haben glaubt, beschränkt sich ganz auf euer Handeln. Ihr glaubt momentan nicht an eine spirituelle Macht, wie zum Beispiel Götter sie symbolisieren, sondern nur an die Macht des menschlichen Handelns. Folglich konzentriert ihr euch auf die Manipulation anderer Menschen, um das zu bekommen, was ihr wollt. Aufgrund dieses Einflusses, den ihr auf die Welt zu haben glaubt, formiert ihr sehr komplexe Glaubenssysteme. Denk an dein Getriebe und vergiss nicht, du glaubst, nur auf diese eine Art und Weise Einfluss auf dein Glück zu haben. Alle Glaubenssätze, die ihr so formiert, dienen also nur diesem einen Ziel. Erinnere dich, deine Gaubenssätze entstehen aus einer Annahme heraus. Bestimmte Annahmen gefallen dir, und du suchst nach Begründungen für ihre Richtigkeit, wobei andere in dir ein unangenehmes Gefühl auslösen, während du nach Gründen suchst, sie abzulehnen. Ob ein gutes oder schlechtes Gefühl in dir entsteht, hängt ab von den Konsequenzen, die du aufgrund der Annahme erwarten würdest. Das Hauptkriterium für die Akzeptanz einer Annahme ist der Einfluss auf die Welt. Würde er verschlechtert, wenn die Annahme wahr wäre, willst du sie nicht akzeptieren, wobei du bei einer Verbesserung versuchst, dich von ihrer Richtigkeit zu überzeugen.

Nimm beispielsweise Gina. Sie hat ihr Leben ganz nach ihrer inneren Berufung und ihrer Manipulationstaktik ausgerichtet, wobei sie zu den wenigen Menschen gehört, die nicht nur an den Einfluss menschlichen Handelns glauben. Für sie gibt es nur eine Möglichkeit, wie sie ihr Glück beeinflussen kann. Sie muss ihrem Leben einen Sinn geben. Genau das ist ihre innere Berufung. Deshalb hat sie dieses Leidenssystem geschaffen, worin sie von Gott angenommen werden muss. Aus diesem Grund zeigt sich in ihrem Leben immer wieder das gleiche Muster. Man könnte es in drei Stufen einteilen:

Erste Stufe: Sie ist motiviert, ein Ziel zu erreichen, und strengt sich wahnsinnig an, es zu schaffen. Ihre ganzen Bemühungen sind jedoch immer vergebens, was sie als sehr ungerecht empfindet. Sie beginnt mit der ersten Stufe des Leidens.

Zweite Stufe: Sie wird wütend, woraus sie dann eine gewisse innere Stärke bezieht, und mobilisiert fast unmenschliche Kräfte. Sie gibt alles und erreicht nichts. Während dieser Anstrengung leidet auch ihre Gesundheit. Sie bekommt körperliche Probleme.

Die dritte und letzte Stufe besteht darin, total verzweifelt zusammenzubrechen und aufzugeben. Sie lässt von dem Ziel ab und jetzt, wo sie es eigentlich gar nicht mehr braucht, bekommt sie, was sie will. Sie empfindet infolgedessen das Leben als total unsinnig, was sie wiederum motiviert, einen Sinn zu finden.

Du findest in ihrem Leben keinen einzigen Tag, der nicht nach diesem Muster abgelaufen ist. Jede Minute ihres Lebens ist nach dieser Manipulationstaktik ausgerichtet. Sie macht hier keine Fehler. Sie erlebt genau, was sie eigentlich unbewusst will, nämlich ihre Manipulationstaktik."

"Und ist das bei mir genauso, Ella? Erlebe auch ich permanent meine Manipulationstaktik?"

"Natürlich, jeder tut dies. Eure Taktik ist durch eure Grundstimmung begründet, von der ich dir schon erzählt habe. Alles, was du erlebst, wird durch deine Grundstimmung erschaffen, oder besser gesagt, von deiner Grundstimmung ausgewählt. Sie bestimmt in jedem Augenblick deine Wahrnehmung. Du erinnerst dich, deine Gefühle sind Wahrnehmungsbrillen. Da die Grundstimmung ein Gefühl ist, das unterschwellig in jedem Augenblick zu spüren ist, wird deine Wahrnehmung auch in jedem Augenblick dadurch beeinflusst. Es ist nicht schwer zu erkennen, dass Ginas Grundstimmung im Leiden zu finden ist. Es ist das Gefühl der Wertlosigkeit. Alle ihre Glaubenssätze sind folglich darauf ausgerichtet, zum Leid zu führen, manchmal unmittelbar und manchmal erst später. Sie erlebt oft kurze Glücksmomente, um dieses Glück gleich wieder zu verlieren und durch diesen Verlust wieder leiden zu müssen.

"Worin besteht denn meine Grundstimmung?"

"Lass mich dir diese Frage mit einer Gegenfrage beantworten: Worin besteht denn für dich der Einfluss, den du auf die Welt hast?"

"Ich denke, es gibt gewisse Gesetzmäßigkeiten des Lebens. Wenn ich diese verstehe, ist es leicht, die richtigen Dinge zu tun, um die Ergebnisse zu erzielen, die ich will."

"Und was glaubst du, ist dann deine Grundstimmung?"

"Ich weiß nicht so genau, ich dachte, es sei Zweifel."

"Die Zweifel hast du nur, damit du deine Ziele nicht erreichst. Sie bilden nicht deine Grundstimmung, sondern halten diese aufrecht. Deine Grundstimmung ist Neugier auf das Gewußt-wie. Dein Vorbild ist der Klempner. Man könnte wegen deines Berufes auch scherzeshalber sagen, der Seelenklempner. Würdest du deine Ziele erreichen, hättest du keine Neugier mehr."

"Ella, ich glaube, ich muss mir über die heutige Sitzung noch viele Gedanken machen. Ich würde für heute gerne Schluss machen. Ich denke, ich bin nicht mehr aufnahmefähig."

"Ich wünsche dir eine schöne Zeit, Bodo."

"Tschüs, Ella."

In den nächsten Tagen unterhielt ich mich noch einmal mit Gina über ihre Arbeit. Bei diesem Gespräch sollte mir einiges klar werden. Ich erzählte Gina, was Ella mir über die Manipulationstaktik erzählt hatte. Gina war der Meinung, dass diese Taktik auch etwas mit der inneren Berufung zu tun haben müsste. Denn die Machtlosigkeit, die zu der Manipulationstaktik führt, bringt mich dazu, dass ich nach Möglichkeiten suche, wie ich trotzdem glücklich werden kann. Gina sagte in diesem Zusammenhang etwas sehr Interessantes.

"Die Menschen müssen trotzdem glauben, auf irgendeine Art und Weise die Möglichkeit zu haben, glücklich zu werden, sonst wären sie wahrscheinlich alle nicht mehr am Leben."

"Das ist sicherlich richtig. Alle sehen meistens nur einen einzigen Weg, der ihnen bleibt und den sie deshalb mit aller Konsequenz anstreben. Diese eine Möglichkeit, im Leben glücklich werden zu können, ist Resultat aus ihrem Weltbild und ihren Charaktereigenschaften zugleich. Ich komme schon als Individuum zur Welt. Mir ist eine einzigartige, individuelle Kombination von Eigenschaften und Fähigkeiten, Vorlieben und Strebungen angeboren. Sie geben mir Impulse zu individuellen Handlungen, die zur einzigartigen Entwicklung meiner Persönlichkeit beitragen. Diese Spezialisierung beginnt bereits bei der Geburt und endet erst mit dem Tod. Diese einzigartigen Fähigkeiten, die ich das gesamte Leben aufgebaut und verstärkt habe, schreien förmlich danach, mit ihnen die Lebensqualität meiner Welt in irgendeiner Form und in meinem Einflussrahmen zu verbessern. Wenn mir diese innere Berufung bewusst wird, ergibt mein Leben plötzlich einen Sinn. So habe ich es zumindest von dir gelernt."

"Genau so ist es. Auf einmal verstehe ich, warum ganz bestimmte Schwierigkeiten in meinem Leben immer wieder auftreten und andere Anforderungen von mir mit Leichtigkeit gemeistert werden, wo andere Menschen sich schwer tun. Ich merke, dass ich anderen im Bereich meiner inneren Berufung besser helfen kann als jeder andere."

"Was ich aber auch merke, ist, dass ich genau dort, wo ich anderen gut helfen kann, selbst meine größten Probleme habe."

"Wie meinst du das, Bodo?"

"Da ich die Lösung des Glücklichwerdens in einer einzigen Möglichkeit sehe, empfinde ich jede damit zusammenhängende Schwierigkeit als größtes Problem. Ich werde von dem Wunsch getrieben, mit allen auftretenden Schwierigkeiten fertig werden zu können. Sobald ich merke, dass ich in meinem Bereich Schwächen habe, konzentriere ich mich so intensiv auf diese Schwächen, dass ich meine Welt nur noch durch die Wahrnehmungsbrille dieser Konzentration erlebe. Ich will eine todsichere Methode haben, um mit dem Leben zurechtzukommen, und jedes kleine Problem bedeutet automatisch, dass etwas passieren könnte, was mein Glück zerstören kann. Diesem Umstand verdanke ich meinen ständigen Weiterentwicklungsdrang, der mein Leben auf der einen Seite problematisch macht und auf der anderen dazu führt, dass ich im Bereich meiner inneren Berufung immer besser werde. Meine Fähigkeiten baue ich auf diese Art und Weise immer weiter aus, und es begegnen mir immer weniger Situationen, die ich damit nicht bewältigen kann. Ich bin Spezialist einer ganz bestimmten Problemlösungsart geworden, mit der ich anderen Menschen bei ganz bestimmten Problemen besser helfen kann als jeder andere. Mein ganzes Leben war ein einziges Studium meiner inneren Berufung, bei dem ich ein immenses Wissen und Fähigkeiten entwickelt habe. Doch für mich selbst gibt es hier nie ein Ende in der Entwicklung. Das habe ich mit Ella gelernt. Ich werde immer weiter versuchen, meine Methoden zu verbessern, glücklich zu werden, und dazu werde ich mir auch weiterhin kräftig Probleme erschaffen, damit ich genügend Motivation habe, weiterzulernen."

"Bodo, ich mache mir gerade Gedanken darüber, wie unsere innere Berufung entstanden ist. Bei dir ist das nicht besonders schwer. Deine innere Berufung scheint darin zu bestehen, die grundlegenden Mechanismen des Lebens zu verstehen, damit wir Menschen lernen, unsere Realität bewusst zu gestalten. Um dieses Ziel so konsequent in Angriff zu nehmen, musstest du natürlich eine große Motivation aufbauen, um alles verstehen zu wollen. Aus diesem Grund hast du dir wahrscheinlich eine Familie zum Aufwachsen ausgesucht, wo man einerseits glaubte, das Leben sei rein zufällig entstanden und der Mensch nur ein Abfallprodukt der Evolution, und andererseits die Realität von Glück und Pech akzeptierte. Man glaubte, dass bestimmten Leuten nie etwas passiert und andere eben als Pechvögel auf die Welt gekommen sind. In dieser Zeit entstanden in dir zwei verschiedene Weltbilder. Zum einen: 'Alles ist Zufall', und zum anderen 'Es gibt eine höhere Macht, die dich Glück oder Pech erleben lässt'. In dir entstand ein Konflikt, der immer wieder zu unlösbaren Problemen führte. Du wusstest nicht, wie du dich verhalten solltest, da die meisten Reaktionen in dem einen Weltbild sinnvoll erschienen und in dem anderen als völliger Blödsinn. Es gab nur einen Weg, aus diesem Dilemma herauszukommen, und zwar die Wahrheit über das Leben zu erkennen. Diese Suche nach der Wahrheit wurde zu deiner inneren Berufung.

Bei mir war es anders. Ich wuchs in einem Umfeld auf, in dem ich zum christlichen Glauben gezwungen wurde. Ich erlebte, dass ich nie das bekam, was ich wollte, und empfand das Leben als absolut falsch konzipiert und sinnlos. Diese Sinnlosigkeit setzte mir eine Wahrnehmungsbrille auf, die mir alles, was ich erlebte, vermieste. Die Sinnlosigkeit wurde zum Grundübel meines Lebens, und damit entstand der Drang, den Sinn im Leben zu erkennen. Meine innere Berufung war geboren.

Bei einem Klienten von mir war es wieder ganz anders. Er lernte in seiner Familie, dass es hauptsächlich darauf ankommt zu wissen, wie man sich aus Problemen befreien kann. Ihm wurde klar, dass er, wenn er für alle möglicherweise auftretenden Probleme eine Idee zur Problemlösung hat, den Weg zum Glück gefunden hat. Es wurde zu seiner inneren Berufung, Menschen zu helfen, für ihre Problemlösungen Ideen zu entwickeln. In diesem Bereich hat er seither außerordentliche Wege gefunden, Ideen zu produzieren.

Inge wiederum wuchs in einer Umgebung auf, in der man ganz bestimmte Regeln einhalten musste, um akzeptiert zu werden. Die Anforderungen, die an sie gestellt wurden, waren so hoch, dass sie nicht in der Lage war, sie zu erfüllen, und sie erfuhr Ablehnung. Nach einer sehr unglücklichen Jugend erkannte sie, dass sie sich sehr wertlos fühlte und dass die Ursache die fehlende Akzeptanz ihrer selbst war. Sie hatte zu Hause gelernt, sich selbst nicht zu akzeptieren, worunter sie sehr litt. Die Lösung dieses Problems lag auf der Hand: Sie musste lernen, sich selbst zu akzeptieren, wie sie war. Auf dem langen Weg dorthin erkannte sie eine Unzahl von Gründen, warum jeder Mensch so, wie er ist, gut ist. Sie wurde eine Expertin, wenn es darum ging, Menschen zur Selbstakzeptanz zu verhelfen. Dies wurde zu ihrer inneren Berufung. Es ist also nie Zufall, dass man eine bestimmte innere Berufung entwickelt oder wo und wann man geboren wird.

Ich suche mir mein Umfeld genauestens aus und treffe mit meinen Eltern und Geschwistern auf einer anderen Bewusstseinsebene eine Lebensabsprache. Das Ziel, meine innere Berufung zu entwickeln, ist bereits bei meiner Geburt in mir verwurzelt. Ich suche mir meine Lebensumstände so aus, dass ich aufgrund der auftretenden Schwierigkeiten und meiner Charaktereigenschaften nur einen logischen Ausweg sehe, glücklich werden zu können, nämlich meine innere Berufung zu entwickeln. Es ist der Sinn, den ich für mein Leben oder zumindest einen bedeutenden Lebensabschnitt beschlossen habe. Da mein Leben sinnlos wäre, wenn ich an meiner inneren Berufung vorbeilaufen würde, suche ich mir meine Lebensumstände so aus, dass ich größte Sicherheit habe, mein Ziel zu erreichen. Ich muss durch die Geburt und damit durch den Kanal der Unbewusstheit hindurch und kann mein Ziel nicht bewusst mitnehmen. Aus diesem Grund sehen die Lebensumstände, die zur Entwicklung der inneren Berufung führen sollen, oft sehr drastisch aus. Wir alle gelangen zu einer ganz bestimmten Zeit an diesem Punkt.

Für die Erde steht ein großer Umbruch an, der uns auf eine neue Entwicklungsstufe führen wird. Die bisherige Entwicklung besteht darin, dass wir Menschen unsere Realität unbewusst gestalten. Unsere Glaubenssätze sind für unsere Realität maßgeblich verantwortlich. Wir glauben alle, in irgendeiner Form keine Willensfreiheit in unserem Erleben zu haben und nehmen, was kommt. Auch glauben wir, nur eine einzige Realität habe Gültigkeit und wir seien getrennt von allem anderen Leben. Die nächste Entwicklungsstufe wird uns die Erkenntnis bringen, dass wir unsere Realitäten selbst gestalten, und wir werden dies bewusst tun. Wir werden unsere absolute Willensfreiheit erkennen und leben: die Willensfreiheit, die wir auch jetzt schon haben, ohne daran zu glauben und sie deshalb nicht erleben zu können. Ich habe in letzter Zeit sehr viele Bücher aus den unterschiedlichsten Fachbereichen gelesen. Es ist erstaunlich, dass sich Naturwissenschaften, Grenzwissenschaften, Religionen und Psychologie immer weiter einander annähern. Man nähert sich der wahren Natur der Realität von allen Seiten. Der Sinn der inneren Berufung aller Menschen, die jetzt auf diesem Planeten leben, liegt nun darin, den Umbruch, in dem die Welt sich befindet, möglichst sanft zu ermöglichen."

Es war sehr interessant, was Gina mir da erzählte. Wir waren also nicht die Einzigen, die einen Umbruch erwarteten. Was mich ganz besonders interessierte, war die Verbindung, die Gina zwischen der inneren Berufung und der Grundstimmung sah. So ganz war mir die ganze Sache ja noch nicht klar, aber es war wieder einmal erstaunlich, dass Gina sich unabhängig von mir mit der gleichen Sache befasste. Diese Art von Zufällen, wie ich sie früher bezeichnet hätte, ereigneten sich häufig. Mir war klar, dass dies nur eines bedeuten konnte: Ich sollte mich weiter mit der Grundstimmung und allem, was damit zu tun hatte, auseinandersetzen. Ich spürte also wieder einmal die Motivation, mit Ella zu reden. Es sollte diesmal eine frustrierende Erfahrung werden.

"Hallo, Ella."

"Hallo, Bodo, bereite dich heute darauf vor, ein paar Zusammenhänge zu erfahren, die dir nicht besonders gut gefallen werden. Du solltest jedoch schon vorab wissen, dass du auch zu diesem Problem eine Lösung finden wirst."

"Das hört sich ja schaurig an, wie du dieses Gespräch mit mir beginnst", sagte ich scherzeshalber. Doch das Scherzen sollte mir wirklich bald vergehen.

"Ich möchte dich nur schon darauf vorbereiten, dass du Probleme erfährst, die alle so aussehen, als gäbe es keinen Ausweg. Du wirst einen finden, nur dauert das noch ein paar Tage. Versuche, dich später daran zu erinnern, dass du diese Lösung finden wirst."

"Okay, Ella, was gibt es denn so Frustrierendes zu erfahren?"

"Ob es frustrierend sein wird, hängt ganz davon ab, ob du meine Worte von eben nicht wieder direkt vergisst."

"Wenn ich richtig deute, was du mir sagen willst, geht es um ein Problem, das für mich zunächst unlösbar aussehen wird."

"Genau so ist es. Es geht genauer gesagt um deine Grundstimmung und darum, was diese im Detail für Auswirkungen auf deine Realität hat."

"Du sagtest, meine Grundstimmung sei die Neugier auf das Gewußt-wie. Das kann doch nicht so schlimm sein. Ginas Grundstimmung ist eklig, aber meine doch nicht."

"Du denkst, dass Ginas Grundstimmung ihr Leben sehr negativ beeinflusst, aber deine ist nicht minder negativ. Mit negativ meine ich, dass du dadurch meistens das Gegenteil von dem erlebst, womit du dich wohlfühlen würdest."

"Wie denn das?"

"Denke an Shai Wong zurück. Aus Shai Wongs Grundstimmung ging ein sehr klares Ziel hervor, das er um jeden Preis erreichen wollte. Seine Grundstimmung war die Angst vor Angriffen. Daraus entstand das Lebensziel, der stärkste Kämpfer der Welt zu werden. Ich habe dir diese Geschichte erzählt, weil sie sehr offensichtlich zeigt, welches Ziel Shai Wong verfolgt hat und welche Auswirkungen es auf sein Leben hatte. Shai Wong hat sein Lebensziel in hohem Alter erreicht, was keinesfalls die Regel ist. Aber denke einmal darüber nach, welchen Preis er dafür bezahlt hat. Er erlebte viele Jahrzehnte, dass er sich vor Angriffen schützen musste. Seine Grundstimmung bestimmte seine Realität. Er war gezwungen zu kämpfen und zu flüchten. Und obwohl er immer besser wurde, hatte er weiterhin Angst vor Angriffen aus dem Hinterhalt. Dir ist klar, er hat sein ganzes Leben in ständiger Angst gelebt, bis er zum Schluss der Meinung war, jetzt der beste Kämpfer der Welt zu sein. Nur dieser Glaube war dafür verantwortlich, dass Shai Wong nie mehr kämpfen musste. Durch Erreichen seines Lebenszieles änderte er seine

Grundstimmung und fand im hohen Alter noch ein paar Jahre Frieden."

"Du meinst, er erlebte bis dahin immer das Gegenteil von dem, was er sich eigentlich wünschte, nämlich Frieden."

"Ja natürlich, bis zum Erreichen seines Lebenszieles erlebte er nur die Angst, die seine Grundstimmung vorgab. Sein ganzes Leben war auf Glaubenssätze aufgebaut, die mit seiner großen Angst vor Angriffen zu tun hatten. Er war nicht in der Lage, auch nur einen Glaubenssatz anzunehmen, der ihm ein bisschen Ruhe und Geborgenheit gegeben hätte. Überzeugungen dieser Art wurden von ihm stets als zu gefährlich abgetan. Ich habe dir das früher schon einmal erklärt. Es geht um die Art und Weise, wie man sein Glaubenssystem aufbaut. Erinnere dich an dein Getriebe: Darin ist auch alles so aufgebaut, dass es zu deiner Grundstimmung und deinem Lebensziel passt."

"Ella, ich verstehe nicht so recht, auf was du hinaus willst."

"Lass mich dir eine Frage stellen. Warum, glaubst du, ist Shai Wong nach einem sehr unglücklichen, einsamen Leben doch noch ein bisschen glücklich geworden?"

"Das hast du mir eben erklärt: Weil er sein Lebensziel erreicht hat und damit seine Grundstimmung nicht mehr zum Tragen kam."

"Und glaubst du, dass du dein Lebensziel erreichen kannst?"

"Ja natürlich! Wieso nicht?"

"Denke einmal darüber nach. Dein Ziel besteht darin, alle grundlegenden Mechanismen des Lebens zu verstehen. Wir haben jedoch schon vor längerer Zeit darüber gesprochen, dass die wahre Realität von euch Menschen nicht adäquat verstanden werden kann. Ihr Menschen seid wohl in der Lage, eine symbolhafte Vorstellung der Realität zu entwickeln. Diese aber für *die* Wahrheit zu halten, wäre das Gleiche, wie ein Photo eines Hauses für das Haus selbst zu halten."

"Soll das heißen, dass ich überhaupt keine Chance habe, mein bisheriges Lebensziel zu erreichen?"

"Leider nein. Und bei Gina sieht es nicht anders aus. Wie du weißt, will sie sich wertvoll fühlen, indem sie einen Sinn in ihrem Leben erkennt und ihre Lebensaufgabe übernimmt. Der Sinn des Lebens ist jedoch genauso wenig von euch Menschen erfassbar wie das wahre Verständnis über eure Realität. Gina wird also, wenn sie ihre Grundstimmung nicht ändert, weiterhin versuchen, dieses unerreichbare Ziel zu verwirklichen. Und bei dir würde das nicht anders laufen."

"Ella, ich muss sagen, dass ich ganz schön geschockt bin. Ist das wirklich sicher, dass ich mein Ziel nicht erreichen kann, auch nicht mit deiner Hilfe?"

"Auch nicht mit meiner Hilfe. Dafür gibt es keinen Weg. Wir können nur gemeinsam versuchen, deine Grundstimmung zu verändern."

"Ich möchte noch gerne wissen, wie mein Leben aussehen würde, wenn wir das nicht schaffen sollten."

"Du würdest Zeit deines Lebens Ereignisse gestalten, durch die du gezwungen bist zu verstehen, damit du eine Lösung finden kannst. Du würdest sehr viele Wünsche haben, um sie dann nicht zu verwirklichen und dadurch immer nach dem Verständnis suchen, warum es nicht funktioniert. Immer wieder verstündest du auch etwas und hättest infolgedessen in diesem Punkt keine Probleme mehr. Aber es gibt unendlich viel zu verstehen und damit unendlich viele Möglichkeiten, dir Probleme und Mangelgefühle zu bereiten."

"Entschuldige, Ella, aber ich muss über das Ganze erst noch einmal nachdenken."

"Ich spüre deine Zweifel an dem, was ich dir gesagt habe. Du solltest dich selbst davon überzeugen, dass es wirklich so ist. Deine Realität liefert dir hierzu so viele Beweise, wie du willst. Vergiss jedoch nie, dass du einen Weg finden kannst, deine Grundstimmung zu ändern und damit auch diese Problematik. Wir sehen uns wieder, wenn du dich überzeugt hast. Ich liebe dich und Gina. Mach's gut Bodo."

"Trotzdem danke, Ella. Ich liebe dich auch."

Nach dieser Sitzung war ich ganz schön niedergeschlagen. Ich spürte zwar, dass Ella Recht hatte, wollte es aber nicht wahrhaben. Was wäre, wenn ich meine Grundstimmung nicht ändern könnte? Ich hatte bislang noch keine Ahnung, wie das gehen sollte. Ich wusste ja nicht einmal, welche denn überhaupt in Ordnung sein würde. Wenn Ella Recht hätte, würde das bedeuten, dass weder Gina noch ich in der Lage wären, unsere Ziele zu erreichen. Wir wären dann ständig auf der Jagd nach unerreichbaren Zielen und damit permanent unzufrieden.

"Permanent nicht, Bodo", hörte ich Ella noch sagen, die meine Gedanken aufgenommen hatte, "die Unzufriedenheit wechselt stets mit Hoffnung ab."

Na toll, dachte ich, davon habe ich aber viel.

Ich bekam in den darauffolgenden Tagen unverhältnismäßig viel Besuch. Ich war zwar total frustriert, doch meine Neugier, ob es bei meinen Freunden und Bekannten genauso war wie bei Gina und mir, ließ mir keine Ruhe. Mir war klar, dass diese Neugier nichts anderes als meine Grundstimmung war. Ich hatte also noch nicht einmal, wenn ich total frustriert war, Ruhe vor meiner Grundstimmung. Aber das konnte ich auch nicht erwarten. Sie lag ja allem zugrunde, was ich glaubte, und damit allem, was ich erlebte. Deshalb kamen auch so viele Leute zu mir. Ich veranlasste dies durch mein Verstehenwollen. Also ging ich weiterhin meinem Lebensziel nach. Ich redete mit meinen Bekannten und fand meist sehr leicht ihre Gundstimmung heraus. Daraus war ihr Lebensziel nicht schwer abzuleiten.

Da war Inge, deren Ziel offensichtlich darin bestand, sich selbst voll und ganz annehmen zu können. Sie konnte anderen Menschen wirklich gut helfen, sich selbst zu akzeptieren, wie sie waren. Aber bei ihr selbst gab es genauso wenig Hoffnung wie für Gina und mich. Sie war aufgrund ihres Glaubenssystems dazu gezwungen, von anderen Menschen die Bestätigung dafür zu bekommen, dass sie so, wie sie war, vollkommen in Ordnung war. Genauer gesagt, mussten ihr dies alle Menschen bestätigen. Wäre nur ein einziger dabei gewesen, der dies nicht tat, wäre ihr Selbstwertgefühl ins Bodenlose gefallen. Bei ihr war mir sehr schnell klar, dass sie keine Chance hatte, ihr Ziel zu erreichen. Aufgrund des Reflexionsgesetzes, das ich mittlerweile wirklich verstanden hatte, konnte ihr niemand mehr Akzeptanz entgegenbringen, als sie sich selbst gab. Sie hätte dies aber als Beweis benötigt, um ihr Ziel erreichen zu können. Der Glaubenssatz, der dafür verantwortlich war, dass sie diesen Beweis brauchte, ließ sich dummerweise nicht ändern. Er entsprach genau ihrer Grundstimmung. Ohne diese zu verändern, hatte sie also auch keine Chance auf ein vollkommen glückliches Leben. Sicherlich gäbe es immer wieder Glücksmomente, so wie bei mir auch, aber die unglücklichen Zeitperioden würden dominieren. Über das Ziel, 24 Stunden pro Tag glücklich zu sein, gar nicht zu reden.

Einen Tag später traf ich Hans. Es ging mir nicht anders als vorher bei Inge. Ich musste sein Lebensziel erkennen. Hans hatte große Probleme, Entscheidungen zu treffen. Er war nie wirklich sicher, ob das, was er überlegt hatte, wirklich die richtige Entscheidung für ihn war. Ohne diese Sicherheit traf er lieber keine Entscheidung. Besser keine Entscheidung als irgendeine falsche, dachte er sich. Um sich entscheiden zu können, hätte er 250-prozentig sicher wissen müssen, dass es genau das Richtige für ihn sein würde. Und zwar bis ans Ende seines Lebens. Sein Grundgefühl war die Unsicherheit. Man muss nicht lange überlegen, um herauszufinden, dass dieses Ziel todsicher nicht zu erreichen war. Und das war auch schon Das Einzige, dessen er sich wirklich sicher sein konnte. Das Reflexionsgesetz tat hier zusätzlich noch seine Wirkung: Hans erlebte immer, dass seine Entscheidungen nicht in Ordnung waren, wenn er sich einmal entschieden hatte. Dies geschah allerdings nur, wenn er von den Lebensumständen dazu gezwungen war. Er entschied im Grunde genommen eigentlich gar nicht, da das Leben ihm gar nicht die Chance gab, mehrere Möglichkeiten zu haben. Er musste einfach das tun, was unvermeidlich war. Auch in diesem Fall war mir sehr schnell klar, dass Hans ohne die Veränderung seiner Grundstimmung keine Chance hatte, aus diesem Teufelskreis herauszukommen.

Der nächste im Bunde war Alex. Bei ihm ließ sich die Nichterreichbarkeit seines Lebenszieles ebenfalls sehr deutlich erkennen. Alex durfte keine Fehler machen, denn sonst würde er vom Leben hart bestraft. Sein Grundgefühl war, dass er sich klein und machtlos fühlte gegenüber der großen Macht des Lebens. Sein Lebensziel war die absolute Freiheit. Erreichen wollte er sie, indem er niemals Fehler machte. Es erübrigt sich zu erklären, wie erfolgreich er dadurch war. Er konnte ebenfalls schlecht Entscheidungen treffen und tat sich sehr schwer mit für ihn neuen Ereignissen.

Als nächste traf ich Anne. Bisher war ich immer der Meinung gewesen, dass sie das Glück für sich gepachtet hätte. Sie war der Erreichung ihres Lebenszieles am nächsten. Sie hatte das Ziel, von allen Menschen anerkannt zu werden, und lebte damit gar nicht so schlecht. Sie sah gut aus, brachte viel Leistung in Sport und Beruf und hatte ein wirklich sonniges Gemüt. Aber auch sie hatte ihre schlechten Tage. Es waren nur nicht so viele wie bei uns. Da Anne ihrem Ziel jedoch schon so nahe war, entstand bei ihr nicht der Wunsch, ihr Leben von Grund auf zu verändern. Sie war der einzige Mensch, den ich kannte, der mit seinem Leben recht zufrieden war, so wie es war. Ich war mir allerdings nie sicher, ob diese Zufriedenheit echt war.

Und dann war da noch Peter. Der wollte unbedingt unabhängig sein von anderen Menschen. Sein Lebensziel bestand darin, sich selbst alles geben zu können, was er brauchte. Sein Motto war: *Lerne, dir selbst zu helfen.* Dummerweise glaubte er, gerade das noch nicht in jedem Falle zu können. Er war überzeugt, dass es immer etwas gab, was er von anderen Menschen haben musste. Tief in seinem Inneren war er davon überzeugt, dass er allein im Leben nicht glücklich werden konnte. Er wollte zum Beispiel auf jeden Fall eine Partnerin, da er sich sonst einsam fühlte. Er wollte einerseits vollkommen unabhängig sein, und andererseits glaubte er, allein nicht glücklich werden zu können. Seine Erfolgsaussichten bezüglich seines Lebenszieles standen also nicht besonders hoch.

Es kamen danach noch einige Leute zu mir. Bei allen bot sich das gleiche Bild. Keiner von ihnen hatte ein Ziel, das er wirklich erreichen konnte. Ich hatte mich jetzt genug davon überzeugt, dass Ella die Wahrheit gesagt hatte. Ich ging also wieder zu ihr.

"Was ist das für ein Leben, Ella? Nichts von dem, was wir wollen, können wir uns erfüllen."

"Das liegt an der Entwicklungsstufe dieser Erde. Aber dazu werden wir später noch kommen. Im Augenblick möchte ich die Gelegenheit nutzen und über die Menschen sprechen, die in den letzten Tagen bei dir waren. Sie geben mir die Möglichkeit, dir noch einige wichtige Zusammenhänge zu erklären. Da wäre zum Beispiel Peter, der, wie du richtig erkannt hast, das Ziel hat, unabhängig zu werden von anderen Menschen. Genauer gesagt, will er selbständig werden und sein Leben selbst bestimmen. Was dir noch klar werden muss, ist Peters Grundstimmung. Er wird oft sehr wütend auf andere Menschen. Das gehört zu seiner Manipulationstaktik. Seine Grundstimmung ist mit dieser Wut eng verwand. Es ist eine Art Trotzgefühl."

"Stimmt, das ist mir schon öfter aufgefallen. Peter hat erzählt, dass er drei Jahre mit einer Alkoholikerin zusammenlebte, obwohl er wusste, dass das nichts werden konnte. Er tat es nur, weil seine

Mutter zu Beginn dieser Beziehung unbedingt wollte, dass er diese Frau verlässt. Es war also eine reine Trotzreaktion."

"Richtig, er hat diese ganzen drei Jahre ausgehalten, weil er auf keinen Fall das tun wollte, was seine Mutter von ihm verlangte. Hast du dir auch schon einmal überlegt, wie es zu diesem Trotzgefühl kam? Was ich eigentlich wissen möchte, ist, ob du weißt, wie die Grundstimmung entsteht."

"Ich denke, das hat etwas mit unseren Charaktereigenschaften zu tun und mit den Ereignissen, die wir in jungen Jahren erleben."

"Das auch, aber es gibt eine noch viel leichtere Methode, dies herauszufinden. Denke an die vierte Botschaft. Du fühlst, was du glaubst. Das bedeutet, dass die Grundstimmung bestimmte Glaubenssätze gefühlsmäßig zum Ausdruck bringt. In Peters Fall sieht dies folgendermaßen aus: Peter glaubt, dass alle Menschen ihre Ziele erreichen wollen. Das bedeutet für ihn, dass andere Menschen von ihm etwas haben wollen. Um dies zu bekommen, würden sie versuchen, ihn zu manipulieren. Dagegen musste er sich natürlich schützen, denn sonst hätte er keine Chance, sein Leben so zu leben, wie er es für richtig hielt. Und wenn er dies nicht könnte, würde er seinerseits niemals wirklich glücklich werden.

"Ich glaube, jetzt verstehe ich. Der Glaubenssatz, sich immer gegen andere Menschen schützen zu müssen, verursacht dieses Trotzgefühl."

"Ganz genau. Jetzt hat er noch einen anderen Glaubenssatz, der in diesem Zusammenhang eine große Rolle spielt. Peter glaubt, dass er momentan nicht in der Lage ist, sich selbst in jeder Hinsicht alles zu geben, was er braucht. Das beginnt bei der Liebe in einer Partnerschaft und endet mit den finanziellen Mitteln im Beruf. Er glaubt, auf andere Menschen angewiesen zu sein, um seine Existenz zu sichern oder auch generell, um glücklich werden zu können. Dieser Umstand macht ihn natürlich anfällig für die Manipulation der anderen. Er befindet sich also in einer Zwickmühle. Einerseits braucht er die anderen Menschen, andererseits wollen sie ihn manipulieren. Um aus dieser misslichen Lage herauszukommen, hat er sein Lebensziel angenommen. Er will von allen Menschen unabhängig werden, damit sie ihn nicht manipulieren können. Er will alles lernen, was er braucht, um jeder Situation gewachsen zu sein und niemanden zu brauchen. Dieses Ziel wird er niemals erreichen können. Seine Welt ist die exakte Widerspiegelung seiner Glaubenssätze, und so wird ihm stets der Glaubenssatz widergespiegelt werden, dass er noch lernen muss, sich selbst zu helfen. Das heißt, er glaubt momentan noch, dass er sich nicht selbst helfen kann, sonst hätte er keine Motivation, das zu lernen. Er wird diesen Glaubenssatz auch niemals ablegen können, da ihm von der Realität täglich bewiesen wird, dass es noch so ist. Es schlägt wieder einmal das Reflexionsgesetz zu, wie du dies auszudrücken pflegst. Des weiteren kann er diesen Glaubenssatz sowieso nicht los werden, solange er noch an etwas anderes glaubt, was mit der Entwicklungsstufe dieser Erde zu tun hat. Aber für diese Informationen fehlt dir noch das Verständnis. Wir werden darauf zurückkommen, sobald du soweit bist."

"Das ist zwar schwer für mich zu akzeptieren, aber ich habe wohl keine andere Möglichkeit."

"Leider nicht, Bodo. Ich möchte dir noch ein Beispiel der letzten Tage erklären. Du hast Hans getroffen. Bei ihm hast du schon das Grundgefühl erkannt. Er fühlt sich unsicher. Lass mich dir noch erklären, welche Glaubenssätze für diese Unsicherheit verantwortlich sind. Hans glaubt, er könne nur glücklich werden, wenn er genau das tun könnte, was ihm wirklich Freude macht und worin er einen Sinn sieht. Er glaubt aber auch, dass er von anderen Menschen bestimmte Dinge bekommen muss. Dies gilt gleichermaßen für Geld wie für nichtmaterielle Werte wie Liebe, Anerkennung oder Wertschätzung. Um dies zu bekommen, muss er allerdings etwas geben, was die anderen haben wollen. Er kann also im Grunde genommen nur etwas, was er hat, gegen etwas anderes eintauschen. Wenn das, was er hat, niemand haben möchte, ist er aufgeschmissen. Das hat zur Folge, dass er nur glücklich sein kann, wenn er den anderen etwas anzubieten hat, was diese auch haben wollen. Er muss also im Grunde genommen das tun, was die anderen wollen, um glücklich werden zu können. Er glaubt aber, wie gesagt, dass er nur glücklich werden kann, wenn er das tut, was er wirklich will. Aus diesem Konflikt ist sein Lebensziel und seine Manipulationstaktik entstanden. Sein Ziel ist, erst einmal herauszufinden, was wirklich das hundertprozentig Richtige für ihn ist, und dann die anderen Menschen davon zu überzeugen, dass sie genau das brauchen. Wie dir bereits klar geworden ist, wird er diese hundertprozentige Sicherheit niemals erlangen. Weder dafür, dass er für sich selbst weiß, was das Richtige wäre, noch dass er sicher wäre, alle Menschen überzeugen zu können. Er glaubt momentan noch, dass er hierzu nicht kompetent genug ist. Aber das wird er immer glauben. Er kann lernen, soviel er will, er wird nie vollkommen sicher sein, dass ihm jetzt nichts mehr passieren kann. Hier schlägt nun wieder einmal das Reflexionsgesetz zu, und er erlebt in jedem Augenblick seines Lebens diese Glaubenssätze. Sein ganzes Leben spiegelt in jedem Augenblick die grundlegenden Glaubenssätze wieder. So sieht für ihn alles so aus, als müsste er immer das tun, was die anderen wollen, um beispielsweise finanziell existenzfähig zu sein. Er erlebt also immer nur, dass er gezwungen ist, Dinge zu tun, die ihn nicht glücklich machen. Da er dadurch auch wirklich unglücklich ist, wird automatisch der Glaubenssatz widergespiegelt, dass man nur glücklich sein kann, wenn man tun kann, was man für richtig hält. Natürlich wird auch seine Grundstimmung widergespiegelt, indem er permanent erlebt, dass er noch nicht sicher weiß, was das Richtige für ihn ist und dass sich andere Menschen noch nicht so richtig überzeugen lassen, dass sie das brauchen, was er anzubieten hat."

"Du hast gesagt, dass meine Grundstimmung die Neugier auf das Gewußt-wie ist. Wie ist das zustande gekommen?"

"Ganz einfach, du glaubst, dein Einfluss auf die Welt sei nur auf dein Handeln beschränkt. Nur weil du dir etwas wünschst, passiert noch lange nichts. Um etwas zu erreichen, musst du schon etwas tun. Aber du musst nicht irgendetwas tun, sondern genau das Richtige. Um das Richtige zu tun, musst du natürlich wissen, was richtig wäre. Dafür brauchst du wiederum das vollständige Verständnis der gesamten Sachlage. Also das Gewusst-wie. Den Rest kennst du ja schon. Auch bei dir werden diese Glaubenssätze in jedem Augenblick deines Lebens widergespiegelt. Es passieren permanent irgendwelche Dinge, bei denen du nicht weißt, wie du deine Ziele erreichen kannst. Du wirfst also ständig deine Manipulationstaktik an, um herauszufinden, wie alles funktioniert."

"Und das werde ich niemals alles erfahren können, da die Mechanismen der Realität auf meiner menschlichen Ebene nicht vollständig verstanden werden können."

"Genau so ist es."

"Das ist ja ganz schön mies."

"Bodo, ich möchte dir noch erklären, wie die Sachlage für Gina aussieht. Gina zweifelt an ihrem Wert. Sie ist aber davon überzeugt, dass sie nur glücklich werden kann, wenn sie es auch wert ist. Diesen Wert kann sie jedoch nicht selbst bestimmen. Das kann nur Gott. Sie weiß aber, dass sie in ihrer Außenwelt sehen kann, ob Gott sie für wertvoll hält oder nicht. Wenn sie die anderen Menschen für wertvoll halten, dann hat Gott das so gewollt. Ihr Grundgefühl besteht also genaugenommen in dem Zweifel an ihrem Wert. Daraus ist ihre Manipulationstaktik entstanden. Sie versucht permanent, andere Menschen von ihrem Wert zu überzeugen. Wenn ihr dies gelingt, weiß sie, dass Gott dies nur zugelassen hat, weil er sie als wertvoll ansieht. Da sie als Kind von ihrer Familie gelernt hat, dass man wertvoll ist, wenn man viel leiden kann, hat sie sich hauptsächlich darauf spezialisiert. Auch sie hat natürlich keine Chance, auf diese Art und Weise glücklich zu werden. Ihre Realität spiegelt ihr ständig ihren Zweifel wider, und somit zeigt ihre Außenwelt immer das Gegenteil von Wunscherfüllung. Sie erlebt infolgedessen permanent ihre Manipulationstaktik, das heißt, sie leidet."

"Ella, ich habe genug. Du hast mich leider davon überzeugt, dass wir alle unsere Lebensziele, wie wir sie uns gesteckt haben, nicht erreichen können. Ich möchte jetzt nur noch wissen, ob dies für alle Menschen gleichermaßen gilt."

"Es gilt hauptsächlich für eine bestimmte Gruppe von Menschen, die für dieses Leben beschlossen haben, den Entwicklungsstand der Erde hinter sich zu lassen. Zu dieser Gruppe werde ich später noch etwas zu sagen haben."

"Okay, ich denke, du erzählst mir das alles ja nicht umsonst. Es muss also eine Möglichkeit geben, diese vermaledeite Grundstimmung zu verändern."

"Die gibt es, nur solltest du dir zuerst einmal darüber klar werden, was du eigentlich für eine Grundstimmung willst. Soviel sollte in dieser fünften Botschaft klar geworden sein: Es gibt keine wirkliche Veränderung der Lebensfreude, solange du die bisherige Grundstimmung beibehältst."

"Welche wäre denn die richtige?"

"Das musst du selbst herausfinden. Ich kann dich nur die Realität so wahrnehmen lassen, dass du es leichter hast, das herauszufinden."

"Wie gehe ich dazu vor?"

"Geh wieder zurück in die Außenwelt. Du wirst morgen eine wichtige Erfahrung machen."

Ich verabschiedete mich also von Ella und wartete auf die wichtige Erfahrung.

Botschaft 6: Ich will, was ich liebe

Es ergab sich an diesem Tag nichts Besonderes. Am Morgen war kein Kaffee mehr da, und Gina musste sehr früh aus dem Haus, um einen Vortrag zu halten. Ich würde am Nachmittag zwei Termine zur Therapie haben und mich abends um Gina kümmern. Sie musste sich von dem Vortrag erholen. Sie hatte einen Querulanten in ihrer Gruppe, der immerzu alles schlecht machte. Das ging ihr schwer an die Substanz. Ihr Wertprogramm hatte wieder voll zugeschlagen. Als ich abends ins Bett ging, wartete ich immer noch auf die wichtige Erfahrung, aber nichts passierte. Ella meldete sich auch nicht, als ich versuchte, mit ihr Kontakt aufzunehmen. Ich schlief schließlich ein und wachte am Morgen durch meinen Radiowecker wieder auf. Nachdem Gina aufgestanden war, ging ich ins Bad. Normalerweise machte Gina immer Kaffee zum Frühstück, es sei denn, er war uns wieder einmal ausgegangen, so wie gestern. An diesem Morgen allerdings gab es keinen. Als ich aus dem Bad kam, begrüßte mich Gina mit den Worten:

"Wir haben keinen Kaffee mehr, Schatz. Kannst du nachher welchen kaufen gehen? Ich muss früh weg."

Wollte sie mich jetzt auf den Arm nehmen? Genau das hatte sie gestern zu mir gesagt. Ich hatte gestern Kaffee gekauft. Ich lachte und sagte, um den Scherz mitzumachen:

"Natürlich, ich gehe welchen kaufen."

"Ich ging in die Küche und suchte den Kaffee. Ich konnte ihn nicht finden, sie musste ihn versteckt haben. Ich ging also ins Wohnzimmer zurück und fragte sie:

"Du hast gewonnen, ich kann den Kaffee nicht finden. Also, wo hast du ihn versteckt?"

"Ich hab den Kaffee nicht weggeräumt. Wir haben keinen mehr. Ich hab dir doch gesagt, du musst welchen kaufen gehen. Ich habe, wie du weißt, heute keine Zeit, ich muss diesen Vortrag halten."

Kein Zweifel, sie meinte es ernst. So hartnäckig machte Gina keine Scherze. Hatte ich ein Déjà-vu-Erlebnis? Irgendetwas stimmte hier nicht. Träumte ich noch? Ich machte noch einen Versuch.

"Den Vortrag hast du doch gestern gehalten. Hältst du ihn heute ein zweites Mal?"

"Bodo, was ist los mit dir? Stimmt irgendetwas nicht?"

"Das weiß ich auch noch nicht so genau."

"Ich muss jetzt los, Schatz. Wir reden heute abend noch einmal darüber."

"Okay, Gina, aber lass dich heute nicht so viel ärgern."

"Werde ich bestimmt nicht," sagte Gina und ging. Als sie weg war, ging ich nochmals in die Küche, um nachzuschauen, ob sie mich vielleicht doch angeschmiert hatte. Aber ich konnte den Kaffee wirklich nirgends finden. Ich zog mich also an und ging in den Laden um die Ecke, wo ich auch gestern schon Kaffee gekauft hatte. Hier war alles ganz normal. Die Verkäuferin kannte mich und begrüßte mich sehr freundlich. Als ich meinen Kaffee bezahlte, fragte ich sie beim Weggehen noch einmal schnell:

"Sagen Sie, können Sie sich noch daran erinnern, dass ich gestern auch schon mal da war und Kaffee gekauft hatte?"

"Daran könnte ich mich bestimmt erinnern, wenn Sie dagewesen wären: Gestern war nämlich Sonntag, Sie meinen wohl Freitag?"

"Ja natürlich, Freitag."

Was war los? War ich jetzt total abgedreht? Heute muss Dienstag sein, gestern war Montag. Auf dem Weg nach Hause ging ich noch an einem Zeitungskiosk vorbei. Es war kaum zu glauben: Überall lagen nur die Tageszeitungen von Montag. Ich fragte schließlich den Verkäufer:

"Haben Sie keine Zeitung von heute mehr da?"

"Wollen Sie mich auf den Arm nehmen? Da liegen sie doch alle."

"Ah ja, danke."

Ich kaufte aus Verlegenheit irgendeine Zeitung und ging so schnell ich konnte nach Hause. Dort angekommen, schaltete ich sofort den Fernseher ein. Es war gleich neun Uhr, irgendwo mussten Nachrichten kommen. Ich fand schließlich einen Sender, der Nachrichten brachte.

"Heute ist Montag, der 6. März 1995."

Jetzt war es definitiv. Ich erlebte den gleichen Tag zweimal. Und offensichtlich war ich der Einzige, dem es so ging. Mein erster Gedanke war, Ella muss dahinterstecken. Ich versuchte also, Kontakt zu ihr aufzunehmen. Aber Ella antwortete nicht. Sie hatte gesagt, dass heute - oder gestern - etwas Wichtiges passieren würde. Sie hatte also doch Wort gehalten. Nur wozu sollte das gut sein, den gleichen Tag zweimal zu erleben? Und was würde morgen sein?, schoss es mir durch den Kopf. Ich sollte erkennen, welche Grundstimmung die richtige für mich war. War das vielleicht der Grund für alles, und würde ich jetzt immer den gleichen Tag erleben, bis ich es erkannt hätte? Was wäre, wenn ich es niemals erkennen würde? Bliebe ich dann bis in alle Ewigkeit der Bodo vom 6. März 1995? Ich werde die Lösung schon finden.

Ich sah sowieso keinen Sinn mehr darin, so weiterzumachen wie bisher. Sehr viel Sinn hatte mein Leben ja wirklich nicht. Wenn ich meine Grundstimmung nicht änderte, würde ich bis zu meinem Lebensende Probleme lösen, um die Mechanismen des Lebens zu verstehen. Ich hätte keine Chance, wirklich glücklich zu werden. Plötzlich wurde mir der Ernst meiner Lage bewusst. So wie die Sache aussah, hatte ich keine Chance mehr, mich auf dem alten Wege weiterzuentwickeln. Aus den Seth-Büchern wusste ich, dass Menschen nur so lange leben, wie sie genau hierzu eine realistische Möglichkeit sehen konnten. Ich hatte also nur die eine Chance, wenn ich weiterleben wollte: Ich musste die richtige Grundstimmung für mich erkennen. Aber wie sollte ich das anstellen? Meine Termine heute Mittag brauche ich dazu bestimmt nicht, dachte ich mir. Ich wusste ja noch von gestern, was mit den beiden Menschen los war. Ich griff zum Telefon und rief sie einfach an. Ich erklärte, ich würde mich heute nicht wohl fühlen, aber ich hätte viel über sie nachgedacht. Ich erzählte ihnen am Telefon die Ursache ihrer Probleme, die wir am Vortag - oder gesternheute - herausgefunden hatten. Die beiden zeigten sich beeindruckt, und so hatte ich in einer halben Stunde die Arbeit von vormals fünf Stunden erledigt.

Es fing an, mir Spaß zu machen zu wissen, was kommen wird. Ich freundete mich mit dem Gedanken an, dass morgen wieder heute sein würde und wollte mich dafür vorbereiten. Ich überlegte, was ich jetzt tun könnte, um meine richtige Grundstimmung zu finden. Auf jeden Fall sollte es etwas mit Spaß und Freude zu tun haben. Mir war bewusst, dass ich die volle Lebensfreude, die ich haben könnte, nic lebte. Ich hatte immer Bedenken, dass es zu viel Geld kostete oder dass es mir jemand übelnehmen könnte. Aber ich war mir auch nicht so sicher, ob ich morgen wieder den gleichen Tag haben würde. Ich dachte, ich sollte heute noch nicht alles Geld von der Bank abheben. Wenn morgen doch morgen ist, dann hätte ich alles ausgegeben, was ich für den Rest des Monats noch brauchte. Da kam mir aber eine Idee. Wenn morgen wieder heute sein wird, könnte ich mir mein Geld in der Spielbank holen gehen. Diese Idee fand ich gut. Ich warf mich also tüchtig in Schale und fuhr am Nachmittag zur Spielbank.

Ich hatte mir alles genau überlegt. Ich stellte mich an einen Roulette-Tisch und merkte mir ab genau 16 Uhr, welche Zahlen fielen. Es war die 18, als nächstes die 3 und als dritte Zahl die 22. Nachdem ich mir diese Zahlen gemerkt hatte, ging ich wieder. Gina würde bald nach Hause kommen. Ich war gespannt, was sie zu der ganzen Geschichte sagen würde. Ich richtete es so ein, dass ich fünf Minuten vor ihr zu Hause war. Sie kam zu der gleichen Zeit an wie gestern, auf die Sekunde. Aber ich hatte vergessen, dass sie auch genauso fertig war wie gestern. Sie war gar nicht in der Lage, mir richtig zuzuhören. Es machte mich fast verrückt. Ich wollte ihr so viel erzählen und konnte nicht. Sie brauchte einfach jetzt nur Ruhe und Geborgenheit. Ihr jetzt meine unglaubliche Story zu erzählen, wäre mit Sicherheit auf Unverständnis gestoßen. Während wir auf dem Bett lagen und ich Gina im Arm hielt, bekam ich auf einmal eine richtige Wut auf den Typ, der ihr so zugesetzt hatte. Mir kam der Gedanke, am nächsten Tag Gina zu begleiten, vorausgesetzt, es war wieder Montag, der 6. März. Ich wollte versuchen, diesen Typ ruhigzustellen. Am nächsten Morgen fing unser Radiowecker wieder an, dasselbe Lied wie gestern zu spielen. Es war wohl immer noch Montag, dachte ich. Und genau so war es. Es gab wieder keinen Kaffee, und Gina musste früh los.

Ich hatte mir eine Ausrede einfallen lassen, warum ich mitgehen würde auf ihren Vortrag. Ich sagte einfach, die beiden Termine, die ich am Nachmittag hätte, seien ausgefallen. Ich hätte heute frei und würde mir deshalb gerne ihren Vortrag über Unternehmervisionen anhören. Sie hatte natürlich nichts dagegen. Sie hatte sich sehr gut auf diesen Vortrag vorbereitet, und was sie zu sagen hatte, war es wirklich wert, dass man sich darüber Gedanken machte. Trotzdem war sie vor dem Vortrag sehr nervös. Wir gingen den Stoff noch einmal durch und machten es uns dann in einem Café gemütlich. Die Veranstaltung fand in dem Sitzungssaal eines großen Hotels statt. Es kamen etwa 50 Leute. Welcher von denen war wohl der Störenfried? Diese Frage sollte nicht lange unbeantwortet bleiben. Sie hatte kaum zwei Minuten gesprochen und eigentlich mit dem Thema noch gar nicht richtig begonnen, da kam schon der erste Zwischenruf.

"Das ist doch alles total unrealistisch, was Sie da erzählen."

Gina ging höflich auf diesen Zwischenruf ein. Um die Atmosphäre etwas persönlicher zu gestalten, fragte sie den Mann nach seinem Namen. Er hieß Kowalski. Er war ein recht kleiner, untersetzter Mann, ganz in Weiß gekleidet. Ich hatte ihn etwa auf Mitte 50 geschätzt. Er sprach mit einer sehr hellen und nörgelnden Stimme. Irgendwie war es ein recht unangenehmer Typ. Gina fragte ihn:

"Herr Kowalski, wären Sie damit einverstanden, dass Sie sich erst einmal anhören, was ich zu sagen habe, und wir dann anschließend darüber diskutieren?"

Kowalski nickte nur überheblich und sah sich dabei Anerkennung heischend im Publikum um. Den meisten Leuten hier schien er genauso unsympathisch zu sein wie mir. Es dauerte auch kaum fünf Minuten, bis die Zwischenrufe wieder anfingen. Den ersten ignorierte Gina noch. Aber als er nicht aufhörte, wurde sie schon recht massiv.

"Wenn Ihnen nicht gefällt, was ich zu sagen habe, dann müssen Sie nicht unbedingt hier bleiben."

Kowalski antwortete nicht, sondern grinste nur und sah sich dabei wieder um. Gina fuhr also fort, doch Kowalski gab keine Ruhe.

"Herr Kowalski", sagte Gina. "ich bitte Sie jetzt noch einmal, nicht weiter zu stören. Die Menschen, die hierher gekommen sind, haben für diesen Vortrag Geld bezahlt und wollen ihn auch ungestört hören. Wenn Sie sich nicht ruhig verhalten können, dann bitte ich Sie, zu gehen."

"Ich habe auch für diesen Vortrag bezahlt und habe doch wohl das Recht, meine Meinung dazu zu sagen."

Gina war da oben in einer sehr schwierigen Situation. Sie konnte ja nicht für ihr Publikum entscheiden, ob es mit den Zwischenrufen von Kowalski einverstanden war oder nicht. Es hätte eine Stellungnahme aus dem Publikum kommen müssen, aber offensichtlich hatte keiner Lust, sich mit diesem Kowalski herumzustreiten, obwohl die Leute sich sichtlich gestört fuhlten. Ich gab mich also für einen Teilnehmer aus, der seine Vortragsgebühren bezahlt hatte und jetzt in Ruhe den Vortrag hören wollte. Ich sagte zu Kowalski ziemlich forsch:

"Jetzt halten Sie endlich mal den Mund. Ich habe bezahlt, um Frau Deletz zu hören und nicht Ihr unqualifiziertes Gewäsch."

Gina war sehr erschrocken über diesen Gefühlsausbruch von mir. Normalerweise war das nicht meine Art. Kowalski zeigte sich jedoch nicht sehr beeindruckt. Doch ich hatte jetzt auf einmal das gesamte Publikum hinter mir. Doch trotz Missbilligung des Publikums gab dieser Typ keine Ruhe. Er störte ständig wieder. Gina musste jetzt zwar nicht mehr einschreiten, das tat das Publikum automatisch, aber den Vortrag konnte mit Sicherheit keiner so richtig genießen. Ich hätte diesen Kowalski am liebsten gelyncht. Als wir nach dem Vortrag wieder nach Hause fuhren, war Ginas Wertprogramm wieder voll auf Touren. Sie litt nicht, weil sie sich gegen diesen Kowalski nicht hätte wehren können, sondern weil sie sich wieder eine Realität geschaffen hatte, die ihre Manipulationstaktik widerspiegelte. Sie hatte das Gefühl, von diesem Leidensmuster nie wegzukommen. Der Abend verlief also genau wie der letzte.

Für das nächste Mal hatte ich mir jetzt etwas Neues überlegt. Ich fuhr natürlich wieder mit zum Vortrag. Als Kowalski den Raum betrat, beeilte ich mich, um direkt neben ihm sitzen zu können. Schon bevor Gina mit dem Vortrag anfing, versuchte ich, mit Kowalski ins Gespräch zu kommen. Er hatte jedoch nicht viel Interesse an mir. Er bereitete sich wohl schon innerlich vor, gut stören zu können. Ich überwand meine Abneigung vor diesem Typ und begann mich ziemlich offensichtlich an ihn anzulehnen. Er sagte sofort: "He, was soll das?"

"Ich finde, Sie sehen sehr gut aus. Hätten Sie Lust, mit mir nachher noch eine Tasse Kaffee trinken zu gehen?"

Er sagte nur: "Lassen Sie mich in Ruhe."

Als er zum ersten Zwischenruf ansetzte, nahm ich schnell seine Hand und streichelte sie. Er zog sie sehr aggressiv zurück und sagte: "Hau ab, du Schwuler."

Ich ließ jedoch nicht locker und stemmte mein Bein gegen seines, als er zum zweiten Zwischenruf ansetzen wollte. Er sah mich sehr böse an, und ich lächelte. Als ich ihm dann noch einen Kussmund zuwarf, stand er auf und setzte sich auf einen anderen Platz. Die Plätze neben ihm waren besetzt, und so fühlte er sich wohl vor mir sicher. Ich stand ebenfalls auf und ging zu ihm herüber. Ich fragte die Frau neben ihm, ob sie mit mir die Plätze tauschen würde. Sie war so verblüfft, dass sie einwilligte, ohne lange zu überlegen. Ich setzte mich also wieder neben meinen Kowalski. Als er erneut zu einem

Zwischenruf ansetzen wollte, nahm ich noch einmal seine Hand. Diesmal hatte es das gesamte Publikum gesehen. Kowalski bekam einen roten Kopf und verließ den Raum. So, jetzt konnte Gina ihren Vortrag ungestört abhalten. Ich war zufrieden, wir würden heute Abend miteinander reden können.

Weit gefehlt, wie ich nach dem Vortrag erkennen musste. Gina verstand natürlich nicht, was das alles sollte. Kowalski hatte ja kein einziges Mal gestört. Sie war eher der Meinung, dass ich ihren Vortrag sabotiert hatte. Sie war echt sauer auf mich. Sie glaubte, dass ich nur mitgekommen sei, um ihren Vortrag zu stören, und wollte für den Rest des Abends allein sein. So ein Fehlschlag!

Am nächsten Morgen fuhr ich natürlich wieder mit. Der Streit von gestern war für Gina ja noch gar nicht passiert. Ich ließ alles so laufen, als wenn ich gar nicht da gewesen wäre - mit dem Ergebnis, dass Gina der Meinung war, ich hätte ja auch mal eingreifen können. Aber darum ging es mir gar nicht. Nach dem Vortrag ging ich hinter Kowalski her bis zu seinem Auto. Nun wusste ich, wo er am nächsten Tag sein Auto hinstellen würde.

Wieder einen Tag später wartete ich mit meinem Wagen genau dort, wo der von Kowalski stand. Ich fuhr hinter ihm her. Ich wusste also jetzt, wo er wohnt.

Am nächsten Morgen stand ich ganz früh auf und fuhr zu Kowalskis Wohnung. Ich wartete, bis Kowalski herauskam und wegfahren wollte. Ich gab Vollgas und fuhr Kowalski direkt in die Seite. Er war ganz außer sich und wollte sofort die Polizei rufen. Gut, dachte ich mir, das dauert bestimmt etwas länger. Ich beschuldigte ihn noch, Schuld zu haben, damit die Polizei auch etwas zu klären hatte. Es dauerte auch richtig schön lange, bis alles geregelt war. Ich stellte mich, um alles zu verzögern, jedoch so stur, dass die Polizisten mich mitnahmen auf ihr Revier. Kowalski nahmen sie leider nicht mit. Als Gina am Abend heim kam, war sie wieder total frustriert. Dieser blöde Kowalski war wohl mit dem Taxi hingefahren. Ich war total sauer.

Ich wartete am nächsten Morgen genau an der Stelle, wo Kowalski sein Auto parken würde. Als er kam und sein Auto abstellte, lief ich hin. Er stieg aus, und ich schlug ihm, bevor er überhaupt richtig kapieren konnte, was los war, voll auf die Nase. Die fing natürlich sofort an zu bluten. Sein schönes weißes Hemd war total blutbeschmiert. So konnte er auf jeden Fall nicht zu Ginas Vortrag gehen. Als Gina an diesem Abend nach Hause kam, war sie richtig gut drauf. Ihr Vortrag war ein voller Erfolg gewesen. Ich fühlte mich allerdings nicht so gut. Ich hatte ein schlechtes Gewissen, weil ich Gewalt ausgeübt hatte. Aber morgen wird sowieso wieder alles beim Alten sein, beruhigte ich mich. Auf jeden Fall konnte ich mich jetzt mit Gina unterhalten. Ich sagte also zu ihr: "Gina, ich muss mit dir reden."

"Ist was passiert, Schatz?"

"Ich weiß nicht, wie ich es dir erklären soll. Ich erlebe immer den gleichen Tag."

"Ich denke, du bist unzufrieden, weil du deine innere Berufung nicht richtig ausleben kannst. Hab Geduld, du wirst dein richtiges Aufgabenfeld schon noch finden."

"Nein, Gina, so meine ich das nicht. Ich erlebe wirklich immer ein und denselben Tag. Jeder Tag ist bei mir Montag, der 6. März, also heute."

"Wie meinst du das, Bodo?"

"Heute sind die gleichen Dinge passiert wie gestern, und morgen wird wieder genau das Gleiche passieren."

"Sei nicht albern, Bodo. Ist das wieder einer von deinen Späßen, über die nur du allein lachen kannst?"

"Gina, ich schwöre es, ich erlebe diesen Tag schon zum x-ten Mal. Ich weiß genau, was passieren wird. Um 19.34 Uhr wird es zum Beispiel anfangen zu regnen. Kurz darauf werden draußen zwei Besoffene vorbeilaufen und 'So ein Tag, so wunderschön, wie heute' singen. Und du hast jetzt Lust, Nutella zu essen."

"Damit hast du richtig geraten."

"Ich habe nicht geraten. Ich habe es schon mehrmals erlebt. Ich weiß es."

"Rede keinen Quatsch, Bodo. Komm, lass uns lieber überlegen, wo wir heute Abend hingehen könnten."

"Du glaubst mir nicht, Gina."

"Wie kann ich dir so eine Story abnehmen?"

"Aber es stimmt wirklich, ich habe nicht gelogen!"

Gina war etwas verwirrt. Wenn ich so hartnäckig etwas behauptete, dann war normalerweise etwas daran. Als es dann 19.30 Uhr war, bat ich Gina, mit mir auf unseren Balkon zu gehen. Es war etwas kalt, aber Gina tat, was ich wollte. Pünktlich um 19.34 Uhr fing es an zu regnen. Gina sah mich nur mit großen Augen an. Als dann die beiden Betrunkenen an unserem Haus vorbeigingen und das Lied sangen, das ich Gina genannt hatte, glaubte sie mir.

"Aber wie ist das passiert, Bodo?"

"Keine Ahnung, ich weiß nur, dass Ella dahintersteckt. Sie hat vor, mich erkennen zu lassen, welche Grundstimmung die richtige für mich ist. Deshalb erlebe ich immer den gleichen Tag."

"Und ich merke von all dem nichts, Bodo?"

"So ist es leider. Morgen früh wirst du wieder alles vergessen haben."

"Und wenn du es mir morgen früh direkt wieder sagst?"

"Du wirst mir mit Sicherheit nicht glauben. Du wirst nur Gedanken für deinen Vortrag haben."

"Aber du kannst mich doch irgendwie überzeugen, so wie heute Abend. Vielleicht können wir dann gemeinsam eine Lösung finden."

"Ich werde es versuchen, Gina. Was hältst du davon, wenn wir heute Abend auf die Bank gehen und soviel Geld abheben, wie wir können? Danach gehen wir dann los und hauen auf den Putz."

"Aber Schatz, wir können uns das nicht leisten. Ich weiß jetzt schon nicht, wie ich im nächsten Monat die Miete zahlen soll."

"Wir können doch ausgeben, soviel wir wollen, morgen wird sowieso wieder alles beim alten sein."

"Für dich vielleicht, Schatz, aber für mich ist morgen wirklich morgen und nicht wieder heute. Was wir heute ausgeben, wird mir morgen fehlen."

"Du hast Recht Gina. Dass es für dich anders ist, hatte ich vollkommen vergessen. Dann lass uns jetzt Essen gehen oder sonst irgendetwas Schönes tun. Seit mindestens zwei Wochen erlebe ich Immer nur, dass wir zu Hause bleiben, weil du dich wegen deines Vortrags schlecht fühlst."

"Wieso soll ich mich wegen meines Vortrags schlecht fühlen? Es ist doch wunderbar gelaufen!"

"Heute ist es zum ersten Mal gut gelaufen, weil ich ein wenig nachgeholfen habe."

"Wie hast du nachgeholfen?"

"Ich habe verhindert, dass ein gewisser Kowalski deinen Vortrag stört."

Ich erzählte Gina die ganze Geschichte und ließ nichts aus. Sie war völlig überrascht, dass ich solche Maßnahmen ergriff. Aber sie verstand, dass man es einfach nicht mehr so wichtig nimmt, wenn am nächsten Tag wieder alles von vorne beginnt. Ich erzählte ihr auch von der Spielbank und von den Zahlen, die ich mir gemerkt hatte. Gina hatte jetzt eine Idee:

"Schatz, ich weiß, wie du mich morgen überzeugen könntest, dass du die Wahrheit sagst. Sage es mir beim Frühstück. Erzähle mir auch von diesem Kowalski, wie er aussieht und wie er redet. Ich bin sicher, dass mich das überzeugen wird. Wenn du mir das mit der Spielbank auch noch klarmachst, werde ich bestimmt nichts dagegen haben, unser gesamtes Geld von der Bank abzuheben. Zumindest könntest du auf diese Art und Weise mal wieder einen wirklich schönen Tag erleben."

"Das wäre schön, Gina. Und du glaubst, es wird funktionieren?"

"Ich glaube, wenn dieser Kowalski tatsächlich auftaucht, wie du es vorhergesagt hast, wirst du mich überreden können, den Vortrag auf der Stelle abzubrechen. Ich habe sowieso gemerkt, dass die Unternehmer nicht die richtige Zielgruppe für meine innere Berufung sind."

"Gina, das wäre toll."

"Dann lass uns jetzt essen gehen! Ich möchte mit dir heute einen richtig schönen Abend erleben, so als ob nichts wäre."

Das taten wir dann auch. Nach zwei Wochen Trübsal war ich zum ersten Mal wieder glücklich. Total zufrieden und nicht an Morgen denkend schlief ich an diesem Abend ein. Das war allerdings recht merkwürdig. Ich hatte nämlich überhaupt keine Träume. Ich schlief ein und wachte im gleichen Atemzug mit meinem Radiowecker wieder auf. Und der spielte schon wieder dasselbe Lied: *Looking back, over my shoulder.* Daran erkannte ich sofort wieder, welcher Tag heute war: Montag, der 6. März 1995. Nachdem wir, wie immer, keinen Kaffee mehr hatten, hatte ich mich mittlerweile auf Tee umgestellt. Ich redete mit Gina noch, bevor sie aufgestanden war. Sie konnte es nicht glauben. Ich erzählte ihr von unserem Gespräch von gestern und auch von Kowalski. Ich ließ nichts aus, auch nicht die Spielbank und dass wir heute eine Menge Geld gewinnen werden. Sie wollte mir schließlich glauben, aber sie war noch nicht ganz überzeugt. Sie meinte, wenn dieser Kowalski in ihrem Vortrag auftauchen und stören würde, würde sie genau das tun, was sie selbst am Vorabend vorgeschlagen hatte. Wir würden einfach hinausgehen. Ich hatte noch eine andere Idee. Ich fuhr mit ihr zu dem Platz, an dem Kowalski sein Auto parkte. Wir warteten. Als Kowalski genau auf die Minute kam, wie ich es vorhergesagt hatte, schaute mich Gina erst noch einmal verblüfft an. Sie stieg aus und fragte den Mann, der genauso gekleidet war, wie ich es ihr gesagt hatte, nach seinem Namen.

"Warum wollen Sie das wissen, wer sind Sie überhaupt?" fragte Kowalski.

Ich stieg ebenfalls schnell aus und sagte: "Wenn Sie Herr Kowalski sind, habe ich eine Nachricht für Sie."

"Ich bin Kowalski. Was für eine Nachricht haben Sie für mich?"

"Ihre Frau lässt Ihnen ausrichten, dass sie ein armes Würstchen sind und sie Sie nicht mehr in die Wohnung lassen wird. Ich bin der Scheidungsanwalt Ihrer Frau."

Daraufhin stieg ich wieder in meinen Wagen und bat Gina auch einzusteigen. Kowalski stand da und überlegte, ob das jetzt ein Scherz war. Aber woher hätte ich sonst seinen Namen wissen können. Ich grinste nur und fuhr los. Gina war nach diesem Vorfall überzeugt, dass die Geschichte, die ich ihr erzählt hatte, wirklich wahr war. Sie ließ sich also auf ihrem Vortrag nicht blicken. Sie rief im Hotel an und bat darum, sie bei den Vortragsteilnehmern zu entschuldigen, sie hätte einen Autounfall und sei im Krankenhaus. Wir gingen zuerst einmal frühstücken. Wir wussten zwar noch nicht, was wir den ganzen Tag machen würden, außer die Spielbank zu besuchen. Aber eines wussten wir auf jeden Fall: Arbeiten würden wir heute bestimmt nicht. Gina wollte allerdings schon wissen, was ich in Bezug auf Ellas Frage nach der richtigen Grundstimmung unternommen hätte.

"Ich habe mir bis jetzt hauptsächlich Gedanken darüber gemacht, was ich für Ziele im Leben habe. Wenn ich mich frage, was ich eigentlich in meinem Leben erleben will, kommen solche Aussagen wie Erfolg, Wohlstand, Gesundheit usw. Der Grund, warum ich zum Beispiel Erfolg will, liegt darin, dass ich mich wertvoll fühlen will, und ich möchte mich wertvoll fühlen, weil ich glaube, dadurch geliebt zu werden. Ich merke auch, dass ich darauf aus bin, von anderen

Menschen Dankbarkeit zu bekommen, weil ich ihnen geholfen habe. Durch diese Dankbarkeit fühle ich mich wiederum wertvoll.

Was ich nicht will, sind solche Dinge wie Schuld. In dem Zusammenhang hat mich auch ein Klient sehr beschäftigt. Er betreibt eine regelrechte Jagd nach der Zuneigung aller Menschen. Er ist Unternehmer und arbeitet im Dienstleistungsgewerbe. Sein Geschäft läuft von der Auftragslage her gesehen sehr gut, und seine Existenz scheint gesichert. Sein Problem ist, dass er seinen Kunden so niedrige Stundensätze in Rechnung stellt, dass er von seiner Arbeit kaum leben kann. Er ist dadurch gezwungen, sehr viel zu arbeiten. Sein Arbeitsalltag beginnt morgens um vier Uhr. Zu dieser Zeit erledigt er dringende, eilige Aufträge, die er am gleichen Morgen noch seinen Kunden vorstellen muss. Die Zeit ist äußerst knapp, und er ist zu dieser Zeit bereits im Höchststress. Nach der Fertigstellung der Eilaufträge rennt er zu seinen Kunden, die meistens noch Änderungswünsche haben. Diese werden entweder gleich vor Ort umgesetzt oder zumindest am gleichen Tag erledigt. Er ist mittlerweile bekannt für seine Zuverlässigkeit bei dringenden Angelegenheiten, was dazu führt, dass seine Kunden meistens gar nicht zum Telefon greifen, wenn sie etwas brauchen, sondern warten, bis er sowieso kommt. Das ist jedoch nicht immer rechtzeitig der Fall, und er wird oft erst auf den letzten Drücker informiert. Dies bedeutet dann meistens wieder eine Nachtschicht. So bleibt er permanent in absolutem Höchststress. In seinem Büro beschäftigt er weitere sechs Leute, die alle zu den besten im Gewerbe zählen. Sie arbeiten ebenfalls sehr viel und lange und kommen oft sehr spät abends mit Fragen zu ihm. Dies verursacht bei ihm die Unmöglichkeit abzuschalten. Nach etwa drei bis vier Stunden Schlaf, die eher einer Ohnmacht gleichen, beginnt ein neuer arbeitsreicher Tag. Die niedrigen Stundensätze, die er für seine Arbeit verlangt, werden von ihm oft noch reduziert, da er sein Arbeitstempo als Maßstab ansetzt und seine Angestellten oft länger brauchen als er. Statt zwanzig Stunden, die tatsächlich gebraucht wurden, berechnet er seinen Kunden nur die 15, die er gebraucht hätte, bezahlt aber seinen Angestellten die volle Zeit. Er weiß, dass er für seine Arbeit zu wenig Geld verlangt, aber am liebsten würde er sie umsonst machen. Eine Welt bricht für ihn zusammen, wenn ein Kunde sagt, seine Arbeit sei zu teuer. Die Dankbarkeit, die er für seine Arbeit bekommt, ist ihm tausendmal wichtiger als das Geld. Er hat mittlerweile große gesundheitliche Probleme. Aber auch dies zählt nichts gegen die Zufriedenheit seiner Kunden. Er geht bewusst das Risiko eines Herzinfarktes ein und opfert jegliches Privatleben, nur um die Zuneigung seiner Kunden zu bekommen. Da es ihm nicht gelingt, alle Menschen immer zufriedenzustellen, versucht er, noch niedrigere Preise anzubieten. Er wird dieses Spiel solange fortsetzen, bis sein Körper ihm eine Grenze setzt."

"Und was hast du daraus gelernt, Bodo?"

"Dass es nichts bringt, meine Zufriedenheit außen zu suchen. Ich muss selbst dafür sorgen, dass es mir gut geht. "

Wir beendeten unser Frühstück und gingen einkaufen. Zuvor waren wir jedoch auf der Bank und hoben so viel Geld ab, wie wir kriegen konnten. Wir kauften uns alle möglichen Sachen, für die wir sonst kein Geld hatten und die wir im Grunde genommen auch nicht brauchten. Gina kaufte sich das teuerste Parfüm, das sie kriegen konnte, und ich mietete mir ein Motorrad. Gina hatte allerdings Angst beim Fahren, und so ließ ich es einfach stehen. Wir kauften uns noch schöne Kleider und gingen damit zur Spielbank. Wir kamen kurz vor 16 Uhr an der Spielbank an. Es war also höchste Zeit. Das Dumme war, dass ich keinen Parkplatz finden konnte. Die Zeit wurde immer knapper. Ich fuhr unmittelbar vor das Kasino und stellte meinen Wagen direkt vor den Eingang. Es war mir egal, ob man ihn abschleppen oder sogar stehlen würde. Ich schloss noch nicht einmal ab.

Wir schafften es gerade noch rechtzeitig, uns in das Spiel einzuklinken. Ich hatte nur noch 100 DM. Ich setzte auf 18 und gewann 3600 DM. Ich ließ alles im Spiel und setzte auf die 3. Es kam natürlich die 3, und ich gewann fast 130.000 DM. Ich wollte jetzt wieder alles stehen lassen, aber der Croupier winkte ab, das Limit sei 10.000 DM. Ich setzte also die 10.000 auf die dritte Zahl, die ich mir gemerkt hatte. Mein Gewinn betrug jetzt zusammen fast eine halbe Million DM. So schnell hatte ich noch nie so viel Geld verdient. Weil der Croupier so skeptisch schaute, setzte ich noch ein paar Tausender und verlor die nächsten zehn Spiele. Ich merkte mir allerdings wieder die Zahlen für das nächste Mal.

An der Kasse wollte man uns das viele Geld nicht bar auszahlen. Ich leierte dem Kassierer 50.000 DM aus den Rippen und bekam für das restliche Geld einen Barscheck. Na ja, die 50.000 reichen ja auch, dachte ich mir. Viel mehr kann ich an einem Tag sowieso nicht ausgeben. Der Scheck wirkte auch sehr beruhigend auf Gina. Sie brauchte sich nun vorerst keine Gedanken mehr um unsere finanzielle Situation zu machen.

Mir war natürlich klar, dass mein Reichtum nur für einen Abend galt. Jetzt, wo wir so viel Geld in den Taschen hatten, wussten wir gar nicht, was wir damit anfangen sollten. Normalerweise wäre ich sofort zum Flughafen gefahren und hätte mir ein Ticket nach Australien gekauft. Warum nicht? Ich wusste nicht, was passieren würde, wenn ich abends nicht ins Bett ginge, sondern einfach die Nacht durchmachte. Es war einen Versuch wert. Wir taten es. Es ging allerdings kein Flug nach Australien mehr. Wir flogen nach Hawaii. Mittlerweile glaubte ich schon daran, dass ich mit diesem Trick meinen Fluch bezwingen könnte. Gina redete mir auch gut zu. Sie meinte, sie würde mich nicht fortlassen. Sie würde mich ganz fest halten, wenn die Zeit käme. Wir waren beide total übermüdet, als es langsam auf 6.30 Uhr zuging. Ich bekam Herzklopfen, und Gina hielt mich wirklich ganz fest in ihren Armen. Wir verhielten uns wohl etwas seltsam, denn eine Stewardess wurde auf uns aufmerksam und kam zu uns. Sie beugte sich zu mir herab und fragte:

"Kann ich irgendetwas..."

Sie war verschwunden und alles andere auch. Ich lag in meinem Bett. Das Radio spielte *Looking back, over my shoulder.* Ich hatte es nicht geschafft. Es war wieder Montag. Gina lag neben mir, wurde wach und stand auf. Nichts, aber auch gar nichts war anders. Wir hatten keinen Kaffee mehr und Gina wollte früh los, um ihren Vortrag zu halten. Ich war ziemlich frustriert und stand erst gar nicht auf. Ich sagte Gina, mir ginge es nicht so gut, was ja auch nicht gelogen war.

An diesem Tag erkannte ich, dass ich mein Schicksal nicht überlisten konnte. Ich hatte wohl doch nur die eine Chance: Ich musste erkennen, was ich wirklich wollte. Ich war weiterhin der Meinung, es müsse etwas mit Spaß und Freude zu tun haben. Nur, wie sollte ich das erleben? In Urlaub fahren konnte ich nicht. Der Erfolg bei meinen Klienten war auch nichts Besonderes an diesem Tag, und sinnlos Geld auszugeben war nicht so schön, wie ich es mir vorgestellt hatte. Was sollte ich nur tun? Mir fielen schon ein paar Sachen ein, die ich hätte machen können, wie wieder Motorrad fahren. Aber das jeden Tag zu tun, brachte auch nicht die Erfüllung. Außerdem war es zu kalt. Ich könnte ins Kino gehen, aber bald würde ich alle Filme auswendig können. Sport zu treiben, fiel mir noch ein, aber glücklich machte mich das auch nicht. Ich trieb normalerweise aus gesundheitlichen Gründen Sport, aber das war jetzt vollkommen uninteressant. Morgen war ich nicht fitter als heute. Nichts würde morgen anders sein. Meine ganze Lage kam mir ziemlich trostlos vor.

Das Einzige, was mir einfiel, wozu ich auch immer große Lust gehabt hatte, war, andere Menschen zu beeindrucken. Ich wusste ja alles, was an diesem Tag passieren würde und was ich nicht wüsste, könnte ich für den nächsten Tag in Erfahrung bringen. Ich sagte an diesem Tag meine Termine nicht ab. Als meine Klienten kamen, verblüffte ich sie beide schon zu Beginn, indem ich ihnen sagte, dass ich wüsste, warum sie hergekommen waren und noch vieles mehr. Ich sagte ihnen, ich könnte ihre Gedanken lesen. Ich könnte erkennen, wo genau der Ursprung ihrer Probleme zu finden sei und wie man ihnen helfen könnte. Es machte Spaß. Als sie gingen, hatte ich noch viele Dinge herausgefunden. Ich würde also morgen noch mehr wissen können. Dieses Spiel trieb ich über eine Woche. Es wurde mir langsam zu dumm, von beiden immer die gleichen Probleme erzählt zu bekommen und sie immer auf die gleiche Art und Weise zu verblüffen. Ich sagte in den kommenden Tagen meine Termine wieder ab. Ich wollte die beiden nicht in der Luft hängen lassen und erklärte ihnen am Telefon alles, was für sie wichtig war. Immerhin hatte ich in den letzten Wochen sehr viel Zeit mit ihnen zugebracht. Sie gehörten schon fast zur Familie. Es bereitete mir auch eine gewisse Freude, diesen beiden Menschen helfen zu können.

Mein Interesse daran, herauszugehen und Geld auszugeben, schwand immer mehr. Ich hatte schon alles einmal getan, wozu ich Lust hatte. Mein Leben war ganz schön langweilig geworden. Meine Tage waren leer, und am Abend tröstete ich Gina.

Ich beschloss, wieder mit Gina meine Tage zu verbringen. Gemeinsam war es einfach viel schöner. Ich konnte mich gut mit ihr austauschen. Vielleicht würde es uns doch gelingen, diesen unglücklichen Zustand zu beenden. Ich überzeugte sie also wieder genauso wie beim ersten Mal. Aber Gina wollte immer nur die gleichen verrückten Sachen tun, Geld ausgeben und in der Spielbank Geld gewinnen. Es machte mir zwar am Anfang noch Spaß, in der Spielbank die Bank zu sprengen, aber mit der Zeit hatte das auch keinen Reiz mehr. Mein Frust wurde immer größer. Es kam so weit, dass ich zu allem, was Gina mir vorschlug, ein langes Gesicht zog. Ich hatte einfach alles schon zu oft gemacht. An einem Abend bekamen wir sogar noch Streit deswegen. Ich hatte die Nase voll. So wollte ich nicht weitermachen. Ich würde dem Treiben jetzt ein Ende setzen.

In dieser Nacht betrank ich mich und fuhr zur Rheinbrücke. Als ich oben auf der Brüstung saß, überlegte ich noch einmal, ob ich wirklich springen sollte. Ich bekam dann doch Angst und fuhr wieder nach Hause.

Es wurde wieder Morgen, der gleiche trostlose Montag wie die ganzen Tage zuvor. Ich hatte keinen richtigen Lebenswillen mehr. Ich schätze, es dauerte wohl zwei oder drei Wochen, da stand ich wieder auf meiner Brücke. Diesmal überlegte ich nicht so lange. Ich sprang. Ich fühlte mich durch die Luft fallen und auch, wie ich unten auf dem Wasser aufschlug. Das Wasser war eiskalt. Ich versuchte jetzt, doch noch ans Ufer zu schwimmen, aber meine Kleider wurden im Wasser so schwer, und das Wasser war so kalt, dass ich es nicht schaffte. Ich ging unter. Es waren furchtbare Momente. Ich kämpfte um mein Leben. Ich war total in Panik und hatte überall Schmerzen. Ich merkte, wie meine Sinne schwanden. Ich wurde ohnmächtig.

In der nächsten Sekunde hörte ich *Looking back, over my shoulder.* Ich lag also wieder in meinem Bett, es war mir nicht gelungen. Ich konnte mich noch nicht einmal selbst töten.

Ich versuchte es am gleichen Tag wieder. Ich fuhr mit meinem Wagen mit 180 Stundenkilometer gegen den Pfeiler einer Autobahn. *Looking back, over my shoulder.* Ich hatte noch nicht einmal eine Schramme. An diesem Tag ging ich heraus und fuhr mit dem Auto einfach durch die Gegend. Ich sah, wie jemand offensichtlich Probleme mit seinem Wagen hatte und gab ihm einfach meinen. Er wusste gar nicht, was er davon halten sollte. Er wollte den Wagen nicht annehmen. Es dauerte eine halbe Stunde, bis ich ihn davon überzeugt hatte, dass es in Ordnung war. Nachdem ich meinen Wagen verschenkt hatte, fühlte ich mich zum ersten Mal seit langem wieder wohl. Es war mir ganz egal, dass ich jetzt kein Auto mehr hatte. Was bedeutete schon ein Auto? Es war ein gutes Gefühl, jemanden aus einer misslichen Lage befreit zu haben. Nach diesem Erlebnis hatte ich eine Idee. Ich sah mir am Abend die Nachrichten im Fernsehen an. Es passierten allerhand Dinge an diesem Tag. In Hamburg wurde eine Bank überfallen, wobei ein Angestellter ums Leben kam. Ich zögerte am nächsten Tag nicht lange und flog nach Hamburg. Ich fuhr mit dem Taxi zu der Bank und sah mir die ganze Geschichte an. Der Bankangestellte wurde von einem der Gangster erschossen, als er versuchte, diesen aufzuhalten. Hätte ihm jemand der Anwesenden geholfen, hätte er es sogar geschafft. Am nächsten Tag stand ich direkt neben diesem Angestellten und sprang im gleichen Moment, in dem der Gangster schießen wollte, auf ihn. Wir schafften es, den Typen zu überwältigen, und wurden als Helden gefeiert. Ich hatte bei der ganzen Sache keine Angst. Wenn er mich erschossen hätte, wäre ich ja sowieso wieder gleich in meinem Bett wach geworden.

Nach diesem Tag hatte mein Leben einen neuen Sinn. Ich fuhr überall in Deutschland herum und griff ein, wenn Menschen Hilfe brauchten. Es machte mich eine Zeit lang zufrieden, das zu tun.

Aber auch das genügte mir mit der Zeit nicht mehr. Ich machte mir natürlich viele Gedanken um mein eigentliches Ziel. Aber ich konnte die richtige Grundstimmung für mich immer noch nicht erkennen. Ich hatte mir wieder angewöhnt, mit Gina meinen Tag zu verbringen und mich mit ihr auszutauschen. Ich fühlte mich in ihrer Gegenwart immer noch am wohlsten. Es war das Einzige, was mir noch geblieben war. Beim gemeinsamen Frühstück erzählte ich Gina wieder, was ich bis jetzt erkannt hatte. Ich erzählte ihr, was ich in der letzten Zeit so getrieben hatte, und sie wollte wissen, was mich dazu motiviert hatte, das alles zu tun.

"Ich denke, Gina, geliebt zu werden, war der einzige wirkliche Antrieb für mein Handeln. Von dieser Motivation fühle ich mich permanent angezogen. Die Kehrseite dieser positiven Motivation bildet die Angst vor der Einsamkeit. Von dieser Angst fühle ich mich getrieben, bestimmte Schritte zu unternehmen. Diese Angst bildet eine schiebende Motivation, die dafür sorgt, dass ich von dem Zustand, der die Angst auslöst, weg will. Ich habe also eine Motivation, die mich von hinten anschiebt und eine, die mich von vorne anzieht. Soweit bin ich schon mal gekommen. Jede für sich stellt schon eine enorme Motivation dar, aber beide zusammen lassen mir keine Chance, stehen zu bleiben."

"Bodo, hast du dich denn schon einmal gefragt, warum du denn überhaupt geliebt werden willst?"

"Ich habe das Gefühl, von der Liebe der anderen Menschen abhängig zu sein. Ich brauche sie einfach. Ich überlasse den anderen Menschen die Beurteilung, ob ich liebenswert bin oder nicht. Das ist mir aufgefallen. Wenn sie mich für wertvoll halten und mich mögen, geht es mir gut. Mache ich hingegen Fehler, bin ich mit mir sehr unzufrieden und fühle mich nicht liebenswert. Diese Unzufriedenheit steigert sich immer mehr, je mehr ich mich von der Liebe der anderen abhängig mache. Sie führt im Extrem zum Gefühl der absoluten Machtlosigkeit."

" Es sieht also so aus, Bodo, als hätte die Unzufriedenheit, gegen die du dich so machtlos fühlst, zweierlei Gründe. Sie bringt dich zum einen dazu, Zeit deines Lebens nach Liebe zu streben. Zum anderen erkennst du, dass du die Zufriedenheit nicht auf diese Art und Weise erreichen kannst, auf die du es bisher versucht hast."

"Ich habe bisher versucht, die Liebe von außen zu bekommen und konnte dadurch keine Zufriedenheit erreichen. Die Liebe, die mir von anderen Menschen entgegengebracht wird, ist ja immer nur die exakte Widerspiegelung meiner Eigenliebe. Von der Außenwelt mehr Liebe zu erwarten, als ich in mir selbst fühle, wäre das Gleiche, wie ein Frosch zu sein und in meinem Spiegelbild einen Prinzen sehen zu wollen. Das ist mir alles klar."

"Wenn du erkannt hast, warum du die Liebe vergeblich gesucht und nur Unzufriedenheit gefunden hast, solltest du dir doch einmal die Lebenssituationen genauer anschauen, in denen du vollkommen zufrieden warst. Die gab es doch bestimmt auch."

"Ja klar, es gibt Zeiten, in denen ich Dinge tue, an denen ich richtig viel Spaß habe. Diese Situationen stellen Anforderungen an mich, die sich exakt mit meinen Fähigkeiten decken. Ich bin also weder unterfordert noch überfordert. Bei diesen Situationen stellt sich ein ganz besonderer Seinszustand ein: Ich nehme meine Umwelt nur noch eingeschränkt wahr und verliere das Gefühl für die Zeit. Ich gehe vollkommen in dem auf, was ich tue. Es kommt vor, dass ich in diesem Zustand keinen Unterschied zwischen mir und dem Ereignis mehr fühlen kann. Ich denke, während ich agiere, nicht mehr darüber nach, ob das, was ich tue, richtig ist, oder was als nächstes zu tun ist. Ich bin mir in jedem Augenblick sicher, richtig zu handeln. Intuition und Verstand arbeiten reibungslos zusammen. Ich fühle mich während dieser Zeit sehr glücklich und habe das Gefühl der vollkommenen Zufriedenheit. Aber es gibt leider nichts mehr, was mich fordern würde."

"Hast du diese Gefühle denn nur in solchen Augenblicken?" wollte Gina wissen.

"Wenn ich verliebt bin, habe ich eine ähnliche Wahrnehmung für meine Welt. Insbesondere bewerte ich meine Partnerin sehr positiv und bin vollkommen frei von Angst oder Zweifel. Mein ganzes Lebensgefühl ist positiv. Nichts ist in diesem Zustand problematisch. Ich schwebe wie auf Wolken und finde das gesamte Leben sehr schön. Die Verbundenheit mit dir ging schon so weit, dass ich mich mit dir eins fühlte.

Was bei mir am meisten ins Auge sticht, wenn ich liebe, ist die vollkommene Bejahung. Ich bewerte alles, was ich erlebe, so positiv, dass keine Wünsche offen bleiben. Ich bin sozusagen wunschlos glücklich. Da ich keinen Gedanken daran verschwende, was man noch verbessern könnte, kann ich mich voll und ganz auf das Erleben im Hier und Jetzt konzentrieren. Dies führt zu dem Zustand der totalen Lebensfreude. Ich genieße, was ich erlebe und auch die schönen Emotionen, die durch die bejahende Beurteilung des Lebens entstehen.

Diese lebensbejahende Einstellung wird von anderen Menschen wahrgenommen. Sie reagieren auf mich in einer völlig anderen Art und Weise, als wenn ich problembeladen bin. Sie fühlen sich in meiner Gegenwart wesentlich wohler und spüren durch die Akzeptanz, die ich ihnen entgegenbringe, dass sie ganz sie selbst sein können.

Ganz ich selbst sein, ohne mich verstellen zu müssen, ist die wichtigste Voraussetzung, mich zu entwickeln und das Glück auf meinem eigenen Weg zu finden. Wann immer ich wegen eines anderen Menschen davon abweiche, fühle ich mich gezwungen und unzufrieden, ganz egal, ob ich dies tue, weil ich Angst vor ihm habe, oder weil ich seine Zuneigung nicht verlieren will.

Zu lieben ist demnach das Wertvollste und Schönste, was ich mir und gleichzeitig anderen Menschen entgegenbringen kann. Leider gelingt es mir nicht immer, diese Liebe aufrecht zu erhalten, wie du weißt. Meine Manipulationstaktik macht mir meistens einen Strich durch die Rechnung."

"Aber warum passiert das? Hast du das schon herausgefunden?"

"Ich verstehe meine Grundstimmung, die meiner Manipulationstaktik zugrunde liegt, folgendermaßen: Ich bin neugierig zu verstehen, wie das Leben funktioniert. Diese Neugier ist meine Grundstimmung. Sie resultiert aus dem Glaubenssatz, dass ich nur meine Wünsche erfüllen kann, wenn ich verstehe, wie Wunscherfüllung funktioniert. Und ich weiß eben nicht, wie es funktioniert, oder zumindest glaube ich, es nicht zu wissen. Der Glaubensatz, der dem Ganzen zugrunde liegt, ist der Glaube, von allem Lebendigen getrennt zu sein. Ich fühle mich dadurch auch von dem Wissen abgeschnitten, das zweifellos irgendwo im Universum vorhanden ist. Ich glaube, mir dieses Wissen erst aneignen zu müssen. Das Dumme ist, dass mir klar ist, dass ich an dieses Wissen sofort herankäme, wenn ich glauben könnte, dass ich eins bin mit *All-dem-was-ist*. Da ich das aber nur im Kopf weiß und es nicht nachempfinden kann, erlebe ich die Realität des Nichtwissens. So weiß ich beispielsweise nicht, welche Grundstimmung die richtige für mich wäre. Ich weiß nur, dass die Neugier nicht richtig ist und dass ich durch die Neugier alle meine Probleme auslöse, die ich je in meinem Leben hatte und noch haben werde. Meine Wahrnehmung richtet sich durch die Neugier, wie alles funktioniert, auf Realitäten, die mir durch Probleme zeigen, wie die Mechanismen sind. In diesem Sinne erlebe ich Willensfreiheit. Aber es ist eine unbewusste Willensfreiheit, die ich bewusst eigentlich so nicht will."

"Verstehe ich das richtig, Bodo, deine Wahrnehmung sucht die Ereignisse aus, die du dann erlebst?"

"So kann man es sagen. Ich will erkennen, wie alles funktioniert, und lege deshalb am meisten Wert auf die Ursachen, aufgrund derer es nicht funktioniert. Gemäß meiner Manipulationstaktik will ich diese Ursachen verstehen, um dann die richtigen Gegenmaßnahmen zu ergreifen. Dadurch will ich die Probleme wahrnehmen. Also erlebe ich sie auch. Ich ziehe mich durch meine Konzentration auf die Probleme förmlich in sie hinein."

"Dann ist das mit meinem Leiden-Wollen bestimmt ähnlich," sagte Gina.

"Ja, das stimmt, Ella hat mir in der letzten Sitzung vor diesem verfluchten Tag gesagt, dass deine Grundstimmung der Zweifel an deinem Wert sei. Durch dieses Gefühl ziehst du dich ständig in Situationen hinein, die dir deine Wertlosigkeit widerspiegeln. Da dir deine Wünsche aber nur erfüllt werden, wenn du wertvoll genug bist, sie von Gott erfüllt zu bekommen, versuchst du ständig, deinen Wert zu bestätigen. Du aktivierst damit dauernd den Zweifel an deinem Wert und erlebst deshalb diese häufige Wertlosigkeit. Du weißt: Du erlebst, was du denkst."

"Dann muss ich doch meine Grundstimmung verändern?"

"Ja natürlich. Alle Menschen, die in ihrem Leben Probleme haben, müssen das."

"Und das sind doch alle, Bodo."

"Dummerweise weiß ich nicht, welche Grundstimmung nun die richtige ist. Ich weiß nur, was es nicht ist."

"Aber das ist doch sehr viel, Bodo. Soviel Anderes kann es doch gar nicht mehr geben."

"Ich weiß nicht, Gina, ich bin ziemlich am Ende. Das Einzige, was mich noch aufrecht hält, ist meine Liebe zu dir. Es ist auch das Einzige, was ich mitnehmen kann in den nächsten Tag."

"Ich liebe dich auch sehr, Schatz. Ich wünsche, ich könnte dir helfen."

Wir verlebten einen sehr schönen, romantischen Abend. Ich wünschte mir, dass dieser Tag nie zu Ende gehen sollte. Ich empfand mehr Liebe für Gina als je zuvor. Ich war mehr als glücklich. Ich wusste nicht, ob ich am nächsten Tag diese starke Liebe wieder fühlen könnte, aber daran wollte ich jetzt nicht denken. Ich dachte noch beim Einschlafen, wie schön es wäre, jeden Tag so stark lieben zu können.

Am nächsten Morgen wurde ich schon vor dem Wecker wach und dachte sofort wieder an den schönen Abend von gestern. Würde es mir heute wieder gelingen, solch ein starkes Gefühl zu bekommen? Ich wollte warten, bis unser Radiowecker anging, um Gina nicht zu stören. Moment mal, schoss es mir durch den Kopf, wieso bin ich denn schon wach? Ich sah auf die Uhr, es war gerade erst sechs Uhr.

"Gina", rief ich, "habe ich es geschafft? Welcher Tag ist heute?"

Gina war noch etwas verschlafen und schaltete erst gar nicht.

"Wieso, was ist? Heute ist Dienstag."

Da merkte Gina erst, was los war. Ich heulte vor Freude.

"Ich bin wieder da, Gina, ich lebe wieder."

Wir umarmten und küssten uns. Es war der schönste Moment in meinem Leben. An diesem Tag nahm Ella wieder Kontakt mit mir auf, als ob alles ganz normal gewesen wäre. Wir trafen uns wie üblich an unserer Klippe.

"Ella, die Nummer, die du da mit mir abgezogen hast, war ganz schön hart. Aber ich bin trotzdem froh, dich wiederzusehen."

"Ich freue mich auch, dich zu sprechen."

"Warum musste ich die ganzen letzten Monate immer den gleichen Tag erleben, und wieso bin ich heute herausgekommen aus dem Dilemma?"

"Du hast nur einen einzigen Tag erlebt, Bodo. Das, was dir wie Monate vorkam, war die totale Erinnerung an diesen Tag."

"Wie meinst du das, Ella?"

"Ganz einfach, Einstein hat dir doch erklärt, dass alle Zeit simultan ist, und wir sprachen darüber, dass der Bodo der Vergangenheit noch immer diese Vergangenheit erlebt und ständig neue Entscheidungen trifft. Erinnere dich, du erlebst in Wirklichkeit nicht diese lineare Zeit, die du normalerweise gewohnt bist. Du erlebst parallel alle Wahrscheinlichkeiten, die denkbar sind. Dadurch gibt es in jedem Augenblick unendlich viele Bodos, die alle ein etwas anderes Leben führen. Bei jeder Entscheidung, die einer dieser Bodos trifft, entsteht ein neues Universum."

"Ja aber, ich dachte, das wäre nur im Geist und nicht in Wirklichkeit."

"Alle Bodos sind genauso wirklich wie du jetzt. Nur weil du sie nicht wahrnimmst, heißt das nicht, dass sie nicht wirklich existieren. Deine normale Bewusstseinseinstellung funktioniert so, dass du dich für einen Augenblick wie ein bestimmter Bodo fühlst und im nächsten wie ein anderer."

"Das verstehe ich nicht ganz, Ella."

"Das, was du als die letzten Monate bezeichnest, war in Wirklichkeit folgendermaßen: Du richtetest deine Illusionsphase auf einen Tag ein. Für diese Zeitspanne hast du die Zeit als linear empfunden. Dieser Tag lief parallel unendlich oft ab und tut es immer noch. Normalerweise nimmst du diese parallelen Tage nicht bewusst war. Du erinnerst dich immer nur an einen Tag und gehst dann zu dem nächsten über. Du nimmst dich also nicht als verschiedene Bodos wahr, die den gleichen Tag erleben, sondern glaubst, nur ein einziger zu sein. Ich weiß, es ist für dich etwas schwierig, dir dies vorzustellen. Du glaubst durch diesen Wechsel von einem Tag zum anderen, dass du älter wirst und irgendwann stirbst. Dies entspricht jedoch nicht der Realität. Du kannst nicht wirklich sterben. Du erlebst bis in alle Ewigkeit jeden Moment in deinem Leben auf unendlich vielfältige Weise."

"Ich erlebe also in Wirklichkeit den 6. März bis in alle Ewigkeit?"

"Ja, und nicht nur den, sondern jeden anderen Tag genauso. Genauer gesagt, gilt dies für jeden unendlich kleinen Moment. Alle diese Bodos nehmen aber eine lineare Zeit wahr. Eure neurologische Struktur ist darauf ausgerichtet. Sie ist auch dafür verantwortlich, dass du das Gefühl hattest, dass du die ganzen Tage hintereinander erlebt hast. Du bist nicht in der Lage, mehrere Tage parallel zu erleben, und so hast du die totale Erinnerung an diese parallelen Tage hintereinander geschaltet."

"Ich verstehe immer noch nicht ganz, Ella."

"Es ist nicht zwingend erforderlich, dass du dies verstehst. Das Wichtigste ist, dass du jetzt in der Lage bist, deine richtige Grundstimmung zu finden. Deshalb hast du auch das Gefühl, dass du heute einen Tag weiter bist als gestern."

"Wodurch bin ich denn in der Lage, meine richtige Grundstimmung zu finden?"

"Durch die Erkenntnis, was du wirklich willst."

"Was will ich denn wirklich, Ella?"

"Du hast Gina erzählt, dass dein Hauptantrieb darin besteht, geliebt zu werden."

"Ich will aber doch viel mehr als nur geliebt werden."

"Dann lass uns doch einmal gemeinsam nachprüfen, was du wirklich willst. Sag mir einmal irgendeinen deiner Lebenswerte."

"Was meinst du mit Lebenswerten?"

"Ich meine die Werte im Leben, die die Grundlage deiner Wünsche sind, die wiederum die Grundlagen deiner Motive bilden. Ich meine Werte wie Vertrauen, Freude, Gesundheit, Liebe oder Gerechtigkeit."

"Gut, dann nehmen wir die Gerechtigkeit."

"Okay, Bodo, warum willst du gerecht behandelt werden?"

"Was für eine Frage! Jeder will doch gerecht behandelt werden."

"Ja, aber warum?"

"Wenn man mich ungerecht behandelt, bin ich wütend. Ich denke, ich habe das Recht, gerecht behandelt zu werden."

"Ja natürlich, aber was für einen Gewinn erhältst du, wenn du gerecht behandelt wirst?"

"Wenn ich gerecht behandelt werde, fühle ich mich gut. Ich werde respektiert und nicht missachtet. Man bringt mir damit eine gewisse Wertschätzung entgegen."

"Und wie fühlst du dich genau?"

"Ich denke, ich fühle mich anerkannt oder geliebt. Stimmt Ella, wahrscheinlich hängt also das Gerecht-Behandeltwerden mit dem Geliebtwerden zusammen."

"Und warum willst du geliebt werden?"

"Diese Frage hat mir Gina auch schon gestellt. Ich weiß es nicht, ich brauche es wie die Luft zum Atmen."

"Wie fühlst du dich, wenn du geliebt wirst?"

"Na, geliebt halt."

"Und wie fühlt es sich an, geliebt zu werden?"

"Ich habe so ein schönes Gefühl in der Brust."

"Wie würdest du dieses Gefühl nennen?"

"Liebe natürlich."

"Du fühlst also Liebe."

"Ja, ich fühle Liebe."

"Wo glaubst du, kommt dieses Gefühl her?"

"Ich glaube, ich verstehe, was du mir sagen willst. Ich verhalte mich so, als käme dieses Gefühl von außen. Mir ist klar, dass ich meine Gefühle nur selbst erzeugen kann. Sie werden von anderen Menschen nur ausgelöst. Niemand kann mir ein Gefühl aufzwingen. Dazu müsste er mir schon eine Spritze mit einer Droge oder bestimmten Hormonen geben. Ist es das, was du meinst, Ella?"

"Genau das meine ich. Es ist von allergrößter Bedeutung, dass du das verstehst. Du selbst bist verantwortlich für deine Gefühle. Niemand sonst. Niemand kann dich dazu zwingen, dich schlecht zu fühlen. Das machst du ganz freiwillig. Du gibst allerdings anderen Menschen oft die Schuld für deine schlechten Gefühle. Aber noch schlimmer ist, dass du ihnen auch die Verantwortung für deine guten

Gefühle gibst. So machst du dein Glück zum Beispiel total davon abhängig, ob Gina dir Liebe in Form von Zuneigung oder Zärtlichkeit entgegenbringt. Der Grund ist, dass du nicht die volle Verantwortung für deine Gefühle übernommen hast. Würdest du das tun, bräuchtest du keinen anderen Menschen, um Liebe zu fühlen."

"Und was ist mit den anderen Werten, wie beispielsweise Gerechtigkeit? Ich kann mich nicht gerecht behandelt fühlen, wenn ich es nicht werde."

"Bodo, du hast vorhin festgestellt, warum du dich gerecht behandelt fühlen willst. Du willst dich geliebt fühlen. Du hast jetzt verstanden, dass du dieses Gefühl selbst machst. Weißt du auch, wie du es machst?"

"Ich denke, es läuft unbewusst. Darauf habe ich keinen großen Einfluss."

"Das stimmt nicht ganz, Bodo. Sobald du dir bewusst machst, wie du diese Liebe fühlst, ist sie nicht mehr unbewusst."

"Ich möchte dieses Gefühl gerne öfter erleben. Kannst du mir sagen, wie ich das am besten mache?"

"Das ist das Einfachste von der Welt. Liebe, Bodo."

"Was soll ich lieben?"

"Ganz egal. Dich selbst, Gina, deine Klienten, die Natur, egal was. Jedesmal, wenn du ein schönes Gefühl hast, hängt das damit zusammen, dass du gerade irgendetwas liebst."

"Das kann ich noch nicht ganz nachvollziehen. Du sagst, dass jedes schöne Gefühl die Liebe für irgendetwas ist. Aber es gibt doch auch andere schöne Gefühle wie zum Beispiel Freude."

"Nehmen wir den Wert Freude einmal genauer unter die Lupe. Zu was führt es, wenn du dich freust?"

"Ich fühle mich wohl."

"Und was ist, wenn du dich wohl fühlst?"

"Ich finde das, was ich tue, schön."

"Du bewertest also das Ereignis, in das du gerade einbezogen bist, als schön?"

"Ja, so kann man sagen."

"Was fühlst du, wenn du etwas als schön empfindest?"

"Du hast Recht Ella, ich fühle Liebe. Ich habe gerade an die Natur gedacht, und wie wohl ich mich fühle, wenn ich an einem Strand liege und auf das Meer hinausschaue. Ich kann wirklich sagen, dass ich es liebe, das zu tun, und das meine ich wörtlich. Ich empfinde das gleiche schöne Gefühl, wie wenn ich an Gina denke. Es ist nicht ganz genau das Gleiche, aber es ist sehr ähnlich."

"Du erkennst also, dass du Freude willst, weil du dann lieben kannst?"

"Ja, ich verstehe, was du meinst. Ich habe es von diesem Blickwinkel nur noch nicht betrachtet."

"Das Einzige, was du wirklich willst, Bodo, ist zu lieben. Das ist meine nächste Botschaft für dich."

"Die sechste Botschaft lautet also: *Ich will, was ich liebe*?"

"Ganz genau, es gibt kein anderes Ziel. Alles, was du sonst noch willst, beinhaltet dieses Ziel."

"Alle anderen Werte im Leben wie Treue, Vertrauen, Gesundheit, Wohlstand, Schönheit, Zärtlichkeit, Ruhe und all die anderen?"

"Lass es uns nachprüfen, Bodo. Warum willst du schön sein?"

"Weil ich mich dann attraktiv fühle. Ich habe dann das Gefühl, von anderen Menschen, insbesondere von Gina, begehrt zu sein."

"Und warum willst du begehrt sein?"

"Dadurch fühle ich mich geliebt."

"Gut, das gilt jetzt für Gina. Wie ist es mit fremden Menschen. Warum willst du von denen begehrt werden?"

"Dadurch fühle ich mich wertvoll."

"Genauer gesagt: Du fühlst dich liebenswert."

"Ja, so kann man sagen."

"Ist dir klar, was du tust, wenn du dich liebenswert fühlst?"

"Ich liebe mich selbst."

"Genauso ist es. Es ist das Schönste, was du dir und anderen Menschen geben kannst, deine Eigenliebe. Du willst also schön sein, weil du dich dann liebst. Und wenn du dich von Gina geliebt fühlst, passiert nichts anderes. Es kommt nur noch hinzu, dass du nicht nur dich selbst, sondern auch Gina liebst. Willst du noch andere Werte untersuchen?"

"Ist es jedesmal das Gleiche. Führt die Erfüllung meiner Werte immer dazu, dass ich liebe?"

"Ja, Bodo, ohne Ausnahme. Mal liebst du dich selbst, mal einen oder mehrere andere Menschen, du liebst die Natur oder Tiere oder generell das Leben. Im Grunde genommen bist du in der Lage, einfach alles zu lieben, was existiert. Und genau das ist die richtige

Grundstimmung, nach der du so lange gesucht hast: die allumfassende Liebe. Dein Ziel ist, 24 Stunden pro Tag glücklich zu sein. Glücklich sein bedeutet, zu lieben. Allumfassend zu lieben, bedeutet demnach, dein Ziel erreicht zu haben. Dies ist die einzige Möglichkeit, deine Manipulationstaktik aufzugeben.

Erinnere dich an das, was du zu Gina sagtest. Du hast eine Manipulationstaktik, weil du glaubst, von All-dem-was-ist getrennt zu ein. Du glaubst, nicht zu wissen, wie man glücklich ist, und versuchst, es herauszufinden. Das Grundgefühl der Neugier muss gegen das Lieben ausgetauscht werden. Dann wirst du nicht mehr die Ereignisse an dich ziehen, durch die du lernen kannst, sondern die, durch die du liebst. Dein gesamtes Glaubenssystem wird sich nach der neuen Grundstimmung ausrichten. Genauso perfekt, wie du bisher nur Ereignisse wahrgenommen hast, durch die du verstehen konntest, wird dein neues Glaubenssystem dafür sorgen, dass du nur Ereignisse erlebst, die du liebst. Du weißt doch noch, dass du dich in die Ereignisse hineinziehst, auf die du dich konzentrierst?"

"Ja, ich weiß, es ist wie bei dem Getriebe. Ich interessiere mich für eine bestimmte Realität und sofort zieht es mich hinein."

"Ich möchte dir vorschlagen, mit Gina noch einmal darüber zu reden. Ansonsten sollten wir Schluss machen, wenn du keine anderen Fragen mehr hast."

"Danke, Ella, ich liebe dich."

"Ich liebe dich auch. Bis bald."

Gleich nach dieser Sitzung redete ich mit Gina. Der Ursprung unserer Grundstimmung lag also wirklich in dem Glaubenssatz begründet, dass wir getrennt seien von allem anderem Leben. Durch diesen Glauben konnten wir überhaupt erst Angst haben, nicht wertvoll genug zu sein, unsere Wünsche erfüllt zu bekommen, oder wie bei mir, von dem Wissen über unsere Realitätsmechanismen abgeschnitten zu sein. Ohne den Glaubenssatz, von allem Leben getrennt zu sein, hätte sich Gina nicht wertlos gefühlt und wäre gar nicht auf die Idee gekommen, nach einem Sinn für ihr Leben zu suchen. Ich erklärte ihr also all das, was ich von Ella erfahren hatte.

Bei diesem Gespräch wurde uns noch klarer, dass es für uns keinen Sinn hatte, so weiterzumachen wie bisher. Ginas Leben bestand im Grunde genommen nur aus dem Streben nach Wert und war geprägt von Angst und Wertlosigkeit. Mein Leben hatte ich ganz dem Erforschen des Gewusst-wie verschrieben und erlebte dadurch auch immer die Glaubenssätze, die meine Grundstimmung hervorbrachten.

Wir wussten zwar jetzt, welche Grundstimmung die richtige war, aber noch nicht, wie wir sie verändern könnten. Mein erster Gedanke war, dass die nächste Botschaft uns vielleicht weiterbringen würde.

Botschaft 7: Ich liebe, was ich bin

Ich lag wieder einmal in meinem Trancesessel und war auf dem Weg zu Ella. Ich wollte die nächste Botschaft erfahren. Ella begrüßte mich sehr herzlich. Sie wusste natürlich schon, was ich wollte, und sagte mit einem zufriedenen Lächeln in den Augen:

"Wir kommen zur letzten Botschaft, Bodo."

"Das heißt, ich bin dem Ziel schon so nahe?"

"Das heißt es."

"Wie ist die letzte Botschaft?" fragte ich leicht aufgeregt.

"Überlege einmal selbst. Ich kann dir soviel verraten, dass die sieben Botschaften ein geschlossenes System bilden. Das heißt, die siebte Botschaft führt wieder zu der ersten."

"Wie meinst du das genau?"

"Ganz einfach. Die Botschaften haben eine gewisse Systematik, was dir nur schwer entgangen sein kann. Schreibe sie einmal untereinander und du wirst erkennen, wie die siebte heißt."

"Okay, die erste hieß :   Ich bin, was ich erlebe.

Die zweite :   Ich erlebe, was ich denke.

Dann kam :   Ich denke, was ich fühle.

Ich fühle, was ich glaube.

Ich glaube, was ich will.

Ich will, was ich liebe.

Dann müsste die nächste beginnen mit :

Ich liebe, was ich ..."

"Denk daran, Bodo, es ist die letzte und führt wieder zur ersten."

"Ich hab's, Ella. Die siebte Botschaft kann nur heißen : *Ich liebe, was ich bin.* Aber was soll diese Botschaft bedeuten?"

"Mit der vorletzten Botschaft ist dir klar geworden, dass deine Probleme aus einem einzigen Grundstreben herrühren. Dies zu verstehen, ist für dich von allergrößter Bedeutung. Das Glaubenssystem, das du in Form deines Getriebes erlebt hast, ist während deines gesamten Lebens gewachsen wie ein Baum. Das Samenkorn, aus dem der Baum hervorgegangen ist, ist der Glaube, von All-dem-was-ist getrennt zu sein. Daraus entstand aufgrund deiner Charaktereigenschaften und der Glaubenssätze deiner Eltern die Baumart."

"Was meinst du mit Baumart, Ella?"

"In deiner Welt gibt es viele verschiedene Arten von Nadelbäumen und Laubbäumen. In diesem Vergleich wird aus jedem Mensch ein anderer Baum. Es gibt also so viele verschiedene Arten, wie es Menschen gibt."

"Die Baumart wird also bestimmt von den Charaktereigenschaften, die mir bereits angeboren sind, und den Prägungen, die ich durch mein Umfeld bekomme."

"So kannst du es sehen. Du weißt, dass du diese Prägungen nicht zufällig erhältst. Sie sind von dir in vollem Umfang gewollt. Du hast, um diese Glaubenssätze zu bekommen, bereits vor deiner menschlichen Existenz, oder richtiger, parallel zu deiner menschlichen Existenz, auf einer anderen Bewusstseinsebene, eine Absprache mit deinen jetzigen Eltern getroffen, dass ihr zusammen dieses Leben erlebt. Zusätzlich zu den Glaubenssätzen hast du von deinen Eltern auch genetische Eigenschaften übernommen. Zusammen mit diesen Eigenschaften und denen, die du aus den Strukturen deiner Seele mitbekamst, hast du dann deinen Charakter ausgeformt. Auf diese Weise hast du die Baumart ausgewählt.

In der Praxis hat dies folgendermaßen ausgesehen. Das Samenkorn des Glaubens an die Trennung fiel auf den fruchtbaren Boden der physischen Realität. Es begann ein kleines Pflänzchen zu wachsen, das in seiner Art bereits festgelegt war. In diesem Stadium war noch nicht ganz klar erkennbar, was für ein Baum es werden wird, aber es war eine bestimmte Art zu vermuten. Der erste Trieb, der aus diesem Korn wuchs, war bei dir der Glaubenssatz, dass alle Menschen glücklich sein wollen. Das Pflänzchen wuchs weiter mit der Überzeugung, dass man hierzu nur eine Chance hat, wenn man dafür sorgt, dass es so kommt. Nur weil man es sich wünscht, glaubtest du, tut sich noch lange nichts.

Dir ist klar, dass diese Denkweise nur logisch ist, wenn man an das Getrenntsein glaubt. Das All-einssein würde dir in diesem Punkt nahelegen, einfach alles zu erschaffen, was du dir wünschst. Zu dem Glaubenssatz, dass du nur durch dein Handeln Einfluss auf deine Welt hast, gesellte sich auch schon der nächste, der darin bestand, dass du, um etwas zu erreichen, nicht irgendetwas, sondern genau das Richtige tun musst. Wiederum erkennst du hier, dass dieser Glaubenssatz auf das Getrenntsein aufgebaut sein muss. Nur aus diesem Grund glaubst du, nicht wissen zu können, was zu tun wäre, um deine Wünsche zu erfüllen. Du glaubst, von dem Wissen getrennt zu sein.

Als letzten wichtigen Glaubenssatz hast du die Überzeugung angenommen, dass in deiner Welt immer irgendetwas Unvorhersehbares passieren kann. Dieser Glaubenssatz ist dafür verantwortlich, dass du wirklich alles, was die Natur deiner Realität betrifft, herausfinden wolltest. Denn sonst hätte die Gefahr bestanden, dass du nicht immer das Richtige tun kannst, um deine Ziele zu verwirklichen. Du hattest auch immer Angst, du könntest das eben Erreichte wieder verlieren. Aus diesen Glaubenssätzen, die du als die Wurzeln deines Baumes ansehen könntest, und die im übrigen in jedem Augenblick deines Lebens widergespiegelt werden, hast du dann den Stamm deines Baumes ausgebildet. Es entstand dein Lebensziel mit der dazugehörigen Grundstimmung. Alle anderen Glaubenssätze, die danach aus diesem Stamm gewachsen sind, und damit alle Äste, Zweige und schließlich die Blätter gebildet haben, konnten nur so wachsen, wie der Stamm das vorgegeben hat. Dir ist klar, dass aus einem Birnbaum keine Kokosnüsse hervorgehen können."

"Ich denke, darüber brauchen wir nicht zu diskutieren," sagte ich scherzhaft.

"Wenn du an dein Getriebe zurückdenkst, kannst du erkennen, dass alle Glaubenssätze miteinander zusammenhängen. Es ist also klar, dass du aus diesem Glaubenssatzbaum nicht irgendwelche Äste austauschen kannst, auf denen dann, wie gesagt, die Kokosnüsse wachsen. Alle Äste und Zweige deines Baumes und auch alle Blätter, die daran wachsen, gingen ausnahmslos aus deinem Lebensziel hervor, das du schon sehr früh für dein Leben beschlossen hast. Ich habe dir schon früher ausführlich erklärt, warum du nur Glaubenssätze angenommen hast, die zu deinem Kernglaubenssatz passten."

"Ja, das weiß ich ja alles. Mir ist klar, dass ich dieser Neugier auf das Gewusst-wie alle meine Probleme verdanke. Aber wie kann ich das ändern?"

"Bodo, merkst du denn nicht, dass du schon wieder wissen willst, wie es funktioniert? Du hast es zwar verstanden, aber du richtest dich nicht danach."

"Darf ich denn jetzt überhaupt nichts mehr verstehen?"

"Natürlich darfst du verstehen, aber es darf dir nicht so wichtig sein. Du erlebst immer die Realität, auf die du dich konzentrierst, und die Konzentration hängt immer davon ab, wie wichtig du etwas nimmst. Überlege doch einmal selbst. Wenn dir etwas total gleichgültig ist, konzentrierst du dich dann permanent darauf?"

"Keinen Augenblick tue ich das."

"Und genau darum erlebst du nichts, was dir vollkommen egal ist. In allem, was sich in deiner Welt ereignet, ist irgendetwas Wichtiges für dich enthalten. Auch wenn du das nicht immer so erkennst."

"Das Gewusst-wie ist für mich wahrscheinlich immer enthalten."

"Genau so ist es. So wie bei Gina immer die Motivation zum Eigenwert in irgendeiner Form enthalten ist."

"Und was hat das Ganze jetzt mit der siebten Botschaft zu tun?"

"Um das zu verstehen, müssen wir etwas weiter ausholen. Was ist Liebe, Bodo?"

"Ein Gefühl."

"Was für ein Gefühl?"

"Ein schönes Gefühl."

"Bodo, denk an die vierte Botschaft: Du fühlst, was du glaubst. Was glaubst du, wann du Liebe fühlst?"

"Ich weiß nicht, vielleicht, wenn alles gut ist oder so etwas."

"Denke einmal an Gina, an Situationen, in denen ihr euch besonders stark geliebt habt. Wie fühltest du dich da?"

"Ich hatte das Gefühl, mit Gina sehr stark verbunden zu sein."

"Du hattest das Gefühl, mit Gina eins zu sein."

"Ja, könnte man sagen."

"Was hattest du für ein Gefühl beim Gleitschirmfliegen?"

"Spaß, Freude und Abenteuerlust."

"Das meine ich nicht. Was für ein Gefühl hattest du, wenn du schon ein paar Stunden in der Luft warst, in Bezug auf deinen Schirm?"

Ich hatte das Gefühl, der Schirm gehöre zu meinem Körper. Ich fühlte mich eins mit ihm."

"Weißt du immer noch nicht, auf was ich hinauswill?"

"Ehrlich gesagt, nein."

"Du hattest bei Gina das Gefühl, eins zu sein mit ihr, und du hattest das gleiche Gefühl mit deinem Gleitschirm."

"Und was heißt das?"

190

"Das heißt, Liebe ist das Gefühl des Einsseins. Der Glaubenssatz, der dem Gefühl Liebe zugrunde liegt, ist: nicht getrennt zu sein. Du weißt, alle deine Probleme kommen aus dem Kernglaubenssatz, von dem Rest des Lebens getrennt zu sein. Wenn du Gina liebst oder das Gleitschirmfliegen, fühlst du dich zwar nicht total eins mit All-dem-was-ist, aber wenigstens fühlst du es im Kleinen. Was noch in der siebten Botschaft steckt, ist das Wissen, wer du bist. Du weißt, dass du alles bist, was du erlebst. Und du weißt auch, dass du im Erleben auf einer höheren Ebene an allem Teil hast, was lebt. Die siebte Botschaft besagt demnach, dass du eins bist mit All-dem-was-ist. Wenn du das aber nicht nur vom Verstand her wissen, sondern es auch erleben willst, sagt dir die siebte Botschaft, wie das geht. Liebe das Leben! Liebe All-das-was-ist, und du wirst diese Realität erleben."

"Ella, das habe ich schon versucht. Es gelingt mir nicht immer, zu lieben."

"Du hast versucht, dein Gefühl zu kontrollieren. Denke an die vierte Botschaft: Der leichtere Weg, deine Gefühle zu beeinflussen, liegt in der Veränderung deines Glaubens. Du glaubtest früher durch den Mangel an Bewusstheit, dass du dieses Ziel nur erreichen kannst, wenn du herausfindest, wie das Leben funktioniert. Du glaubtest, es nicht zu wissen, weil du dich von diesem Wissen getrennt fühltest. Jetzt weißt du, dass du all-eins bist. Du bist jetzt in der Lage, deine Manipulationstaktik loszulassen und dich direkt auf das zu konzentrieren, was du eigentlich willst."

"Ich denke, ich weiß schon, wie ich das machen kann. Du hast mir vorhin gesagt, dass ich mich immer nur auf das konzentriere, was ich für wichtig halte. Ich werde mit den dazu passenden NLP-Techniken das Verstehenwollen unwichtig machen und das Lieben umso wichtiger."

"Okay, Bodo, ich denke, wir sprechen uns wieder, wenn du damit fertig bist."

Ich spürte eine ungeheure Motivation, dies auszuprobieren. Ella spürte das natürlich sofort und wusste wohl auch, dass ich in solchen Augenblicken nicht mehr zu bremsen war. Wir beendeten also unsere Sitzung, und ich legte los.

In den darauffolgenden Tagen kramte ich in meiner NLP-Trickkiste, um meine Grundstimmung zu verändern. Das Erste, was mir einfiel, war eine Veränderung meiner Werte. Ich dachte, wenn ich all meine Werte unwichtig machte und nur der Liebe einen Wert gäbe, dann müsste es doch klappen. Ich versuchte es. Ich nahm mir als Erstes ein Blatt Papier und notierte mir all meine Werte. Ich begann die Liste mit der Liebe. Zu dieser Liebe gehörten allerdings auch Werte wie Vertrauen, Treue und Freiheit. Sollte ich die auch unwichtig machen? Ich wusste es noch nicht so richtig. Im Grunde genommen wollte ich ja nur Treue und Vertrauen, weil ich gelernt hatte, dass sie zur Liebe dazu gehörten. Aber ich hatte kein gutes Gefühl dabei, dies zu ändern. Auch die Freiheit wollte ich nicht so recht unwichtig machen. Und da war auch noch meine Gesundheit. Sollte die auch unwichtig sein? Sicher, sie führte im Endeffekt nur dazu, dass ich das Leben und meinen Körper lieben konnte. Es gab so viele Werte, denen ich große Bedeutung zumaß. Wohlstand, Freude, Spaß, Geborgenheit und natürlich Zärtlichkeit. Die konnte ich wirklich nicht unwichtig machen. Nachdem ich etwa fünfzig Werte aufgeschrieben hatte, wurde mir klar, dass ich all diese Werte doch unwichtig machen konnte. Ich würde sie ja dadurch nicht ablehnen. Wenn ich nur die Liebe für wichtig halten könnte, würden diese Werte mit Sicherheit weiterhin erfüllt. Besser gesagt, sie würden eigentlich zum ersten Mal erfüllt. Bisher hatte ich ja in Bezug auf diese Werte meistens Angst, dass sie nicht erfüllt würden, besonders, wenn sie mir wirklich wichtig waren. Durch diese Angst erschuf ich natürlich die dazu passende Realität.

Im Grunde genommen waren meine Werte doch nur Bedingungen dafür, dass ich lieben konnte. Also waren sie auch nicht für sich wichtig, denn nur die Liebe war letztlich wichtig. Das hatte ich an dem Tag, den ich immer wieder neu erlebte, wirklich gelernt.

Ich machte mich also an die Arbeit. Ich arbeitete mit Submodalitätstechniken, um die unbewusste Programmierung meiner Werte zu verändern. Mit jedem Wert, den ich veränderte, fühlte ich mich ruhiger. Ich hatte plötzlich keine Angst mehr davor, dass meine Wünsche nicht mehr in Erfüllung gehen könnten. Ich war mir sicher, endlich auf dem richtigen Weg zu sein. Ich beschloss, sofort mit Gina darüber zu reden.

Gina war an diesem Tag wieder sehr mit ihrem Wertgefühl beschäftigt. Sie hatte sich mittlerweile so tief in die Wertlosigkeit hineingesteigert, dass sie kaum noch in der Lage war, das aufzunehmen, was ich ihr zu sagen hatte. Wir beschlossen, einen anderen Weg einzuschlagen. In der Seth-Zeit hatten wir sehr intensiv mit Energietechniken gearbeitet. Zu dieser Zeit glaubten wir noch, dass der Körper Energie enthält, die man auf andere Menschen übertragen kann. Wir bezogen diese Energien aus dem Kosmos. Wir hatten die Vorstellung, dass diese kosmischen Energien irgendwie von oben durch unseren Scheitel in unseren Körper aufgenommen werden konnten. Der Parapsychologe, mit dem wir zu Beginn zu tun hatten, muss wohl auch diese Vorstellung gehabt haben. Sonst wäre er nicht auf die Idee gekommen, dass andere Menschen negative Energien in ihn hineinbringen konnten. Mittlerweile wussten wir, dass diese Vorstellung ein Zerrbild der Wirklichkeit war. Von Ella hatten wir längst erfahren, dass der menschliche Körper keine Energien enthält, die in ihm frei herumfließen. Der Körper selbst ist diese Energie. Er enthält sie also nicht wie ein Behälter, sondern ist selbst Energie in fleischlichem Gewand. Diese Energie auf andere Menschen zu übertragen, würde bedeuten, einen Teil des physischen Körpers herzugeben.

Die verzerrte Vorstellung der Energien rührte von bestimmten Phänomenen her, die man sich auf diese Weise am leichtesten erklären konnte. Wenn Menschen beispielsweise miteinander diskutierten oder sich stritten, war immer ein interessantes Phänomen zu sehen. Einer der beiden ging immer gestärkt aus der Situation hervor und der andere geschwächt. Es sah dann so aus, als ob der eine dem anderen seine Energie abgezogen hätte. Durch solche und ähnliche Phänomene teilten sehr viele Menschen diese Vorstellung. Durch unsere Seth-Krise wussten wir genau, zu welchen verheerenden Problemen diese Vorstellung führen konnte, wenn man sich in diese Welt begab. Die Techniken, die ich zu diesem Thema mit Seth entwickelt hatte, waren äußerst effektiv. Jedoch waren es nicht die Energien, die diese Veränderungen in uns vollbrachten, sondern unser eigener Glaube an diese Veränderung.

Es gab jedoch tatsächlich gewisse Einflussmöglichkeiten, die man durch diese Arbeit hatte. Einflussmöglichkeiten, die über den Glauben weit hinausgingen. Dadurch entstanden besagte Phänomene, die man den Energien zuschrieb. Bestimmte Therapieformen, die sich auf diese Vorstellung stützten, funktionieren also. Nur liegt der tatsächliche Wirkmechanismus dieser Techniken in der Ausstrahlung, die jedes Lebewesen hat. Mit Ausstrahlung ist hier jedoch nicht gemeint, dass Energie von einem Individuum zu einem anderen fließt, sondern dass jedes Lebewesen ein energetisches Feld ausstrahlt, das nicht verbraucht werden kann. Die Ausstrahlung eines Menschen, auch Aura genannt, ist eine energetische Aussage über seine Wesensart, seine Emotionen, Wünsche, Eigenschaften und seinen Entwicklungsstand.

Wenn sich zwei Menschen begegnen, nehmen sie unbewusst diese Informationen sofort wahr. Das erklärt, warum sich viele Menschen gleich zu Beginn ihrer Bekanntschaft gut verstehen und andere sich nicht riechen können. Durch dieses energetische Feld stehen Menschen miteinander in Beziehung und beeinflussen sich gegenseitig. Das kann im Einzelfall Heilung bedeuten oder auch das Gegenteil. Da aber keine Begegnung zwischen zwei Menschen zufällig abläuft, helfen sich die Menschen in jedem Fall gegenseitig in ihrer Entwicklung weiter. Das kann natürlich zunächst einmal auch negativ aussehen.

In unserem Fall ging es mir darum, Gina in einen energetischen Zustand zu helfen, der für unser Vorhaben besser geeignet war als der, in dem sich Gina zur Zeit befand. Ich selbst hatte mit Wertlosigkeit nicht viel am Hut, und so ging es Gina immer recht gut, wenn sie sich von meiner Ausstrahlung beeinflussen ließ. Die Prozesse, die sie machte, liefen viel müheloser und vor allem ohne Leiden ab, wenn sie es zuließ, dass ich sie mit der Ausstrahlung meiner Hände in die richtige Verfassung half.

Was ich in der Zeit mit Ella auch noch gelernt hatte, war, dass diese Ausstrahlung in ihrer Stärke beeinflusst werden konnte. Am meisten fühlte ich meine Ausstrahlung, wenn ich sehr viel Liebe empfand. Je stärker dieses Gefühl war, desto stärker war meine Ausstrahlung. Nun war es für mich nicht besonders schwierig, bei Gina viel Liebe zu empfinden, und somit ergaben sich bei ihr sehr gravierende Auswirkungen durch diese Arbeit. Ich legte also meine Hände an ihre Schläfen und konzentrierte mich auf den Inhalt meiner Botschaft für sie: *Die Liebe ist der einzige wirkliche Wert,* war meine Botschaft. Ich dachte diesen Satz immer wieder und empfand ihn auch. Ich spürte, dass ich diesen Satz auch in diesem Moment verkörperte und ihn infolgedessen auch ausstrahlte. Ginas Anspannung ließ langsam nach, und ich bat sie, sich ein Bild davon zu machen, wie es wäre, wenn sie ihr Ziel bereits erreicht und ihre Manipulationstaktik losgelassen hätte.

"Wie würdest du aussehen, wenn du die Werte, die mit deiner Manipulationstaktik zu tun haben, schon unwichtig gemacht hättest?"

"Ich wäre viel lustiger und fröhlicher. Ich würde das Leben nicht mehr so ernst nehmen."

"Kannst du dir vorstellen, wie du aussehen würdest, wenn du allumfassend lieben würdest?"

"Ich habe keine Ahnung, wie das wäre. Ich kann mir das nicht vorstellen."

"Du brauchst nicht zu wissen, wie du das machen solltest. Du sollst einfach nur überlegen, wie du, von außen gesehen, aussehen würdest, wenn du alles liebst."

"Um das zu tun, müsste ich doch wenigstens eine ungefähre Vorstellung haben, wie das wäre."

"Du meinst, du müsstest es fühlen können?"

"Ja natürlich, sonst kann ich mir das nicht vorstellen."

"Dann stell dir einmal vor, wie eine Doppelgängerin von dir aussehen würde, die diesen Zustand schon erreicht hat."

"Warte bitte einen Moment."

Nach einer kleinen Pause, in der ich mich wieder darauf konzentrierte, meine Ausstrahlung liebevoll zu gestalten, erklärte Gina mit einem Nicken, dass sie ein Bild gefunden hatte.

"Ist dieses Bild attraktiv für dich?", wollte ich wissen.

"Ja, es ist toll, aber es ist ziemlich weit weg. Ich kann es nicht so richtig sehen."

"Dann zieh es mal näher heran."

"Okay, es geht."

"Und, wie fühlt es sich an?"

"Es ist wunderbar, Bodo. Ich habe das Gefühl, dass mir nichts mehr passieren kann. Ich empfinde eine so tiefe Ruhe und Sicherheit, wie ich es noch nie erlebt habe."

"Das ist ja toll. Dann würde ich sagen, wir sollten dieses Bild so in dein Unterbewusstsein einprogrammieren, dass es immer automatisch dann kommt, wenn du normalerweise dein Wertprogramm startest. Auf diese Weise wärst du nicht mehr in der Lage, dieses dumme Wertprogramm zu aktivieren. Stattdessen käme dann jedesmal diese schöne Bild, das die Motivation für diese

Ruhe und Sicherheit auslösen würde. Verstehst du, wie ich das meine?"

"Nicht so ganz. Meinst du, dass die Gefühle einfach ausgetauscht werden?"

"Noch besser: Durch diese Technik wird eine neue Entwicklungsrichtung geschaffen. Du brauchst dabei gar nicht zu wissen, wie es genau sein wird, allumfassend zu lieben. Du musst dir nur einen Menschen vorstellen können, der so aussieht wie du, und der dieses Ziel bereits erreicht hat. Da du dich nicht in dieses Bild hineinversetzt, sondern diesen Menschen von außen siehst, spürst du nicht direkt die Gefühle dieser Person, sondern stattdessen die Motivation, dieses Ziel erreichen zu wollen. Durch diese Motivation werden deine gesamten Fähigkeiten angesprochen, die du gebrauchen kannst, um dieses Ziel zu erreichen. Das alles passiert immer dann ganz automatisch, wenn du dich normalerweise wertlos fühlen würdest. Das bedeutet, du wirst deine Manipulationstaktik austricksen. Stattdessen entwickelst du dich ohne Mühe direkt zur Liebe hin."

"Das hört sich gut an. Was muss ich genau tun?"

"Denk einmal an eine Situation, in der du dich immer wertlos fühlst. Mach dir davon ein Bild. Sag mir Bescheid, wenn du es gefunden hast."

Gina signalisierte wieder mit einem Nicken, dass sie dieses Bild hatte.

"Gut, dann mach es jetzt richtig groß und hell. Es sollte direkt vor dir stehen. Wenn du das richtige Bild hast, sollte jetzt das Gefühl der Wertlosigkeit kommen."

"Ja, ich spüre es."

"Gut, jetzt nimmst du das Bild von deiner Doppelgängerin, die allumfassend liebt, und setzt es in eine der unteren Ecken. Dazu machst du es ganz klein."

"Ich will dieses Bild aber nicht kleinmachen."

"Du machst es ja nur vorübergehend klein, um es dann wieder groß werden zu lassen. Wenn du das hast, dann stell dir vor, du hast ein Steuerpult, mit dem du diese Bilder so verändern kannst, wie du willst. Du lässt dann das Wertlosbild klein und dunkel werden und gleichzeitig das schöne Bild groß und hell."

"Die Bilder tauschen also ihre Plätze."

"Ja genau. Mach das jetzt mal langsam und zeig mir wieder, wenn du fertig bist."

"Okay, ich hab's gemacht."

"Mach es noch mal, aber diesmal schneller. Es sollte nicht mehr als ein bis zwei Sekunden dauern."

"Oh, dann muss ich noch etwas üben."

"Wenn du es ein paar Mal gemacht hast, geht es immer leichter. Worauf du ganz besonders achten solltest, ist, dass du niemals siehst, wie dein schönes Bild wieder klein wird, und wie das Wertlosbild groß wird. Wenn du die Bilder bewegt hast, musst du unbedingt die Bilder vor deinem geistigen Auge ausschalten. Sonst funktioniert die ganze Sache nämlich nicht. Mach es jetzt fünfmal so richtig schnell. Und sag mir wieder Bescheid, wenn du fertig bist."

Während der ganzen Zeit hatte ich meine Hände an ihren Schläfen und gab ihr eine Energieausstrahlung. Ich konzentrierte mich innerlich darauf, dass nur die Liebe wichtig ist. Nach ein paar Sekunden hatte ich das Gefühl, dass irgendetwas nicht in Ordnung war. Ich fragte also Gina.

"Ist alles klar, Schatz?"

"Ich habe Schwierigkeiten, das schöne Bild heranzuziehen. Am Anfang ging es noch gut. Aber jetzt wird es immer schwieriger. Ich bekomme es jetzt überhaupt nicht mehr zu greifen."

Das war seltsam. Normalerweise wird es bei dieser NLP-Technik immer leichter, die Bilder auf ihre richtige Position zu bringen. Dass es zu Anfang geht und dann nicht mehr, war sehr ungewöhnlich. Was konnte dahinterstecken?

"Gina, versuch es nochmals, wenn nötig mit Gewalt."

Gina schaltete sehr schnell und tat etwas sehr Kreatives. Sie griff mit ihren Händen nach diesem fiktivem Bild und zog es auf diese Weise näher zu sich heran. Es gelang für einen Augenblick. Plötzlich sagte sie:

"Da zieht eine Hand an der anderen Seite das Bild zurück. Ich kann es nicht mehr halten, ich verliere es."

Ich dachte, wenn da eine Hand ist, die dagegen zieht, muss auch jemand an dieser Hand hängen.

"Schnapp dir diese Hand und zieh sie zu dir, oder zieh dich selbst zu der Hand hin."

"Bodo, da ist ein alter Mann. Ich würde sagen, der sieht aus wie ein Yogi."

"Frag bitte diesen Yogi, warum er dein Bild immer wegzieht."

"Er sagt, er könne nicht zulassen, dass ich zuviel Macht bekomme."

"Warum kann er das nicht?"

"Weil ich sonst großen Schaden in der Welt anrichten würde."

Was soll denn das jetzt?, dachte ich bei mir. Will sie mich jetzt auf den Arm nehmen, oder ist das irgendein Glaubenssatz, der für sie in dieser Form verkörpert wird. Ich fragte weiter.

"Woher weiß er, dass du so großen Schaden anrichten würdest?"

"Er sagt, er wäre auf einem Bauernhof aufgewachsen, den seine Mutter und er bewirtschaftet hätten. Sie mussten Pacht an die Prinzessin bezahlen. Irgendwann hätte sie die Pacht so sehr erhöht, dass seine Mutter sie nicht mehr bezahlen konnte. Sie arbeiteten wie die Pferde, aber es reichte nicht einmal, satt zu werden. Durch diese Überbelastung sei seine Mutter krank geworden und an den Folgen der Mangelernährung schließlich gestorben. Er gibt mir irgendwie die Schuld dafür."

"Aber wie kannst du schuld daran sein?"

"Er sagt, ich sei auch so eine Frau, die nach Macht strebt, und deshalb müsse er mich aufhalten."

Ich wusste nicht, was ich von dieser Sache halten sollte. Über die Betrachtungsweise, dass es sich hier um ein früheres Leben halten würde, waren wir hinaus. Wir wussten beide, dass wir alle Leben parallel erlebten und nicht nacheinander und deshalb niemals ein Verbrechen, das wir in einem sogenannten früheren Leben begangen hatten, jetzt ausbaden mussten. Es musste etwas anderes sein. Im Grunde genommen, dachte ich, kann es sich nur um Kommunikation mit ihrem Unbewussten handeln. Sie muss einen Glaubenssatz haben, durch den sie sich innerlich gegen Macht wehrt. Ich beschloss, direkt danach zu fragen.

"Warum ist es schlecht, Macht zu haben?"

"Weil man durch Macht niemals zur Liebe kommen kann."

"Glaubt er, dass man durch Machtlosigkeit dieses Ziel erreicht? Nach unseren Erfahrungen sind alle Probleme, die wir haben, aus dem Gefühl der Machtlosigkeit entstanden. Frag ihn bitte, wie du durch die Machtlosigkeit zur Liebe kommen sollst."

"Er sagt, er könne trotzdem nicht zulassen, dass ich Macht bekomme, ich würde sie ausnutzen."

"Will er denn überhaupt, dass du zur Liebe kommst?"

"Er sagt, es wäre seine Aufgabe, mich zur Liebe zur bringen."

"Dann handelt er momentan gegen seine Aufgabe."

An diesem Punkt schaltete sich Ella unverhofft in unser Gespräch ein. Sie gab mir zu verstehen, dass wir auf diese Weise nicht weiterkommen würden. Dieser Yogi stelle Werte in Ginas Leben dar, die sie umwandeln müsste. Der Wert, um den es gehe, sei das Loslassen von allem Weltlichen. Ella schlug vor, diesen Yogi als Bild zu nehmen und ihn selbst dunkel und klein zu machen - wie wir es zuvor mit dem Bild gemacht hatten, durch das sie sich wertlos fühlte.

"Gina, erklär dem Yogi bitte, dass er sich selbst im Wege steht und dass wir jetzt etwas tun werden, was ihm und dir gleichermaßen helfen wird."

"Er will wissen, was."

"Wir werden von diesem Glaubenssatz loslassen, dass du keine Macht haben darfst. Stattdessen wirst du einen Glaubenssatz schaffen, dass die Liebe selbst die größte Macht des Universums ist. Auf diese Weise kannst du keine Macht missbrauchen. Deine Macht wird die Macht der Liebe sein. Frag ihn noch einmal, ob er damit einverstanden ist."

"Er sagt, wir sollen es versuchen."

"Okay, dann nimm ein Bild vom Yogi, bei dem du das Gefühl hast, keine Macht haben zu dürfen, und mach es klein und dunkel. Lass dann wieder zur gleichen Zeit dein Bild von der Gina, die allumfassend liebt und die Macht der Liebe besitzt, groß und hell werden. Genauso, wie wir es vorhin schon einmal gemacht haben."

Es dauerte ein paar Minuten, bis Gina das getan hatte. Ich sah an den Bewegungen ihrer geschlossenen Augen, dass sie mindestens zwanzigmal diese Bilder hatte wechseln lassen.

"Okay, Bodo, ich hab's gemacht."

"Und wie fühlst du dich jetzt?"

"Gut, ich fühle mich befreit. Der Yogi sieht auch aus, als sei er zufrieden. Ich glaube, er hat jetzt nichts mehr dagegen, dass ich mich machtvoll fühle."

"Okay, dann kommen wir jetzt zu dem, was wir eigentlich tun wollten. Nimm dir wieder ein Bild, bei dem du dich wertlos fühlst.

Lass dieses Bild wieder vom großen hellen Zustand klein und dunkel werden, während das Bild, das dich allumfassend liebend zeigt, vom kleinen dunklen Zustand gleichzeitig groß und hell wird - genau wie eben, nur mit dem Bild der Wertlosigkeit."

"Es geht, Bodo, ich kann es jetzt ausführen."

Ich ließ Gina ein paar Minuten in Ruhe, damit sie diese Technik wiederholt anwenden konnte. Das Ziel, das ich mit dieser Vorgehensweise im Auge hatte, war, dass sie ein neues Muster in ihr Unterbewusstsein einprogrammierte. Es sollte automatisch verhindern, dass ihre Manipulationstaktik losging, und stattdessen die Motivation, sich zur Liebe zu entwickeln, starten lassen. Ich dachte, wenn sie diese Technik richtig anwendet, dann wird die Motivation zu lieben so an das Gefühl der Machtlosigkeit gekoppelt, dass die Machtlosigkeit innerhalb eines Augenblicks verschwindet und anschließend sofort die Motivation zu lieben ausgelöst wird. Das war der normale Wirkmechanismus dieser Technik. Ich hatte sie schon tausendfach erfolgreich mit meinen Klienten und auch bei mir selbst angewendet und wusste deshalb, dass sie auf jeden Fall funktioniert, wenn man es richtig macht. Ich war also sehr erleichtert, als Gina diese Bilder verschob. Denn ich dachte, jetzt sei die Zeit ihres Wertlosfühlens endlich vorbei. Meine Freude blieb nicht unbemerkt von Gina.

"Ich fühle mich richtig gut, Schatz! Glaubst du, das war es jetzt?"

"Es sieht ganz so aus, aber lass uns noch einmal nachschauen, ob du dieses neue Muster in dein Unterbewusstsein einprogrammiert hast. Versuch dir nochmals das Bild der Wertlosigkeit anzuschauen, und zwar groß und hell. Kannst du dieses Bild in deiner Vorstellung halten?"

"Nein, es wird sofort klein und dunkel."

"Passiert sonst noch etwas?"

"Ja, das gute Bild kommt."

"Kannst du es verhindern, dass das Wertlos-Bild verschwindet und das Bild der Liebe kommt?"

"Nein, es verschwindet sofort, wenn ich es mir vorstelle, und mein Bild kommt."

"Streng dich mal richtig an. Du bist doch Meisterin im Wertlosfühlen."

"Es geht nicht, Bodo. Ich kann die Bilder nicht mehr halten."

"Wie sieht es mit dem Gefühl aus, kannst du dich noch wertlos fühlen?"

"Also im Moment nicht, warten wir es einfach mal ab. Ich möchte jetzt erst einmal diesen Zustand genießen."

Wir beendeten die Sitzung und hatten einen wunderschönen Tag. Gina fühlte sich großartig. Ich war überzeugt, endlich den richtigen Weg gefunden zu haben, unsere Manipulationstaktik loszulassen. Am gleichen Abend jedoch ging es Gina wieder schlecht. Sie hatte wieder sehr viele schlechte Gefühle, die alle in dem Gefühl der Wertlosigkeit wurzelten. Ich verstand die Welt nicht mehr. Das konnte nur bedeuten, dass unsere Technik nicht mehr funktionierte. Aber warum?

Ich hatte in den letzten neunzehn Jahren, in denen ich mich sehr intensiv mit den verschiedensten mentalen Techniken beschäftigt hatte, viel kennengelernt. Aber diese Technik, die Gina angewendet hatte, war bei weitem das Effektivste, was mir je untergekommen war. Es war bei dieser Technik im Gegensatz zu vielen anderen Therapieformen nicht notwendig, dass man daran glaubte. Sie funktionierte immer, wenn man sie richtig angewendet hatte, gleich, ob man daran glaubte oder nicht. Ich hatte sie schon mit mehreren hundert Menschen erfolgreich angewendet und war mir vollkommen sicher, bei der Anwendung keinen Fehler gemacht zu haben.

Am nächsten Tag saß ich also wieder einmal in meinem Trancesessel und war auf dem Weg zu Ella.

"Hallo, Bodo", hörte ich Ella schon aus der Entfernung sagen.

"Hallo, Ella. Ich brauche deinen Rat."

"Ich weiß, weshalb du gekommen bist. Die Technik, die du mit Gina geübt hast, hat funktioniert. Sie hat, wie du es wolltest, jedesmal, wenn sie sich wertlos fühlte, dieses Gefühl sofort mit der Motivation zu lieben ausgetauscht."

"Jetzt verstehe ich gar nichts mehr. Sie fühlt sich doch wieder total wertlos, und das noch schlimmer als je zuvor."

"Der Grund liegt darin, dass sie durch diese Motivation alle ihre bewussten und vor allem unbewussten Fähigkeiten mobilisiert, um an ihr Ziel zu kommen."

"Ja, aber das ist doch der Sinn dieser Technik."

"Deshalb sagte ich ja auch, dass sie funktioniert hat. Du hast dabei nur nicht bedacht, dass ihre Fähigkeiten, ein Ziel zu erreichen, ausnahmslos in ihrer Manipulationstaktik zu finden sind. Sie glaubt sonst, keinen Einfluss auf ihre Welt zu haben. Verstehst du, was ich meine?"

"Leider nicht, Ella. Willst du mir sagen, dass sie trotz unserer Technik ihre Manipulationstaktik benutzt. Das sollte doch gerade vermieden werden."

"Das kannst du nicht vermeiden, zumindest nicht auf diese Weise. Sobald Gina Motivation spürt, mobilisiert sie sofort ihre einzige Fähigkeit, von der sie überzeugt ist, dass sie damit ihr Ziel erreichen kann. Und das bedeutet, sie startet ihre Manipulationstaktik, die ja bekanntlich wieder zum Gefühl der Wertlosigkeit führt. Sie erlebt auf diese Weise immer die gleiche Schleife. Ihre Manipulationstaktik läuft an und kommt schließlich zu der Stelle, wo sie mit der Wertlosigkeit beginnt. Dort angekommen, schaltet sie sofort wieder auf Motivation und beginnt von vorne. Nach ein paar Stunden läuft diese Schleife so schnell, dass sie nur noch das Hauptgefühl, nämlich die Wertlosigkeit, wahrnimmt. Dieses Muster, das ihr geschaffen habt, macht Gina sehr müde. Nach einer gewissen Zeit erkennt ihr Selbsterhaltungstrieb, dass es nicht gut für sie ist, und das Muster wird aufgelöst. Was bleibt, ist das Gefühl der Wertlosigkeit."

"Das würde ja bedeuten, dass sich Gina nie mehr motiviert fühlen dürfte."

"Auf dieser Ebene, auf der ihr gearbeitet habt, wird Gina immer ihre Manipulationstaktik aktivieren, wenn sie motiviert ist. Sobald sie ein Ziel hat, geht es los."

"Ich denke, dass es bei mir wohl genauso ist wie bei Gina. Ich aktiviere also auch immer mein Verstehenwollen, wenn ich motiviert bin."

"So ist es, Bodo, jeder Mensch aktiviert sein Lebensziel, wenn er motiviert ist. Ihr glaubt alle, nur diese eine Möglichkeit zu haben, eure Ziele zu verwirklichen. Alles andere ist für euch unrealistisch."

"Das hört sich so an, als seien meine NLP-Erfahrungen nicht besonders wertvoll."

"Sie waren wichtig, um deinen Weg des Verstehens zu gehen, und der war wichtig, um überhaupt dahin zu kommen, wo du jetzt bist. Aber für das, was du jetzt willst, sind sie nicht unbedingt erforderlich."

"Ich habe das Gefühl, Ella, dass meine Therapeutenzeit langsam zu Ende geht. Wenn ich das alles höre, habe ich den Eindruck, dass es nicht viel Sinn hat, eine Therapie zu machen."

"Der Sinn einer Therapie liegt darin, den vorhandenen Spielraum, den die Grundstimmung zulässt, möglichst gut zu nutzen. Abgesehen davon bringen die meisten Therapien einen erweiterten Blickwinkel für die Realität mit sich. Die meisten Menschen, die eine Therapie machen, haben sich bis zu diesem Punkt ihres Lebens nie mit sich selbst beschäftigt. Sie haben immer nur auf ihre Außenwelt geschaut und nie nach innen. Es kommt oft vor, dass Menschen erst einmal eine schlimme Krankheit oder ein großes psychisches Problem brauchen, um in diesem Punkt umzudenken. Der wichtigste Faktor einer Therapie besteht jedoch darin, dass man erkennt, welchen Einfluss man selbst auf seine Gesundheit und auf sein Wohlbefinden hat. Leider gewährleisten die meisten Therapieformen dies nicht. Der Einfluss auf Gesundheit oder Wohlbefinden wird fast überall - genau wie in der Schulmedizin - dem Therapeuten, den Gerätschaften oder dem Arzt zugeschrieben. Diese Art der Therapie hat nur den Sinn, den Menschen, die nicht glauben können, dass sie sich selbst helfen können, eine Spiegelreflexion zu geben."

"Aber auch, wenn ich den Menschen helfe, sich selbst zu helfen, verändere ich dabei eigentlich nicht viel. Ich verändere die Grundstimmung ja nicht, und das bedeutet, dass ich nur an der Oberfläche ein Problem löse, was mein Klient im Handumdrehen durch ein anderes austauscht."

"So ist es leider. Das Einzige, was du mit Therapie tun kannst, ist, den vorhandenen Spielraum der Grundstimmung effektiv zu nutzen, wie ich es dir bereits gesagt habe. Wenn du Menschen wirklich helfen willst, glücklich zu werden, dann hat eine Therapie im üblichen Sinn keinen Zweck."

"Das heißt, ich muss mir einen neuen Beruf suchen."

"Prinzipiell ja, aber dieser könnte sehr nahe an dem liegen, was du bisher gemacht hast."

"Was genau könnte ich tun?"

"Warte noch ein paar Wochen. Es wird dir von selbst immer klarer werden. Befasse dich vorerst lieber damit, wie du die siebte Botschaft umsetzen kannst."

"Mit NLP geht es jedenfalls nicht. Soviel habe ich verstanden."

"Und auch nicht mit irgendeiner anderen Methode. Eure Welt hat logischerweise nur Methoden hervorgebracht, die sich auf die Machtlosigkeit stützen, welche durch den Glaubenssatz an das Getrenntsein entsteht. Es gibt also auf der Welt keine einzige Methode und auch keinen einzigen Menschen, der dir in diesem Punkt helfen kann. Alles, was du versuchen würdest, würde deine Glaubenssätze an das Getrenntsein aktivieren und die gleichen Reaktionen wie bei Gina hervorrufen."

"Ella, gibt es wirklich keinen einzigen Menschen, der mir helfen kann? Das kann ich gar nicht glauben."

"Alle Menschen, die zur Zeit auf diesem Planeten leben, haben die Realität des Getrenntseins akzeptiert. Es gibt zwar einige, die daran arbeiten, sich all-eins zu fühlen, aber die sind nicht weiter als du. Wie du weißt, gibt es ein interessantes Phänomen, das mit diesem Umstand zu tun hat. Sehr viele Erfindungen sind an mehreren Stellen der Welt gleichzeitig zum Patent angemeldet worden. Die Häufigkeit dieser sogenannten Zufälle ist euren Wissenschaftlern schon aufgefallen. Ihr seid nun mal nicht voneinander getrennt, auch wenn ihr das Gegenteil glaubt. Ihr habt alle ein gemeinsames Bewusstsein, und so sind alle Menschen unbewusst über alles informiert, was sich in der Welt ereignet. Wenn jetzt mehrere Menschen nahe an einer Erfindung oder einer Erkenntnis sind, werden fast alle zur gleichen Zeit diese Erkenntnis erlangen. Beinahe zur gleichen Zeit, weil einer in dieser Entwicklung immer die Nase ein paar Millimeter vorne hat. Sobald es von einem einzigen Menschen erkannt wird, ist dieses Wissen für jeden zugänglich. Wenn es also schon ein Mensch auf der Erde geschafft hätte, hätte ich schon dafür gesorgt, dass du ihm begegnest."

"Wie sollen wir denn jemals aus diesem Drama herauskommen?"

"Es gibt einen Weg, Bodo. Doch es wird nicht leicht für euch sein, diesen zu akzeptieren."

"Was haben wir zu verlieren? Mittlerweile bin ich bereit, alles zu probieren. Was können wir tun?"

"Mit Akzeptieren habe ich nicht nur gemeint, dass es euch nicht gut gefallen wird, sondern auch, dass ich dir diese Informationen schwer zugänglich machen kann. Wie du weißt, kann ich dir nur mitteilen, was du verstehst."

"Lass es uns versuchen, Ella."

"Du musst dazu alle Botschaften im Zusammenhang und damit zugleich aus einer übergeordneten Perspektive sehen. Bisher hast du sie alle nur separat voneinander erlebt. Die *erste* Botschaft hat dir klar gemacht, wer du bist. Ohne dieses Wissen im Hintergrund kannst du dein Ziel nicht erreichen. Du musst dich, um zu verstehen, auf eine höhere Ebene begeben, wo du nicht mehr so verhaftet bist in deine jetzige Realität. Stell dir einfach vor, du wärst ich, was ja ohnehin der Fall ist. Du erlebst also alle Realitäten gleichzeitig. Physische und unendlich viele nichtphysische. Wenn du nicht in der Lage bist, dir das auch nur annähernd vorzustellen, wirst du das, was ich dir zu sagen habe, nicht verstehen können.

In der *zweiten* Botschaft wurde dir klar, dass deine Gedanken deine Welt erschaffen. Diese Gedanken kommen allerdings zum großen Teil aus deinem Unbewussten. Im Grunde genommen kommen diese Gedanken von der gleichen Ebene, von der ich eben sprach. Sie sind den weltlichen Gedanken übergeordnet und völlig wertneutral. Auf dieser Ebene sind Angst oder Leiden nicht wichtig. Du bist hier auf einer Ebene jenseits von Zeit und Raum. Du weißt praktisch schon zu Beginn eines Ereignisses, wie es endet. Damit kannst du logischerweise keine Angst haben. Für das Leiden gilt das Gleiche. Hinzu kommt noch, dass du auf dieser Ebene nicht unterscheidest zwischen angenehmen und unangenehmen Emotionen oder Körpergefühlen. Alles ist gleich gut. Das gehört auch zu der Wertneutralität. Angst und Leiden sind dir also auf dieser Ebene genauso recht, wie Zärtlichkeit und Freude. Ich weiß, dass du dies nicht nachvollziehen kannst, aber es würde auch genügen, wenn du mir rein geistig folgen könntest."

"Als Gedankenmodell kann ich mich hineinversetzen in das, was du mir da erklärst."

"Dann weiter zur *dritten* Botschaft. Deine Realität wird von deinen Gefühlen geschaffen, die dein Körper wie ein Sender ausstrahlt. Diese Gefühle hängen unmittelbar mit den eben besagten Gedanken zusammen. Du hast auch erlebt, dass du diese Gefühle innerhalb bestimmter Grenzen verändern kannst. Damit ändert sich dann auch deine Realität.

Aber diese Grenzen werden von deiner Grundstimmung bestimmt, die direkt an den Einfluss, den du auf die Welt zu haben glaubst, gekoppelt ist. Das war die Aussage der *vierten* Botschaft. Versuch weiter, geistig die übergeordnete Ebene einzunehmen, während du zuhörst."

"Ella, das ist alles ganz schön kompliziert."

"Ich weiß, aber du wirst es unbewusst auf alle Fälle verstehen. Damit kann ich dir dann die eigentlichen Informationen geben, die du brauchst. Also weiter im Text.

Du hast in der *fünften* Botschaft erlebt, dass dein Glaube seinerseits nicht zufällig entsteht. Er ist von dir gewollt. Diese Botschaft musst du jetzt auch von der übergeordneten Betrachtungsweise sehen. Das bedeutet, dass du diese Glaubenssätze schon vor deinem menschlichen Leben gewählt hast. Du hast dich zu dem Leben freiwillig entschieden, das du jetzt führst."

"Im Prinzip ist mir das klar, aber es ist trotzdem schwer zu akzeptieren, dass es so sein soll."

"Versuche, dein Leben weiterhin von der übergeordneten Betrachtungsweise aus zu sehen. Von hier aus ist es nicht wichtig, ob du ein angenehmes oder unangenehmes Leben führst."

"Das ist schwer nachzuvollziehen für jemanden wie mich, der ergründen will, wie es möglich ist, 24 Stunden pro Tag glücklich zu sein! Genügt es, wenn ich das zunächst erst einmal zur Kenntnis nehme, ohne dass ich es voll verstehe?"

"Im Prinzip ja. Geh halt einfach von diesem Gedankenmodell aus. Machen wir weiter. Du hast in der *sechsten* Botschaft erfahren, dass du nur ein einziges Ziel hast, nämlich zu lieben. Was glaubst du, warum ist dieses Ziel so vordringlich? Warum ist die Sehnsucht nach Liebe bei euch Menschen so ausgeprägt?"

"Es ist Das Einzige wirklich schöne Gefühl, das existiert. Wenn keine Liebe vorhanden ist, wird das Leben mehr als unangenehm."

"Wenn du es jetzt wieder von der übergeordneten Ebene betrachtest, warum wollen die Menschen so sehr zur Liebe? Warum ist ihr Bedürfnis danach so groß?"

"Weil sie in diesem Punkt einen Mangel spüren. Sie glauben ja, von All-dem-was-ist getrennt zu sein, und können deshalb nicht zu allem Liebe empfinden. Sie haben also diese Mangelgefühle und wollen weg davon."

"So ist es, Bodo, und nur wenn sie lieben, haben sie das Gefühl, nicht getrennt zu sein. Dir ist klar, dass die Menschen glauben, von All-dem-was-ist getrennt zu sein?"

"Ja natürlich! Das hast du mir doch lang und breit erklärt."

"Dir ist auch klar, dass ihr nur glaubt, was ihr wollt?"

"Das war die fünfte Botschaft."

"Dann müsstest du auch akzeptieren, dass ihr auch den Kernglaubenssatz, von allem getrennt zu sein, gewollt habt."

"Da wird es schon wieder etwas schwieriger. Damit hätten wir uns freiwillig unsere Probleme mit dem Leben gemacht!?"

"Und doch ist es so. Ihr habt die absolute Willensfreiheit. Genauer gesagt, *wir* haben diese, denn jetzt befinden wir uns auf der Bewusstseinsebene, auf der du mich zuordnest. Dir ist klar, dass du und ich nicht getrennt sind. Wir sind die gleiche Wesenheit, nur agieren wir auf unterschiedlichen Bewusstseinsebenen. Ich bin also du auf der übergeordneten Ebene, von der wir die ganze Zeit sprechen. Verstehst du, auf meiner Ebene hast du beschlossen, Mensch zu werden und den fundamentalen Glaubenssatz anzunehmen, getrennt zu sein von allem anderen Leben."

"Aber warum habe ich dies getan?"

"Weil du diese Realität erleben wolltest."

"Wozu wollte ich das? Es ist doch nicht angenehm, mich getrennt zu fühlen."

"Du vergisst, Bodo, dass es dir auf der übergeordneten Ebene gleichgültig ist, ob es angenehm oder unangenehm ist. Die genaue Motivation kann ich dir nicht erklären. Sie ist für dich in keiner Weise logisch. Nach bisher normaler menschlicher Betrachtungsweise ergibt es keinen Sinn, diese Realität zu erleben. Ich kann nur versuchen, dir die Gründe für euer Menschsein mit deinen menschlichen Werten zu erklären. Vergiss dabei nicht, dass es nicht die letzte Wahrheit ist, sondern nur eine Betrachtungsweise, die für dich einigermaßen nachzuvollziehen ist."

"Ella, spann mich nicht so auf die Folter. Was ist der Grund für mein Menschsein in dieser beschränkten Form? Warum habe ich den Glaubenssatz angenommen, von All-dem-was-ist getrennt zu sein?"

"Du *wolltest* erleben, wie es ist. Du warst neugierig darauf. Die Erde ist ein Bewusstseinsexperiment, das darin besteht zu erleben, wie es ist, sich von allem getrennt zu fühlen."

"Was für ein Experiment! Bin ich ein Versuchskaninchen?"

"Du vergisst schon wieder, dass du selbst beschlossen hast, dies zu erleben. Ich lebe in dir genauso wie du in mir. Wir erleben auf verschiedene Weisen die gleichen Bewusstseinswelten. Dir ist die deine bewusst und mir die meine. Ich erlebe allerdings von besagter höherer Ebene deine Probleme und Ängste mit als du selbst."

"Zu welchem Ziel soll dieses Experiment führen? Versprechen wir uns dadurch neue Erkenntnisse oder so etwas?"

"Nein, Bodo, darum geht es nicht. Versetz dich noch einmal auf meine Bewusstseinsebene. Auf dieser Ebene bist du sehr unternehmungslustig. Du stellst ständig irgendetwas an. Ich meine dies natürlich nur übergeordnet. Du weißt, ich kann dir meine wahre Realität nicht erklären. Halte dich deshalb nicht pedantisch an dem fest, wie ich es dir hier sage. Stell dir vor, du bist eine Wesenheit mit unvorstellbar großem schöpferischem Potential. Du lebst in deinen Schöpfungen und erschaffst diese mit völliger Leichtigkeit auf sehr kreative und liebevolle Weise. Du triffst jetzt bei deiner Reise durch die Realitäten auf eine physische Existenz, die so ganz anders ist als alles, was du kennst. Die Wesenheiten hier haben sich in unendlich viele kleine Einheiten aufgeteilt und erleben die völlige Illusion, voneinander unabhängig zu sein. Du siehst all die spannenden Verwicklungen und Kreationen, die diese Wesen hervorbringen. Sie erleben sogenannte Emotionen, Körpergefühle, eine lineare Zeit und ganz sorgfältig abgesteckte Spielregeln, innerhalb derer sich ihr Leben abspielt. Ihre Freiheit geht sogar so weit, dass sie erleben können, wie sie sterben. Sie haben im kleinen immer noch die Möglichkeit, sich mit anderen Menschen oder Tieren oder auch mit der Natur eins zu fühlen, bleiben aber dennoch weiter Individuen. Sie sind sogar in der Lage, negative Emotionen wie Hass und Schuld zu empfinden. Verstehst du? Auf meiner Ebene ist das ganz unmöglich. Sie können sich in ihrer geschlechtlichen Rolle als Mann oder Frau fühlen. Sie fühlen sich von dem Wissen anderer Leben abgeschnitten und können sogar glauben, dass ihre Existenz nach dem Leben beendet ist. Würde dich solch eine Existenz nicht auch interessieren?"

"Das glaube ich kaum. So schön, wie du das alles schilderst, ist das nicht. Und worin soll der Sinn des Ganzen liegen?"

"Der Sinn des Lebens liegt im bloßen Sein begründet. Es gibt kein Ziel, das ihr erreichen müsst. Ihr wollt eure Welt erleben, weiter nichts! Verstehst du? Deshalb kannst du auch keine Fehler machen. Alles, was du tust, ist in Ordnung. Es besteht niemals Gefahr für euch, wie es die alten Kirchen euch weismachen wollten."

"Das kann ich alles nicht so ganz akzeptieren, Ella. Hat denn der Sinn des Lebens überhaupt nichts mit Weiterentwicklung zu tun?"

"Bodo, denk daran, alles, was ist, ist eins. Sicherlich hast du schon einmal erlebt, dass du eine gigantische, überaus tolle und geniale Idee hattest. In solch einem Fall entstand in dir der unwiderstehliche Drang, diese Idee zu verwirklichen. Genau das ist der Grund dafür, warum du Mensch geworden bist. Du wurdest geboren mit einem Potential an Ideen, Fähigkeiten, Neigungen, Interessen und Triebkräften, das die optimalen Voraussetzungen dafür bildet, die Ideen zum Ausdruck zu bringen, deretwegen du Mensch geworden bist. Aus diesen Ideen heraus entstand der Wunsch zu einem ganz bestimmten Leben als Mensch. Ein Leben, das die perfekten Rahmenbedingungen dafür liefert, deinen Ideen Ausdruck zu verleihen. Du schufst ein Ich, das perfekt darauf ausgerichtet war, die Verwirklichung der Ideen zu erleben. Das ist der Grund, warum dein Ich existiert. Nun musste dieses Ich natürlich vergessen, wer es eigentlich ist. Denn ohne dieses Vergessen hätte es die Verwirklichung der Ideen als Zuschauer erlebt, und nicht als Bestandteil des Ausdrucks. Als Ausdruck dieses Lebensspiels bist du ein göttlicher Aspekt von All-dem-was-ist und vollkommen. Du bist ein Wesen von unbegrenzt schöpferischem Potential. Dieses Potential kann nicht vervollkommnet werden. Du bist ein vollkommenes Wesen und bedarfst in diesem Sinne keinerlei Weiterentwicklung. Der Glaube an diese Entwicklung ist ein Trugschluss und entsteht aus dem Glauben an die Trennung, der bisher die Grundidee des Menschseins bildet. Der Glaube an die Entwicklung ist ein Glaube, den du verwirklichen willst. Du willst ihn in allen nur möglichen Varianten manifestieren als deine ureigenste Schöpfung: gleich einem Kunstwerk, das die Aspekte deiner Persönlichkeit zum Ausdruck bringt.

Verstehst du? Das ist auch der Grund, warum dir keine Methode der Welt bei dem Schritt, der jetzt ansteht, helfen kann. All diese Methoden sind auf dem Glauben an die Weiterentwicklung aufgebaut. Alle Menschen glauben derzeit noch daran. Es gibt einige wenige, die beginnen, diesen Glaubenssatz zu bezweifeln. Aber sie sind alle noch nicht weiter als Gina und du. Es wird viele Menschen geben, die mit dieser Information Probleme haben werden. Doch auch sie werden unbewusst spüren, dass es wahr ist. Bei vielen verletzt diese Wahrheit das Selbstwertgefühl. Sie werden sich also erst einmal gegen diese Behauptung wehren."

"Ich kann das alles selbst nicht so recht glauben, Ella."

"Ich weiß, Bodo, aber du kannst es unbewusst. Was dich auf diese Erde gebracht hat, war der Wunsch, diese besondere Realität zu erleben. Es war dein Wunsch, an diesem Bewusstseinsexperiment teilzuhaben. Auch wenn du dies nicht so ganz nachvollziehen kannst."

"Ella, ich möchte diese Realität nicht länger erleben. Wie komme ich da heraus?"

"Genau aus diesem Grund habe ich mit dir und Gina Kontakt aufgenommen. Das Experiment Erde geht nun zu Ende. Eure Realität erlaubt es uns Seelen, an einigen Stellen einzugreifen und der Menschheit zu einem neuen Bewusstsein zu verhelfen. Wir Seelen leben gleichzeitig die verschiedensten Entwicklungsstufen des Menschseins, angefangen von dem reinen Überlebenstrieb bis hin zu der Fähigkeit, den Sinn des Lebens zu reflektieren. Gina und du, ihr seid gemeinsam in der Lage, dieses Bewusstseinsexperiment abzuschließen. Aus diesem Grund seid ihr zusammen. Es wäre für mich nicht möglich gewesen, dir allein alle Informationen mitzuteilen, die du gebraucht hättest, um diesen Umbruch zu gestalten. Du wärest allein gar nicht auf die Idee gekommen, nach dem Sinn des Lebens zu suchen. Gina hingegen hätte für sich allein nicht die Motivation gehabt, die Natur der Realität zu verstehen. Ihr beide seid zusammen aber ein perfektes Team, um mir die Möglichkeit zu geben, das Experiment zum Ende zu bringen. Ihr werdet den Menschen, die es interessiert, eure Botschaft weitergeben. Sie besteht darin, dass jeder Mensch, gleich auf welcher scheinbaren Entwicklungsstufe er sich auch fühlt, jetzt in der Lage ist, das Experiment Erde abzuschließen. Das ist der große Umbruch, den ich schon einmal zur Sprache brachte."

"Aber wie soll das funktionieren? Alles, was wir bisher versucht hatten, ging daneben."

Denk daran, ein Wunsch hat euch hierher gebracht. Ein Wunsch wird es auch jetzt sein, der euch weiterbringt. Ihr glaubtet bis jetzt, dass eure Wünsche nicht in Erfüllung gehen. Das ist jedoch nicht richtig. Jeder Wunsch, der nicht mit eurem eigenen Lebenswunsch im Konflikt stand, wurde erfüllt. Genauer gesagt: Ihr habt ihn euch selbst erfüllt. Euer Lebenswunsch bestand, wie du weißt, nun darin, sich von allem anderen Leben getrennt zu fühlen. Was glaubst du, warum dir dieser Wunsch jetzt bewusst wird?"

"Damit ich ihn ändern kann, wahrscheinlich."

"Ich sehe, du beginnst zu verstehen. Wenn es für euch jetzt nicht an der Zeit wäre, das Bewusstseinsexperiment Erde abzuschließen, wäre euch dieser Lebenswunsch niemals bewusst geworden."

"Aber bis jetzt ging immer meine Manipulationstaktik los, wenn ich mir etwas gewünscht habe."

"Das ist nicht ganz richtig, Bodo. Deine Manipulationstaktik ging nur dann los, wenn du Motivation gespürt hast. Motivation ist jedoch direkt an den Einfluss, den du auf die Welt zu haben glaubst, gebunden. Das heißt, du erlebst deine Manipulationstaktik, weil du den Glaubenssatz an den einzigen Einfluss auf die Welt aktivierst und damit auch den Glaubenssatz an das Getrenntsein. Ein Wunsch beinhaltet keine Motivation. Er beinhaltet für dich nicht das Wissenwollen, wie es geht, und für Gina nicht das Gefühl des Wertvollseins. Mit dem Wunsch zieht ihr euch in die neue Realität hinein. Genauso wie ihr das schon einmal gemacht habt mit dem Wunsch, die Realität der Erde zu erleben. Durch den Wunsch richtest du deine Konzentration auf die Realität, die du erleben willst, und schon beginnt der Sog, den du in deinem Getriebe kennengelernt hast."

"Ich brauche mir also nur zu wünschen, das All-einssein zu erleben und schon passiert es?"

"Im Prinzip schon. Du darfst allerdings nicht vergessen, dass du dich selbst in diesem Punkt nicht veralbern kannst. Es muss ein echter Wunsch sein. Der setzt wiederum voraus, dass du weißt, dass deine Wünsche in Erfüllung gehen. Du musst dazu erkennen können, dass du deine Realität, so wie sie war, erleben wolltest, und dass dafür auch dein Wunsch verantwortlich war. Nur so wird dein Wunsch keine Illusion sein, sondern eine reale Entscheidung darüber, was du erleben willst."

"Ich sehe schon, das wird wieder etwas schwieriger. Ich weiß auch nicht, wie ich das Gina begreiflich machen soll. Sie erlebt ja eine noch viel schlimmere Realität als ich."

"Gina wird damit viel leichter zurechtkommen als du. Sie besitzt die außerordentliche Fähigkeit, auf diese Bewusstseinsebenen zu gehen, die für dich nur Gedankenmodelle sind. Sie kann sie richtig nachempfinden, zumindest momentweise. Mach dir deshalb um Gina keine Sorgen. Ich habe euch beide nicht umsonst ausgesucht."

"Okay, Ella, ich glaube, ich brauche eine Pause. Ich werde bald wiederkommen."

"Jederzeit Bodo. Bis bald."

"Tschüs Ella."

Am Abend nach dieser Sitzung hatte ich Zeit, mit Gina zu reden. Ich hatte mir Gedanken darüber gemacht, wie ich Gina diese Informationen näherbringen könnte. Nach solch einem schweren Leben, wie sie es geführt hatte, musste es sehr schwierig zu akzeptieren sein, dass das alles nur ein Experiment gewesen sein soll, für das es, rein weltlich betrachtet, keinen richtigen Sinn gab. Ich kam jedoch gar nicht dazu, sie mit diesen Informationen zu überraschen. Sie hatte bereits am frühen Nachmittag eine Erfahrung bei ihrer Meditation gemacht, die meinen Vortrag vollkommen überflüssig machte. Sie hatte diese Bewusstseinsebene, die Ella mir als Gedankenmodell mitgeteilt hatte, bereits selbst erfahren, und zwar in etwa zu der gleichen Zeit, zu der ich mit Ella sprach. Sie erzählte mir, sie habe zuvor mit einer Freundin telefoniert, wobei ihr klar geworden ist, dass trotz ihrer Existenzängste immer genug Geld da war. Es war zwar wegen unserer Manipulationstaktik für sie jedesmal mit Leiden verbunden, aber wir waren nie wirklich ernsthaft in Gefahr. Nach diesem Gespräch spürte Gina eine Art Vertrauen in das Leben, wie sie es bisher nie kennengelernt hatte. Was sie mir daraufhin von ihren Erlebnissen in ihrer Meditation erzählt hatte, hörte sich überhaupt nicht nach Gina an. Sie musste sich, seit ich sie heute morgen gesehen hatte, gänzlich verändert haben.

"Schatz, ich habe heute Mittag erfahren, dass der Sinn des Lebens darin besteht zu leben, und leben heißt zu erschaffen. Ich kann es kaum in Worte fassen. Was ich erlebt habe, ist so anders als das, was ich normalerweise gedacht habe, so dass ich nur versuchen kann, es dir einigermaßen zu erklären. Auf meiner normalen

Bewusstseinsebene kann ich es selbst nicht ganz verstehen. Es ist mehr ein Gefühl."

"Was hast du denn erlebt? Es muss ja mächtig gewesen sein!"

"So könnte man es ausdrücken. Ich war auf einer höheren Bewusstseinsebene, von wo aus ich das Leben aus einem ganz anderen Blickwinkel gesehen habe. Auf dieser Ebene war ich total wertneutral. Ich betrachtete das Menschsein mit ganz anderen Augen."

"Was war denn so anders?"

"Wie soll ich es sagen? Es hört sich für mich selbst dumm an, wenn ich das sage, aber ich habe es so erfahren. Auf dieser Ebene habe ich gespürt, dass es vollkommen gleich ist, ob ich Freud oder Leid empfinde. Alles, was ich erlebe, ist wunderschön. Es ist das reine Glück. Ich war glücklich, Schmerz erleben zu können. Kannst du dir das vorstellen?"

"Du warst glücklich, Schmerz zu erleben? So etwas sagst du? Du hast doch immer gesagt, dass du es immer als sinnlos empfindest, alles so schmerzvoll erleben zu müssen. Was soll denn an Schmerz schön sein?"

"Das kann ich dir mit Worten nicht sagen. Ich kann es vom Verstand her nicht begreifen. Ich kann es nur fühlen. Ich konnte genau nachempfinden, dass ich total glücklich war, das Menschsein zu erleben. In allem steckte so viel Liebe, ich kann es kaum beschreiben."

"Willst du damit sagen, dass du erlebt hast, dass du dir dieses Leben freiwillig so gewünscht hast, wie es ist?"

"Es sieht so aus, Schatz. Du hättest diese Liebe fühlen müssen. Was mir dabei auch klar geworden ist: Dass ich das Leiden mit meinem Verstand immer künstlich aufgeblasen habe. Ich habe mir, anstatt es einfach nur zu erleben, immer wieder gesagt, wie schlimm es ist und damit alles nur noch schlimmer gemacht. Dazu kam noch die Sinnlosigkeit, die ich darin sah, alles so zu erleben."

"Und wieso meinst du, dass der Sinn des Lebens darin besteht, zu erschaffen?"

Das habe ich ganz deutlich gespürt. Leben ist erschaffen. Mir wurde klar, dass es nicht darum geht, im Leben irgendein Ziel zu erreichen. Ich lebe als Mensch, weil ich gerne lebe. Sonst nichts. Natürlich habe ich als Mensch bestimmte Aufgaben, die mich glücklich machen, besonders meine innere Berufung. Aber der Sinn des Lebens liegt trotzdem nicht darin, diese Aufgabe für andere aus irgendeinem Pflichtbewusstsein zu erfüllen, sondern darin, sie zu erleben, also sie zu erschaffen."

"Tut mir leid, aber da kann ich nicht richtig folgen. Ella hat mir zwar heute Mittag das Gleiche erzählt, aber es ergibt für mich einfach keinen Sinn."

"Auf meiner normalen Bewusstseinsebene würde ich das auch nicht verstehen können. Aber wenn du dieses Gefühl, diese übergroße Liebe für das Leben fühlst, funktioniert dein Verstand plötzlich ganz anders. Ich kann dir nur sagen, dass du Ella darum bitten solltest, dieses Gefühl zu erleben, sonst hast du, denke ich, keine Chance, den Grund für dein Menschsein zu verstehen."

"Gina, Ella hat noch etwas Wichtiges gesagt, und zwar, dass dieser Bewusstseinstand, den wir bisher auf der Erde gelebt haben, zu Ende geht."

"Das konnte ich auch ganz deutlich fühlen. Die Art und Weise, wie wir bisher gelebt haben, geht wirklich zu Ende. Es wird etwas ganz Phantastisches kommen. Ich konnte nicht wahrnehmen, was das sein wird, aber es wird phänomenal."

"Ella bezeichnete unsere Erde als ein Bewusstseinsexperiment. Das hat sich für mich so angehört, als wenn es darum ging, irgendetwas herauszufinden."

"Das ist aber nicht der Fall. Es war bestimmt ein Experiment. Doch das Ziel war nicht, etwas herauszufinden, sondern nur, es zu erleben. Und zwar aus der Freude heraus. Nicht, weil wir es für irgendetwas brauchen, sondern nur, weil es schön ist. Wir leben als Menschen, weil wir das menschliche Leben erschaffen wollen."

"Du sagst mir absolut das Gleiche wie Ella. Es muss also stimmen. Bei dir hört es sich aber viel gefühlvoller an. Ich werde noch einmal mit Ella darüber reden und sie bitten, mir dieses Gefühl zu vermitteln."

"Schatz, es liegt bestimmt nicht an Ella, dass es sich für dich so verstandesmäßig angehört hat. Es ist deine eigene Denkweise."

"Damit hast du sicherlich Recht."

Nach diesem Gespräch fühlte ich mich wieder etwas besser. Es hatte mich schwer beeindruckt, dass Gina diese Bewusstseinsebene erleben konnte. Und auch, dass wir in unserer Entwicklung wieder einmal parallel liefen. Gina hatte unabhängig von mir die gleichen Erfahrungen gemacht, nur auf eine andere Art und Weise.

Am nächsten Tag hatte Gina wieder Probleme mit ihrem Wertgefühl. Plötzlich ging ihr der Gedanke durch den Kopf, dass sie sich selbst entschlossen hatte, dies zu erleben, und dass es schön sei, dies zu können, genauso, wie sie es gestern erfahren hatte. Es war kaum zu glauben, das schlechte Gefühl verschwand sofort. Wir hatten nun seit über zwei Jahren daran gearbeitet, ihr Wertgefühl in den Griff zu bekommen, und keinen durchschlagenden Erfolg gehabt. Und jetzt verschwand dieses Gefühl ganz schnell durch einen einzigen Gedanken. Ich wollte es zuerst gar nicht glauben, aber das Gefühl kam nicht mehr wieder. Ich war sehr neugierig, was Ella dazu sagen würde. Ich setzte mich also wieder in meinen Trancesessel. Mittlerweile brauchte ich schon gar nichts mehr zu tun, um in Trance zu gehen. Es passierte einfach, sobald ich mich auf diesen Sessel setzte. Ella war schon an unserem Treffpunkt und begrüßte mich mit den Worten:

"Hallo, Bodo, du bist wieder ganz schön neugierig. Ich spüre, dass du wieder viele Fragen hast."

"Oh ja, Ella, bei Gina gab es einige sehr gravierende Veränderungen, die wir beide nicht richtig einordnen können."

"Gina hat die siebte Botschaft erlebt. Sie hat erlebt, dass sie liebt, was sie ist, und damit, dass sie all-eins ist. Dadurch ist für sie der Weg frei, in die höhere Bewusstseinsebene zu gehen. Es wird zwar noch ein paar Wochen dauern, aber sie kann nicht mehr an eurem Ziel vorbeilaufen. Sie wird immer häufiger diese übergeordnete Ebene einnehmen, die sie gestern erlebt hat. Und auch die Dauer dieser veränderten Bewusstseinsmomente wird immer länger werden. Sie wird nach und nach den energetischen Zustand der neuen Bewusstseinsebene einnehmen."

"Und was ist mit mir, Ella. Ich möchte diesen Schritt mit Gina zusammen gehen."

"Das wirst du, Bodo. Du wirst nur einen etwas anderen Weg gehen. Außerdem werdet ihr euch gegenseitig dabei helfen, diese höhere Bewusstseinsebene einzunehmen."

"Wie kann sie mir dabei helfen?"

Ich hatte diese Frage noch nicht richtig zu Ende gedacht, da erschien plötzlich wieder Albert Einstein. Ich freute mich sehr, dass ich ihn auch noch einmal wiedersah.

"Hallo, Bodo, ich möchte dir noch etwas erklären."

"Hallo, Albert, es ist schön, dass du gekommen bist."

"Du willst wissen, wie Gina dir helfen kann, die neue Ebene einzunehmen."

"Ja, ich habe da so meine Bedenken. Ich habe mit Gina über ihre Erfahrung gesprochen und konnte das, was sie mir sagen wollte, nicht im entferntesten nachvollziehen."

"Du konntest ihr mit deinem Verstand nicht folgen, meinst du. Das wirst du auch nie können. Dein Verstand kann die neue Ebene nicht fassen, aber mit deinem Herzen kannst du sie sehen."

"Ich verstehe nicht, wie Gina mir dabei helfen soll."

"Deshalb bin ich gekommen. Gina geht einen ganz anderen Weg als du. Sie erreicht ihr Ziel auf einem sehr emotionalen Weg, und du gebrauchst deinen Verstand, um an das Ziel zu kommen. Ihr werdet euch gegenseitig helfen, den jeweils anderen Weg auch zu nutzen. Du hast mit Gina vor kurzem mit Energie gearbeitet. Du hast sie mit deiner Ausstrahlung in eine andere psychische Verfassung gebracht. Genau das Gleiche wird Gina mit dir tun. Kennst du dich ein wenig in der Akustik aus?"

"Ich weiß nicht, vielleicht ein bisschen."

"Du weißt, was Resonanz ist. Eine erregende Frequenz bringt einen Gegenstand zum Schwingen, eine Gitarre beispielsweise. Die Gitarrensaite wird angeschlagen und schwingt in einem bestimmten Ton. Dieser Ton bringt nun den Gitarrenkörper zum Schwingen, und zwar in der gleichen Frequenz. Die Frequenz der Saite geht also auf den Gitarrenkörper über. Kannst du soweit folgen?"

"Ja natürlich, das verstehe ich."

"Auf genau die gleiche Weise wird Gina dich in ihrer Frequenz mitschwingen lassen. Sie ist im übertragenen Sinne in einer bestimmten energetischen Frequenz, wenn sie auf die übergeordnete Bewusstseinsebene geht, und strahlt diese infolgedessen mit ihrem Körper aus. Sie kann deine energetische Frequenz jetzt genauso anregen wie die Saite die Gitarre. Du wirst durch diese Anregung die übergeordnete Ebene erleben können. Auf die gleiche Art und Weise wird Gina auch anderen Menschen helfen, diese Bewusstseinsebene einzunehmen und ihnen dadurch die Möglichkeit geben, diese mystische Erfahrung der siebten Botschaft zu machen. In der Wissenschaft nennt man diesen zugrunde liegenden Mechanismus Resonanzgesetz. Dieses Gesetz ist allgemeingültig. Es gilt sowohl im materiellen Universum als auch im nichtmateriellen. Damit habe ich dir alles gesagt, was du wissen musst. Ich wünsche dir ein schönes Leben in der nächsten Bewusstseinsebene der Erde."

Mit diesen Worten verschwand Einstein wieder. Für einen Augenblick hatte ich das Gefühl, Einstein in Ella erkennen zu können. Als Ella dann aber wieder zu sprechen begann, war sie wieder ganz die alte.

"Okay, Bodo, damit ist eigentlich alles gesagt."

"Noch nicht so ganz, Ella. Einstein hat nichts darüber gesagt, wie ich Gina helfen kann."

"Du hilfst Gina, glauben zu können, genau wie Gina dir dabei hilft. Und genau das werdet ihr auch mit anderen Menschen machen. Jeder auf seine Art und Weise."

"Wie genau werde ich das tun? Ich kann ja selbst nicht richtig glauben."

"Ich habe dir in unserem letzten Gespräch deinen Lebensbaum erklärt. Wenn du dir dein Leben genau unter die Lupe nimmst, wirst du keinen Augenblick finden, der nicht deine Kernglaubenssätze widerspiegelt. Damit beweist deine Realität, dass du Schöpfer deines Lebens bist. Du erkennst daran, dass du nicht machtlos bist, wie der Glaubenssatz an das Getrenntsein es normalerweise erscheinen lässt. Das Leben birgt alle Beweise in sich, wenn du weißt, wo du hinschauen musst. Hilf also Gina zu erkennen, wie ihr Glaubensbaum gewachsen ist, und mach ihr klar, dass ihr Leben der Beweis dafür ist, dass ihr Schöpfer eurer Realität seid. Du weißt, dass ihr euch nur wünschen müsst, das All-einssein zu erleben, um in die neue Bewusstseinsebene zu kommen. Wenn ihr erkennt, dass ihr wahrhaftig die Schöpfer eurer Realität seid, dann wird dieser Wunsch die nötige Macht haben, euch in die neue Ebene hineinzubringen. Das, was ihr jetzt für euch gegenseitig tut, wird in Zukunft eure Aufgabe sein, die ihr euch für die anderen Menschen gewünscht habt. Ihr werdet also anderen Menschen helfen, die nächste Bewusstseinsebene der Erde anzunehmen. Ihr seid nicht die

Ersten, die diesen Schritt machen. Es ist nur so, dass die Menschen, die das schon geschafft haben, nicht mehr auf dieser Erde leben. Sie sind in einer neuen Realität, die ihnen ganz andere Erlebnismöglichkeiten bietet als die Erde. Es gab viele Kulturen auf der Welt, die in eurer Geschichte irgendwann plötzlich verschwunden sind. Die Inkas beispielsweise und auch die Einwohner von Atlantis. Wenn ein einzelner Mensch oder eine ganze Kultur den Schritt in eine neue Realitätsebene getan hat, verlässt sie diese Raumzeit-Welt und hinterlässt denen, die nach ihnen kommen, das Territorium. Das ist auf eurer Welt schon viele Male so geschehen. Aber noch nie hat es die gesamte Menschheit geschlossen geschafft, diesen Schritt zu machen. Das wird diesmal der Fall sein. Das Experiment Erde geht in der bisherigen Form endgültig zu Ende. Ich möchte dich jetzt bitten, Ginas Glaubensbaum aufzudecken, damit sich Gina vergewissern kann, dass auch sie ihr Leben selbst erschaffen haben muss."

"Dann danke ich dir für dieses Gespräch, Ella."

"Viel Spaß, Bodo, bis bald."

"Tschüs Ella."

Ich brauchte ein paar Tage, um dies alles so richtig zu verdauen. In meinem Kopf herrschte ein heilloses Durcheinander. Mir war auch noch nicht ganz klar, wie ich Ginas Baum aufdecken sollte. Prinzipiell wusste ich ja schon sehr viel, aber das war genau das Problem. Ich wusste zu viel. Ich hatte den Überblick verloren. Ich beschloss, dass ich mir zuerst einmal selbst von Gina helfen lassen wollte, um irgendwie Ordnung in die ganze Angelegenheit zu bringen.

In Ginas Entwicklung hatte die Natur eine sehr große Bedeutung angenommen. Gina spürte, dass die Natur das Bewusstsein ausstrahlte, all-eins zu sein. Es fiel ihr viel leichter, diese übergeordnete Ebene einzunehmen, die sie vor ein paar Tagen erlebt hatte, wenn sie sich in der Natur aufhielt. Wir gingen also auf ein nahe gelegenes Grundstück, auf dem viele Obstbäume wuchsen, und setzten uns auf ein schönes Stück Wiese zwischen den Bäumen. Man konnte Gina zuschauen, wie sich in dieser Umgebung ihr Energieniveau anhob. Als sie ihre übergeordnete Ebene eingenommen hatte, legte ich meinen Kopf in ihren Schoss und ließ die Ausstrahlung ihrer Hände auf mich wirken. Ich wusste nicht, was passieren würde. Ich stellte mich einfach darauf ein, mich überraschen zu lassen. Nach ein paar Minuten stellte sich bei mir ein seltsames Gefühl des Vertrauens ein. Auf einmal funktionierte mein Verstand ganz anders als zuvor. Mir war plötzlich klar, dass in meinem Leben niemals etwas passieren kann, was mir wirklich schaden würde. Ich war ja selbst das gesamte Leben, und ich würde mir niemals selbst Schaden zufügen. Ich konnte deutlich spüren, dass dies das Vertrauen sein musste, welches auch Gina das erste Mal diese Ebene erleben ließ.

Jetzt wurde mir auch klar, wie Ginas Hilfe für mich aussehen würde. Ich erlebte nicht ihren Weg, in diese übergeordnete Ebene zu kommen, sondern sie unterstützte durch ihre Energie meinen eigenen Weg. Ich verstand die Zusammenhänge, die ich allein nicht zusammenbrachte. Mir wurde auch ganz klar, dass ich meinen bisherigen Lebensbaum nicht verändern, sondern einen neuen pflanzen sollte. Der Kern dieses Baumes sollte der Glaubenssatz sein, eins zu sein mit all dem, was ist. Während mein Kopf so in Ginas Schoß lag, spürte ich, wie meine Gedanken sich zu einem neuen Verständnis formierten. Mir wurde plötzlich klar, dass das Spiel des Lebens, das wir Menschen spielten, in einem einzigen Satz ausgedrückt werden konnte. *Ich will all-eins sein, bin es aber nicht.* Darin lag der ganze Konflikt, der unser Leben in Gang brachte. Rein weltlich hatten wir ihn zwar alle auf eine andere Art und Weise umgesetzt, aber im Grunde genommen ging es doch immer um das Gleiche. Alle Menschen strebten nach dem Gefühl des All-einsseins, also nach Liebe. Um danach streben zu können, mussten sie zuvor eine Sehnsucht entwickelt haben. Für die Sehnsucht waren wiederum Mangelgefühle notwendig. Und hierzu benötigten wir die Erinnerung ans All-einsein, damit wir spüren konnten, was wir verloren hatten. Das, was wir an Liebe spüren konnten, war gerade so viel, dass wir merkten, wie schön das ist, und wir infolgedessen eine Art Suchtverhalten entwickeln konnten. Wir waren auf diesen Planeten gekommen, um uns getrennt zu fühlen von All-dem-was-ist. Um das aber wirklich zu erleben, brauchten wir die Sehnsucht nach dem All-einssein. Ohne diesen Antrieb wäre uns gar nicht aufgefallen, dass wir uns getrennt fühlten. Das war also der ganze Konflikt, den ich zu suchen hatte. Um Menschen sich davon überzeugen zu lassen, dass sie die Macht hatten, ihre Realität zu erschaffen, musste ich ihnen nur helfen, ihre jeweilige weltliche

Variante dieses Konfliktes zu verstehen. Damit könnten sie beginnen, ihr Leben als Beweis zu erkennen, dass sie selbst ihre eigenen Schöpfer waren. Gina würde ihnen helfen, das Ganze nicht nur zu verstehen, sondern es auch zu erleben.

Nachdem ich dies verstanden hatte, fühlte ich, dass ich mich wieder einmal mit Ella unterhalten sollte. Ich wusste, sie würde mir weitere Impulse geben, um die Lebensbäume anderer Menschen aufdecken zu können. Noch während mein Kopf in Ginas Schoss lag, meldete sich Ella unverhofft in meinen Gedanken.

"Hallo, Bodo."

"Hallo, Ella, schön dich zu sehen."

"Bodo, ich möchte die Gelegenheit nutzen, dir noch einige Zusammenhänge zu erklären. Dass du durch Ginas Ausstrahlung in dieser guten Verfassung bist, möchte ich nicht ungenützt lassen."

"Ich freue mich auf diese Informationen."

"Du hast den Grundkonflikt, der euch zu Menschen macht, richtig verstanden. Was in diesem Zusammenhang noch wichtig ist, vor allem, wenn du anderen Menschen helfen willst, ist die Konzentration deiner Gedanken auf deine Eigenmacht. Du solltest den Lebensbaum immer im Hinblick auf die Schöpferkraft der Menschen sehen. Das Aufdecken dieser Zusammenhänge hat den Sinn zu erkennen, dass die Ereignisse im eigenen Leben und in dem der anderen unmöglich zufällig exakt mit euren Glaubenssätzen zusammenhängen können. Du wirst merken, dass alle Menschen ganz unterschiedliche Kernglaubenssätze haben, sie aber alle in jedem Moment genau die Realität erleben, die ihre Kernglaubenssätze widerspiegelt. Damit die Menschen, die zu dir kommen, diese Erfahrung machen können, wäre es sinnvoll, dass du in kleinen Gruppen mit ihnen arbeitest."

"Das sehe ich genauso, Ella. Was mich momentan noch etwas zurückhält, ist, dass ich noch nicht so richtig weiß, wie das Ganze vonstatten gehen soll."

"Was dir fehlt, ist ein wenig Struktur in deiner Arbeit."

"Genau, du hast Recht, das ist eigentlich das, was mich hauptsächlich stört."

"Wenn du willst, dann werden wir jetzt versuchen, etwas mehr Struktur hineinzubringen."

"Und ob ich das will, klar."

"Bodo, das Erste, was du herausfinden solltest, ist die weltliche Variante des Grundkonfliktes, also des Konfliktes, all-eins sein zu wollen, aber zu glauben, es nicht zu sein. Nimm als Beispiel deinen eigenen Konflikt. Du glaubst, du kannst nur glücklich werden, wenn du das Richtige zur richtigen Zeit tust. Du glaubst aber, dass du es nicht kannst, weil du nicht genug weißt. Das ist vom Prinzip her das Gleiche wie all-eins sein zu wollen und zu glauben, dass man es nicht ist. Aus dieser Problemstellung leitet sich ein Ziel her, worin du die Lösung für diesen Konflikt siehst. Es entsteht dein Lebensziel, bei dir also das Ziel, herauszufinden, wie das Leben funktioniert. Du wirst normalerweise dein ganzes Leben daran arbeiten, dieses Ziel zu verwirklichen. Wie du bereits erkannt hast, gibt es bei diesem Ziel kein Ankommen. Dafür war es auch nicht gedacht. Es bringt dein Leben einfach in Schwung und ermöglicht es dir, auf deine individuelle Art und Weise das Getrenntsein zu erleben. Das ist also die nächste Station, die du aufdecken solltest: Das Lebensziel - oder anders ausgedrückt, deine Manipulationstaktik - leitet sich her aus dem Einfluss, den du auf die Realität zu haben glaubst. Nur darin siehst du die realistische Chance, dein Glück zu erreichen. Deshalb verfolgst du dein Ziel auch mit aller Konsequenz. Bei dir besteht der Einfluss, den du auf die Realität zu haben glaubst, im Handeln. Du glaubst, nur durch dein Handeln etwas bewegen zu können.

Der nächste Punkt in diesem Zusammenhang gilt der Art und Weise, wie du versuchst, andere Menschen zu manipulieren. Und glaube mir, jeder tut dies. In deinem Fall ist es das Überzeugen. Du willst durch Kompetenz und Wissen überzeugen. Das Letzte, was du herausfinden solltest, ist das Grundgefühl. Es leitet sich her aus dem Grundkonflikt und der Manipulationstaktik. Dieses Grundgefühl ist in jedem Augenblick deines Lebens unterschwellig zu spüren. Es bestimmt die Art deiner Gedanken und aller anderen Gefühle. Es ist also nicht verwunderlich, dass dieses Gefühl von allen Ereignissen deiner Realität permanent widergespiegelt wird. Die Konzentration deiner Handlungsweise sollte während der gesamten Zeit darauf liegen, die Menschen erkennen zu lassen, dass die Ereignisse in ihrem Leben exakt mit ihrem Grundgefühl und dem Grundkonflikt übereinstimmen. Lass sie merken, dass es dafür nur eine Erklärung gibt, nämlich die, dass sie ihr Leben selbst erschaffen. Das wäre im wesentlichen das, was du aufdecken solltest."

"Was ich noch gerne wissen möchte, ist, wie ich meine Realität eigentlich erschaffe. Ich weiß nur, dass ich das mit meinen Glaubenssätzen mache. Aber mir ist nicht ganz klar, wie genau meine Glaubenssätze zu Ereignissen umgesetzt werden."

"Hier gibt dir die zweite Botschaft eine Antwort. Deine Gedanken schaffen die Realität. Stell dir die Welt als einen lebenden Organismus vor, was er in Wirklichkeit ja auch ist. Vergleichen wir dein Leben einmal mit deinem Körper. Dieser Vergleich ist mehr als nur eine Analogie. Dieselben Grundmechanismen, die das Universum formen, gestalten auch deinen Körper. Es sind allgemeingültige Gesetze, die allem Leben als grundlegendes Ordnungsprinzip zugrunde liegen. Auch in deinem Körper gilt, dass deine Gedanken alle Bewegungen hervorbringen. Dein Einfluss auf deinen Körper liegt also in deinen Gedanken. Wenn du einen Finger bewegst, musst du vorher an diese Bewegung gedacht haben. Das heißt, du hast deinen Finger, bevor er sich wirklich bewegt, bereits in Gedanken bewegt. Diese Gedanken geben durch deine Nervenbahnen energetische Impulse an die Muskeln, die entsprechend dieser Informationen reagieren. Genau das Gleiche findet in deiner äußeren Welt statt. Deine Gedanken werden als emotionale Impulse durch die Nervenbahnen der Realität geschickt und lösen dort an Ort und Stelle, damit meine ich in Zeit und Raum, die entsprechenden Ereignisse aus. Der wahre Einfluss auf deine Realität liegt also in deinen Gedanken."

"Ja, aber die denke ich doch vorwiegend unbewusst. Damit habe ich ja wieder keinen bewussten Einfluss auf meine Realität."

"Was sind deine Glaubenssätze, Bodo?"

"Beurteilungen der Realität."

"Und als solche auch Gedanken, verstehst du?"

"Nicht ganz, Ella."

"Deine Glaubenssätze sind nichts weiter als Gedanken, mit denen du lediglich andere Gedanken auf diese Denkweise festlegst. Jeder Gedanke beinhaltet eine Vorannahme. Wenn du dir etwas wünschst, zum Beispiel Erfolg zu haben, dann beinhaltet dieser Wunsch alle Gedanken, wie du ihn erfüllen kannst. In diesem Fall den Gedanken, dass du nur erfolgreich sein kannst, wenn du andere davon überzeugen kannst, dass du gut bist. Dieser Gedanke beinhaltet wiederum den Gedanken an deinen wirklichen Einfluss auf die Welt, den du ja bekanntlich im richtigen Handeln siehst, und damit auch der Gedanke an das Nichtwissen, wie es funktioniert. Dieser Gedanke an dein Nichtwissen hat als Vorannahme den Gedanken an das Getrenntsein: Mit jedem Gedanken, den du denkst, aktivierst du immer die gesamte Kette, die auf das Getrenntsein aufgebaut ist. Diese Kette ist deine Denkweise. Deine Realität ist nichts anderes als eine andere Form deiner Gedanken. Eine andere Art Sprache. Verstehst du? Es ist deine Denkweise, die du permanent in deiner äußeren Realität erlebst. Und noch eins ist in diesem Zusammenhang wichtig: Der Wunsch ist der Vater des Gedankens. Damit beginnt alles. Der Wunsch bringt deine Realität in Schwung, er ist dein Antrieb. Er lässt dich bestimmte Ereignisse erleben. Dieser Wunsch wird sofort, nachdem du ihn gedacht hast, von deiner Denkweise in Form gebracht. Er wird deine Realität getreu nach deiner Denkweise gestalten. Der Wunsch ist also der antreibende Faktor, der bestimmt, was du erlebst, und deine Denkweise ist der lenkende Faktor, der bestimmt, wie du es erlebst. Deine Denkweise baut, wie du weißt, auf deinem Grundgefühl auf, das wiederum auf deinem Grundkonflikt aufbaut usw. Dadurch sieht, speziell bei dir, die Realität meistens so aus, dass dein Wunsch nicht realisiert wird. Es sei denn, dass du aufgrund deiner Denkweise Einfluss auf die Ereignisse zu haben glaubst. Je größer dein Einfluss, desto mehr erfüllt sich der Wunsch."

"Aber wie bringt mich dieses Wissen jetzt weiter?"

"Du musst nur einen einzigen Gedanken ändern, Bodo. Den, auf dem alle anderen aufbauen. Die ganze Kette, die sich auf den neuen Gedanken aufbaut, wird dann deine neue Realität bestimmen."

"Du meinst, ich soll den Gedanken an das Getrenntsein austauschen durch das All-einssein."

"Nicht ganz, Bodo. Du kannst noch eine Ebene vorher einsetzen. Du weißt, dass für das Erleben deiner jetzigen Realität ein einziger Wunschgedanke verantwortlich war. Das heißt, du hast die Macht, durch deine Gedanken deine ganze Welt zu erschaffen. Das ist der Gedanke, den du annehmen musst. Wenn du erkennst und damit glaubst, dass deine Gedanken die Realität erschaffen, wirst du automatisch den Glauben an das Getrenntsein verlieren, und den Wunschgedanken haben, jetzt das Gefühl des All-einsseins zu erleben, also die allumfassende Liebe. Du kannst für das

Getrenntsein genauso viele Beweise finden wie für das All-einssein. Wenn du versuchen würdest, hier eine Entscheidung zu treffen, würdest du dir nie ganz sicher sein. Zu erkennen, dass deine Denkweise identisch ist mit deiner Realität, ist hier sehr viel einfacher. Du wirst keine einzige Situation in deinem Leben und in dem anderer Menschen finden, die gegen dieses Gesetz verstößt. Im Gegenteil, du kannst alle Ereignisse genau mit den zugrundeliegenden Denkweisen, also den Glaubenssätzen, in Übereinstimmung bringen. Du wirst deshalb im Leben aller Menschen eindeutige Beweise finden, dass eure Denkweise die Realität bestimmt. Nachdem du dich von dieser Tatsache überzeugt hast, bildet diese Überzeugung den grundlegenden Gedanken, auf dem deine gesamte Denkweise aufbaut. Verstehst du, was diese Erkenntnis für dich bedeutet?"

"Ja, aber wenn ich jetzt glaube, dass meine Gedanken meine Realität erschaffen, besteht da nicht die Gefahr, dass sich auch meine negativen Gedanken erfüllen?"

"Deine negativen Gedanken realisieren sich sowieso. Du brauchst nicht erst daran zu glauben, dass deine Denkweise deine Realität gestaltet. Das passiert, auch ohne dass du daran glaubst."

"Das verstehe ich nicht. Ich dachte, ich kann nur erleben, was ich glaube."

"Du erlebst, was du denkst. Auch wenn du nicht daran glaubst, dass deine Gedanken deine Realität erschaffen, ist deine Denkweise trotzdem identisch mit deinen Ereignissen. Das ist ein Naturgesetz auf eurer Welt. Auf der Seelenebene mussten wir uns Gesetzmäßigkeiten schaffen, um eine definierte Form des Erlebens auf der Erde zu gewährleisten, das ist das wichtigste Gesetz für dein Ziel, glücklich zu sein.

Aber zurück zu deiner Frage von vorhin. Du brauchst keine Bedenken zu haben, dass sich irgendwelche negativen Gedanken realisieren, die es jetzt nicht tun. Im Gegenteil, du wirst gar keine negativen Gedanken mehr denken. Überlege doch einmal, warum hast du negative Gedanken?"

"Ich denke sie, weil ich Angst oder Zweifel habe."

"Ganz genau, und deine Ängste und Zweifel stammen aus deiner Denkweise, die darin besteht, dass du denkst, es könnte immer irgendetwas passieren, was du nicht kontrollieren kannst. Deine negativen Gedanken kommen ausnahmslos aus dieser Denkweise. Würdest du wirklich schon glauben, dass deine Denkweise deine Realität gestaltet, hättest du keine negativen Gedanken mehr. Verstehst du, Angst oder Zweifel kannst du nur haben, wenn du denkst, du hättest keinen oder nur wenig Einfluss auf deine Realität. Wenn du aber sicher weißt, dass du selbst diese Ereignisse bist, dass du darin lebst, wie es dir die erste Botschaft sagte, dann ist jede Angst unsinnig."

"Ich glaube, ich beginne langsam zu verstehen. Wenn ich mich als Schöpfer meiner Realität sehe, bestimme ich dadurch eine neue Denkweise."

"Jetzt ist der Groschen gefallen. Was du soeben verstanden hast, ermöglicht mir, dir das Verständnis zu geben, um das es die ganze Zeit geht. Wir haben um den heißen Brei herumgeredet. Was wir dabei getan haben, war nichts anderes, als den springenden Punkt immer enger einzukreisen. Jetzt ist der Moment gekommen, wo ich dir die eigentliche Botschaft mitteilen kann."

"Was? Ich verstehe gar nichts mehr."

"Okay, mal ganz langsam von vorne. Du weißt sicherlich noch, womit unsere Arbeit eigentlich begann. Ich wollte dir klarmachen, wer du bist. Das war die erste Botschaft. Und genau darin liegt der Schlüssel, der dir den Weg zur neuen Bewusstseinsebene ermöglicht. Dein Ziel, 24 Stunden pro Tag glücklich zu sein, rückt damit in greifbare Nähe. Deine Bewusstseinsebene ist nichts anderes als die Definition, wer du bist."

"Moment bitte, Ella. Ich kann dir nicht folgen. Ich verstehe nur, dass es jetzt eigentlich erst um die Wurst geht. Alles, was bisher geschah, war nur notwendig, um das zu verstehen, was jetzt kommt. Ist es das, was du mir sagen willst?"

"So ist es, Bodo. Ich werde meinen Enthusiasmus etwas bremsen. Dann kann ich dir die Informationen besser Schritt für Schritt aufbauen. Wir reden von deiner Denkweise, die deine Realität gestaltet. Was ich dir noch nicht ganz begreiflich machen konnte, ist der Ursprung deiner Denkweise."

"Du sagtest, sie läge in meinem Grundkonflikt und meiner Grundstimmung begründet."

"Findest du nicht, dass dies eine sehr ungenaue Aussage ist? Ich konnte es dir noch nicht genauer sagen. Dir fehlten die nötigen Grundlagen."

"Ella, was ist denn jetzt der springende Punkt?"

"Deine gesamte Denkweise liegt darin begründet, *wer* du zu sein glaubst. Alles andere resultiert daraus. Dein Grundkonflikt beispielsweise konnte nur entstehen, weil du glaubtest, ein isoliertes Wesen zu sein, das von jeglichem Wissen getrennt ist. Du bist getrennt von dem Rest der Schöpfung. Das ist der Kernglaubenssatz, auf den alles aufbaut. Verstehst du? Deine gesamte Realität ist dadurch definiert, wer du zu sein glaubst."

"Ella, ich steige nicht ganz durch, was du mir sagen willst."

"Ich versuche, es dir noch deutlicher aufzubauen. Am Anfang deiner Existenz in diesem Universum steht die Beurteilung über dich selbst. Du beurteilst, wer du bist. Aufgrund dieser Annahme entsteht deine Denkweise. Es macht für dich nur Sinn, aufgrund dieser Beurteilung zu denken und zu handeln. Wenn du denkst, du seist Schöpfer deiner Selbst, dann wäre es sehr unlogisch, darüber nachzudenken, dass irgendetwas in deinem Leben passieren könnte. Du wüsstest ja, dass du alles selbst erschaffst und dass infolgedessen nichts passieren kann, sondern alles von dir selbst erschaffen wird. Deine Denkweise würde dich gar nicht auf die Idee kommen lassen, darüber zu spekulieren, was alles passieren könnte. Aufgrund der Beurteilung, wer du bist, hast du auch den Sinn des Lebens für dich definiert und glaubtest wie alle anderen, dass dieser Sinn die Wahrheit ist. Der Sinn des Lebens, wie ihr ihn seht, ist jedoch niemals die Wahrheit. Er entsteht immer aus dem Gedanken, wer ihr seid. Der Sinn des Lebens ist, wie ich es dir gesagt habe, auf eurer Welt nicht begreifbar. Annäherungsweise hat es etwas mit dem Erleben zu tun. Aber auch das ist nur eine Annäherung und nicht die Wahrheit. Ganz wichtig zu verstehen ist jetzt, dass der Sinn des Lebens, den ihr für euch definiert habt, euren Gedanken einen Sinn gibt. Nimm beispielsweise Gina. Wodurch glaubst du, ist denn bei ihr die Grundstimmung entstanden?"

"Aus ihrem Grundkonflikt, nehme ich an. Sie glaubt, nur glücklich sein zu können, wenn sie es auch wert ist. Daran zweifelt sie allerdings gerade."

"Warum glaubst du, kann sie überhaupt daran zweifeln?"

"Keine Ahnung. Sie weiß einfach nicht, ob sie wertvoll ist oder nicht."

"Sie weiß es deshalb nicht, weil sie nicht weiß, ob sie den Sinn ihres Lebens erfüllen kann oder nicht. Genau daran zweifelt sie. Sie sieht den Sinn ihres Lebens darin, sich selbst und die Welt zur Liebe zu bringen. Wann immer sie in diesem Punkt kein Weiterkommen sieht, fühlt sie sich wertlos. Sie zweifelt generell daran, dieses große Ziel erreichen zu können. Sie hofft, es zu schaffen, aber sie ist sich dessen nicht sicher. Genau das ist ihre Grundstimmung, wie du weißt. Und diese entsteht durch ihre Denkweise."

"Verstehe ich das richtig? Der Glaubenssatz, wer ich bin, legt für mich fest, was ich als Sinn des Lebens erkenne und welchen Einfluss ich auf die Welt zu haben glaube, und dadurch entsteht eine bestimmte Denkweise."

"Genau so ist es. Genauer gesagt, bestimmt die Beurteilung, wer du bist, direkt deine Denkweise. Der Einfluss auf die Welt und dein Lebenssinn resultieren schon aus dieser Denkweise. Der Glaube, wer du bist, ist nichts, was du erst im Laufe deines Lebens erfahren hast. Du hast dies schon vor deiner Geburt festgelegt. Du hast ihn gewissermaßen festgelegt, als du noch wusstest, dass du Ella bist. Dies ist der Wunsch, der dich auf diese Welt gebracht hat, so wie ich es dir schon einmal erklärt habe. Du hast dir gewünscht zu erleben, wer du bist. Dieser Wunsch hat, wie du weißt, für euch Menschen immer mit dem Getrenntsein zu tun. Aber jeder Mensch, wirklich jeder, hat ein individuelles Verständnis dafür, wer er ist. Es gibt nun nichts anderes herauszufinden, als zu erkennen, wer du wirklich bist. Du weißt von deinem Verstand her, dass du Ella bist und das Bodo-Sein nur spielst. Deine gesamte Arbeit mit dir oder anderen Menschen sollte sich nur darum drehen, zu erkennen, dass ihr Schöpfer seid, dass ihr all-eins seid. Ihr seid vollkommen frei, in jeglicher Hinsicht. Es gibt keinerlei Begrenzungen, die euch vorschreiben, wie ihr leben müsst.

Bisher habt ihr euch mit dem Sinn, den ihr in euer Leben hineinprojiziert hattet, vorgeschrieben, wie ihr zu leben habt. Gina musste die Welt zu mehr Liebe bringen und du dich permanent weiterentwickeln. Alles, was ihr erlebt habt, war für euch nur sinnvoll, wenn ihr genau das tun konntet. Alle Probleme, die ihr in eurem Leben habt, sind dadurch entstanden - dadurch und durch den

Glauben an eure Machtlosigkeit in Bezug auf eure Wunscherfüllung. Ihr fühltet euch nicht in der Lage, permanente Lebensfreude zu leben. Diese Denkweise resultierte, wie gesagt, aus der Beurteilung über euch selbst, wer ihr seid. Arbeite daran, diese Beurteilung zu verändern, und du erschaffst eine neue Welt. Erinnere dich an die erste Botschaft. Du bist, was du erlebst, und das gilt auch genauso umgekehrt. Du erlebst, was du bist. Das, was du zu sein glaubst, legt deinen Erlebnisbereich fest. Hilf dir und den anderen Menschen zu erkennen, wer sie wirklich sind. Das wird die Denkweise von euch allen so verändern, dass ihr eine Welt der Liebe und der Lebensfreude erschaffen werdet. Erkennt, dass ihr Schöpfer und als solche all-eins seid. Denk einmal darüber nach. Wie wird die neue Denkweise, die eure Realität gestalten wird, denn aussehen? Denkst du dann noch über irgendetwas negativ?"

"Sicherlich nicht. Die einzigen Gedanken, die sinnvoll sind, werden Wünsche sein."

"Ganz genau, die ganzen Spekulationen, was alles passieren könnte und wie du darauf reagieren müsstest, wären unsinnig. Du würdest gar nicht auf die Idee kommen, darüber zu spekulieren, da du ja genau wüsstest, dass das kommt, was du willst. Anstatt deine Zeit damit zu vertun zu spekulieren, wie du handeln musst, um dein Glück zu behalten oder zu erreichen, könntest du einfach deine Realität wirklich erleben. Richtig voll und ganz im Hier und Jetzt sein. Dein gesamter Grundkonflikt würde zerfallen wie ein Kartenhaus und damit auch dein Grundgefühl. Die Neugier auf das Verstehenwollen ist plötzlich vollkommen unwichtig. Es wird also sehr unlogisch sein, dass du dir aufgrund dieser Beurteilung deiner selbst negative Gedanken machst. Dein Grundgefühl wird die Liebe sein, da du dich seit jeher all-eins fühlen wolltest. Daran wird sich auch nichts ändern. Du willst lieben, und die Gedanken, die du dir in dieser Hinsicht machst, bauen auf dem Glaubenssatz auf, dass deine Gedanken und damit auch alle Wunschgedanken sich verwirklichen. Das Einzige, was du hierzu tun musst, ist, dem Glaubenssatz an das Getrenntsein keine Nahrung mehr zu geben. Du kannst dir die Glaubenssätze, die ja bekanntlich deine Denkweise bestimmen, wie Realitätskraftwerke vorstellen. Wenn du jetzt deine Realität nur noch aus dem Blickwinkel betrachtest, dass du durch deine Denkweise Schöpfer der Ereignisse bist, dann wird dadurch automatisch alle

Energie von den alten Glaubenssätzen an das Getrenntsein abgezogen. Durch diese Sichtweise verstärkt sich der Glaubenssatz, dass du Schöpfer bist, ganz automatisch. Es ist in dieser Hinsicht auch gleichgültig, ob die Ereignisse, die du geschaffen hast, angenehm oder unangenehm sind. Es gibt keine Fehler in der Erschaffung deiner Realität. Deine Denkweise bestimmt alle Ereignisse, die schönen genauso wie die hässlichen. Du kannst also nichts falsch machen. Du kannst in allem, was sich ereignet, erkennen, dass du Schöpfer bist. Nur darauf kommt es an. Dieser Glaubenssatz wird von Tag zu Tag in dir wachsen und immer mehr deine Realität bestimmen. Mach dir also nichts daraus, wenn du noch Situationen erlebst, die dir Probleme bereiten. Erkenne nur, dass du auch diese Probleme mit deiner Denkweise erschaffen hast. Wenn du dich an diese Sichtweise hältst, kann nichts mehr schiefgehen. Du wirst deine Realität immer mehr mit dem Glaubenssatz erschaffen, dass du Schöpfer bist. Und noch eins: Es gibt nur einen Schöpfer. Ihr alle, genauer gesagt, alles, was existiert, ist ein und derselbe Schöpfer. Verstehst du jetzt, was das Ganze für deine Lebensweise bedeutet?"

"Ja, Ella, das ist ja phantastisch. Ich werde meine Realität also bewusst nach meinen Wünschen gestalten und mir immer bewusst sein, dass ich all-eins bin, sobald ich mich davon überzeugt habe, dass ich eigentlich du bin. Ich brauche nur zu erkennen, dass meine Denkweise meine Realität gestaltet und damit ich der Schöpfer dieser Realität sein muss."

"Richtig. Und noch eins ist in diesem Zusammenhang wichtig: Ich habe dir bereits gesagt, dass ein Wunsch dafür verantwortlich war, dass du Mensch geworden bist. Ich habe dir weiterhin versucht klarzumachen, dass dieser Wunsch deine gesamte Realität gestaltet. Du erinnerst dich: Du glaubst, was du willst. Und du weißt, dass deine Glaubenssätze und damit deine Denkweise deine Realität erschaffen. Dir müsste infolgedessen klar sein, dass du keine Glaubenssätze ändern kannst, die du immer noch so haben willst. Dein Wille steht über den Glaubenssätzen. Es wird also zwecklos sein, einzelne Glaubenssätze verändern zu wollen, solange du das Getrenntsein noch erleben willst."

"Aber ich will es ja nicht mehr erleben."

"Das ist genau der Punkt, der dir noch nicht so ganz bewusst geworden ist. Wenn du wirklich sicher weißt, dass du Schöpfer deiner Realität bist - und das nicht nur rein theoretisch, sondern ganz real, wie du hier wahrhaftig Mensch bist - dann hast du die halbe Miete bereits in der Tasche."

"Aber was gibt es denn sonst noch zu tun?"

"Zu tun im Grunde genommen nichts, aber zu wollen. Ich habe es dir bereits gesagt, ein Wunsch hat dich Mensch werden lassen. Ein Wunsch wird es auch sein, der dich weiterbringt. Aber nur, wenn dieser Wunsch auf realen Beinen steht, du also weißt, dass du tatsächlich deine Realität erschaffst, nur dann wirst du in der Lage sein, deine Realität grundlegend zu verändern. Es geht, wie ich es schon eben angedeutet habe, darum, dass der Wille dem Glauben übergeordnet ist. Nur wenn du keinen höheren Wunsch mehr hast, als zu erleben, bewusst Schöpfer zu sein und als solcher all-eins, wirst du dies auch erleben.

Dir müsste mittlerweile klar geworden sein, dass du dir auch bisher gewünscht hast, deine Realität nach deinen Wünschen zu gestalten, und du hast dies trotzdem nicht getan. Der Grund ist, wie du weißt, dass du das Getrenntsein als höchsten Wunsch festgelegt hattest und den Wunsch, all-eins zu sein, lediglich dazu benutzt hast, dein Leben in Schwung zu bringen. Dies ist ja bekanntlich der Grundkonflikt der Menschheit, um den sich bei euch alles dreht. Dir wird jetzt nur aus einem einzigen Grund bewusst, dass du Schöpfer bist. Du hast aus tiefster Seele beschlossen, dass du nun das Getrenntsein lange genug erlebt hast und du jetzt als höchsten Wunsch deine Realität als Mensch bewusst erschaffen willst.

Und genauso geht es dem Leser, der dieses Buch liest. Es fiel Dir nicht zufällig in die Hände. Lieber Leser! Deine Zeit ist ebenfalls gekommen.

Verstehst du jetzt Bodo, warum deiner Welt ein großer Umbruch bevorsteht? Die Zeit ist gekommen, wo alle Menschen dieses Bewusstsein leben wollen."

"Ella, ich bin begeistert. Lass dich knutschen. Ich werde jetzt Gina helfen, den Einfluss auf ihre Realität in ihren Gedanken zu sehen. Ich bin sicher, dass ich sie damit auf ihrem Weg zum All-einssein unterstützen kann."

"Ich wünsche dir viel Spaß damit, Bodo. Und sag Gina von mir noch schöne Grüße."

"Tschüs Ella, ich liebe dich."

"Ich euch auch, tschüs Bodo."

Ich spürte nach diesem Gespräch, dass wir unser Ziel sehr bald erreichen würden. Als ich die Augen öffnete, sah ich in die schönen Augen von Gina. Ich war so voller Liebe, dass ich gar nicht wusste, wohin damit. Ich erzählte ihr alles, was ich von Ella erfahren hatte. Gina hatte gespürt, dass die ganze Sache für mich sehr wichtig gewesen war. Wir beschlossen, die gute Stimmung dieses Tages ausgiebig zu genießen und uns erst am nächsten Tag mit Ginas Glaubensbaum zu befassen. Wir spürten beide ganz deutlich, dass die Zeit, in der wir unseren Zielen nachgerannt waren, vorbei war. In uns machte sich von Tag zu Tag immer stärker eine Art innerer Frieden bemerkbar.

An diesem Abend beschlossen wir, unsere erste Gruppe zu bilden, um den Teilnehmern zu helfen, ihr Bewusstsein zu verändern. Wir hatten die ganze Zeit über regen Kontakt mit Menschen, die auf dem gleichen Weg waren. Wir trommelten die Leute unseres engsten Bekanntenkreises zusammen und boten ihnen an, solch eine Gruppe zu bilden. Es ergab sich daraus eine Gruppe von fünf Leuten. Im Mai 1995 legten wir mit dieser Gruppe los. Gina arbeitete mit Energie, und ich versuchte, die Gruppe langsam an die Erkenntnis des Grundkonfliktes heranzuführen. Mit der Zeit wuchs die Spannung immer mehr. Die Gruppe merkte immer deutlicher, dass das gesteckte Ziel, glücklich zu sein, aus einem ganz bestimmten Grund schwer erreichbar war. Es kam der Tag, als die Ersten endlich wissen wollten, warum sie nicht weiterkamen. Jetzt waren sie offen genug, die Informationen über den Sinn des Lebens und den Grundkonflikt anzunehmen.

Die Denkweisen, die wir in dieser Gruppe aufdeckten, waren sehr interessant. *Peter*, dessen Lebensziel wir schon früher herausgefunden hatten, als es noch darum ging, dass man sein Lebensziel nicht erreichen kann, hatte folgende Denkweise: Der Grundkonflikt lag zum einen in den Glaubenssätzen, sich nicht selbst alles geben zu können, was man zum Glücklichsein braucht, und zum anderen darin, den Anderen nicht an sich heranlassen zu können, weil dieser ihn manipulieren könnte. Er war davon überzeugt, dass andere ihn manipulieren wollten. Aus diesem Grundkonflikt entstand sein Lebensziel, das die einzige denkbare Möglichkeit für ihn darstellte, wie er trotzdem glücklich werden könnte. Er wollte versuchen, absolut unabhängig zu werden. Er wollte sich in jeder Hinsicht selbst helfen können. Der Umstand, der nun dafür verantwortlich war, dass er sein Ziel nicht erreichen konnte, war das Reflexionsgesetz. Seine Realität zeigte ihm immer, was er glaubte. Er erlebte permanent, dass er sich selbst nicht immer helfen konnte und infolgedessen andere brauchte. Er würde also immer weiter versuchen, unabhängig zu werden. Sein Grundgefühl war eine trotzige Wut, mit der er sich vor Manipulation schützen wollte. Damit erlebte er fortwährend Ereignisse, die ihn wütend machten. Man musste sich nicht sehr anstrengen, um zu erkennen, dass sein Leben diese Grundstimmung und den Grundkonflikt genau widerspiegelte. Es war für ihn selbst und für die Gruppe sehr gut ersichtlich. Und hierbei ging es nicht nur um seine subjektive Realität, sondern um Ereignisse, bei denen man denken musste, dass er darauf keinen Einfluss haben konnte.

Der nächste im Bunde war *Hans*. Sein Grundkonflikt lag darin, dass er überzeugt war, nur glücklich sein zu können, wenn er das tun kann, was er wirklich will. Es musste ihm Spaß machen und einen Sinn haben. Das Problem war, dass er glaubte, er müsse das tun, was die anderen Menschen von ihm erwarteten. Denn er glaubte, es bestünde eine gewisse Abhängigkeit. Man kann von anderen Menschen nur etwas bekommen, wenn man ihnen auch zu geben hat, was diese haben wollen. Er glaubte also, er könne nur glücklich werden, wenn er tue, was er für richtig hält, und andererseits müsse er das tun, was die anderen wollen. Die Lösung dieses Konfliktes, also sein Lebensziel, sah er darin, andere Menschen davon zu überzeugen, dass das, was er machen wollte, auch für die anderen das Wertvollste der Welt war. Nun war ihm auch klar, dass er den anderen nicht ständig mit etwas Neuem kommen könnte. Er musste sich schon festlegen. Denn es ist ein langer Weg, alle zu überzeugen. Er durfte hier auch keine Fehler machen, denn damit würde er sich unglaubwürdig machen. Er musste zum einen herausfinden, was für ihn bis zum Ende seines Lebens todsicher das Richtige sei, und zum anderen musste er seine Kompetenz in Sachen Überzeugungskraft auf das überhaupt Menschenmögliche ausbauen. Da er aber momentan glaubte, noch nicht sicher genug zu sein, weder mit seinen Zielen, noch mit seiner Überzeugungskraft, bekam er diese Realität immerfort widergespiegelt. Sein Grundgefühl war also der Zweifel.

Aufgrund dieses Zweifels war er auch nicht in der Lage, eine Entscheidung zu treffen, was dazu führte, dass er, um zu überleben, gezwungen war, das zu tun, was die anderen wollten. Und so spiegelte seine Realität auch hier permanent seinen Grundkonflikt wider. Genauer gesagt den Kernglaubenssatz, dass er tun müsse, was die anderen wollen, um das zu bekommen, was er will. Auch hier hatten weder er selbst noch die Gruppe irgendwelche Schwierigkeiten damit zu erkennen, dass sein Leben mit seinem Grundgefühl und seinem Grundkonflikt übereinstimmte.

Es war absolut verblüffend, dass Ereignisse, auf die man rein objektiv keinen Einfluss haben konnte, immer nur den Menschen passierten, die auch die entsprechenden Grundgefühle bzw. Grundkonflikte hatten. In der Gruppe war das Statement dazu immer: *So etwas passiert mir nie.* Mit Zufall konnte das niemand mehr erklären. Es war ja nicht nur häufig, dass Ereignisse und Glaubenssätze zusammenpassten, es war ausnahmslos immer. Mit jedem Mal, wo ich diese Erfahrung machte, wuchs in mir die Begeisterung und der Glaube, dass ich Schöpfer meiner Realität bin, genau wie jeder andere Mensch.

Ich traf mich zu dieser Zeit weiterhin regelmäßig mit Ella in meinem Tranceland. Wir besprachen die Denkweisen und Beurteilungen über die eigene Identität der Menschen, die in unserer Gruppe waren, und das Zusammenwirken der einzelnen Denkweisen bei Paaren. Es faszinierte mich immer mehr. Ich hielt mich bislang für den größten Zweifler der Welt. Aber das, was ich jetzt erlebte, ließ mir kein Hintertürchen offen zu zweifeln. Ich fragte mich zwar einmal, wie die Beziehung zwischen Gina und mir sich verändern würde. Doch mir war klar, dass dies nur zum Vorteil sein könnte. Bisher passten unsere Lebensziele glänzend zusammen.

Ginas Grundkonflikt bestand darin, dass man nur glücklich werden könne, wenn man das auch wert war. Andererseits konnte sie nicht wissen, ob sie wertvoll ist. Sie durfte auch nicht ihren eigenen Wert festlegen. Die Ereignisse mussten ihr diesen Wert widerspiegeln. Ihr Grundgefühl war der Zweifel an ihrem Wert, und genau das wurde ihr natürlich widergespiegelt. Sie konnte also an ihrer äußeren Realität niemals erkennen, ob sie jetzt wertvoll war oder nicht. Das Gleiche Reflexionsgesetz, das für sie das Erreichen ihres Lebenszieles unmöglich machte, gab ihr jetzt die Beweise dafür, dass sie Schöpfer ihrer Realität war. Man musste also wirklich nur wissen, wo man hinschaute, um zu erkennen, welche Macht die eigenen Gedanken hatten. Das Zusammenspiel unserer Lebensziele war einzigartig. Gina erlebte aufgrund ihrer Zweifel immer Ereignisse, die für mich so einfach nicht zu verstehen waren. Mal sah es so aus, als sei sie wertvoll, und gleich darauf wieder das Gegenteil. Sie erlebte also ihre Zweifel und ich, dass immer etwas passieren konnte, was ich nicht verstand.

Jedes Mal, wenn wir uns mit unserer Gruppe trafen, deckten wir die Denkweise eines Teilnehmers auf. Und mit jedem Mal wuchs unser aller Glaube an unsere Wunscherfüllung. Es war zwar manchmal ein wenig anstrengend, wie beispielsweise bei *Heiko*, bei allem dennoch ganz lustig. Als wir versuchten, Heikos Denkweise aufzudecken, half die ganze Gruppe mit. Es war unheimlich schwierig, der Lösung auf die Spur zu kommen. Er hatte bei allem, was wir sagten, tausend Gegenargumente, warum das nicht stimmte. Nach einer Weile klinkte ich mich aus dem Gespräch aus. Ich konzentrierte meine Aufmerksamkeit nach innen und kontaktierte Ella. Abgelenkt durch das Gespräch, das weiter im Gange war, verstand ich Ella nicht so sehr gut. Ich schnappte nur etwas auf von: "Er will im Recht sein."

Ich wusste nicht, was das mit seiner Denkweise zu tun haben sollte, aber als ich dem Gespräch weiterhin passiv folgte, wurde mir klar, was Ella meinte. Die Gruppe war mittlerweile ganz schön gestresst. Sie waren Heiko bislang nicht beigekommen. Ich merkte, dass er sich vehement dagegen wehrte, irgendeinem Recht zu geben. Sogar, wenn jemand Heikos eigenen Wortlaut wiederholte, stritt er ihn wieder ab. Es war allerdings nicht so, dass er einfach rechthaberisch war. Er wollte sich überlegen fühlen. Es sollte niemand mehr wissen als er selbst. Was er tat, glich einem Kampf um die Kompetenz. Wenig später wurde ihm selber klar, was er damit bezweckte. Er konnte sehr schwer mit Kritik umgehen. Wenn eine Kritik begründet war, machte er sich total herunter. War die Kritik jedoch nicht richtig, brauchte er sie nicht an sich heranzulassen. Es war also sein Schutzanzug, im Recht zu sein bzw. dafür zu sorgen, dass der Andere Unrecht hatte. Aus dem gleichen Grund hatte Heiko noch zu Beginn unserer Gruppe andere sehr energisch kritisiert. Angriff ist die beste Verteidigung. Wenn allerdings jemand so energisch damit beschäftigt ist sich zu schützen, dann muss er vor irgendetwas Angst haben. Und so war es auch.

Gina hatte mit Heiko schon vor einem halben Jahr seine innere Berufung geklärt. Die Klärung dieser inneren Berufung wurde auch in diesem Zusammenhang immer wichtiger. Heikos innere Berufung bestand darin, Menschen zu helfen, ihre selbst auferlegten Grenzen zu sprengen. Es stellte sich jetzt heraus, dass Heikos Grundkonflikt darin bestand, dass er glaubte, er könne nur glücklich werden, wenn er seine Grenzen niederreiße. Das hätte allerdings zu Folge, dass er sich auf sehr unsicheres Terrain begab. Er ging auf dünnem Eis, wenn er seine Grenzen verließ, und hatte große Angst einzubrechen. Die Angst hielt ihn also davon ab, die Mauern niederzureißen. Die Lösung für dieses Problem und damit sein Lebensziel war ganz einfach, diese Angst zu besiegen. Er musste sie aushalten, um glücklich werden zu können. Sein Grundgefühl war die Angst. Aus diesem Grund erlebte er auch permanent Situationen, in denen er Angst haben musste. Logischerweise gab es auch hier keine Möglichkeit, das Ziel glücklich zu sein, jemals zu erreichen. Heiko würde immerzu Ereignisse erschaffen, die ihm Angst machten. Von außen betrachtet waren das auch alles objektiv begründete Ängste. Er hatte beispielsweise begründete Angst, seine Miete nicht zahlen zu können, oder dass die Bank ihm seinen Kredit sperrte. Er hatte fast wöchentlich ein Bankgespräch, bei dem es jedesmal so aussah, als würde ihm sein Dispositionskredit gesperrt. Es war eigentlich egal, wohin man in seinem Leben schaute, die Umstände seines Lebens waren so, dass auch ich Angst gehabt hätte. Aber das war glücklicherweise nicht meine Grundstimmung.

Genauso wenig, wie es die von *Eva* war. Sie hatte ganz andere Probleme. Eva hatte ein schier unermessliches Vertrauen in das Schicksal. Das zeigte sich entsprechend in ihrer Realität. Wenn sie beispielsweise Geld brauchte, um etwas zu tun, was ihr sehr wichtig war, entschied sie, es auch ohne das Geld einfach zu verwirklichen. Ein Verhalten, das für Heiko ganz undenkbar gewesen wäre. Bei Eva zeigte sich aber, dass ihr das Geld jedesmal, kurz bevor sie es wirklich brauchte, durch seltsame Umstände zufiel. Sie war zum Beispiel von zu Hause weggegangen, um in Berlin die Schule zu besuchen. Sie wusste in keinster Weise, wie sie das finanzieren sollte. Sie hatte sich einfach angemeldet und war fest entschlossen gewesen hinzugehen, koste es, was es wolle. Kurz vor Ausbildungsbeginn kam das Bafög-Gesetz heraus, das die Möglichkeit eines zinslosen Darlehns für sie sicherte. Natürlich dachte auch ich zuerst, dass das Zufall sein konnte. Aber es lief in ihrem Leben immer so. Gelegentlich kann so etwas schon einmal vorkommen, doch da das immer so war, kamen meine Zweifel in große Probleme. Dafür hatte Eva ihre Probleme auf einem ganz anderen Gebiet.

Sie hatte den Grundkonflikt, dass sie nur glücklich werden konnte, wenn sie das tun könnte, was ihr Herz ihr sagte. Andererseits hatte sie nur das Recht, das zu tun, wenn sie es auch wert war. Das wiederum bestimmte die Gesellschaft. Sie musste also gesellschaftliche Normen erfüllen, wie etwa einen beruflichen Titel zu haben, um wertvoll zu sein. Im Grunde genommen musste sie das tun, was die anderen für richtig hielten. Das stand natürlich im direkten Gegensatz dazu, dass sie nur glücklich sein konnte, wenn sie das tat, was sie selbst für richtig hielt. Die Lösung dieses Konfliktes war bei ihr etwas anders geartet. Sie war im Grunde genommen der Meinung, dass sie wertvoll sei. Aber die anderen Menschen sahen das anders. Diese ließen sie nämlich nicht so sein, wie sie sein wollte. Daraus resultierte ihr Grundgefühl. Sie fühlte sich unentwegt ungerecht behandelt und war sehr oft wütend auf andere Menschen. Ihre Manipulationstaktik bestand also darin, sich ungerecht behandelt zu fühlen und dann um ihr Recht zu kämpfen. Es erübrigt sich zu erwähnen, dass sie dieses Grundgefühl permanent in ihren äußeren Ereignissen bestätigt fand. Sie wurde tatsächlich sehr oft ungerecht behandelt. Selbst dann, wenn sie durch ihr Verhalten diese Reaktion ihres Gegenübers nicht auslösen konnte, was sie allerdings für gewöhnlich tat.

Alle diese Beispiele zeigten also ohne eine einzige Ausnahme, dass jeder sein Leben genau so erlebte, wie er dachte. Ich hatte das Gefühl, dass der Glaube an meine Eigenmacht von Tag zu Tag wuchs, wie eine Pflanze, die man gut versorgte. Zu diesen verstandesmäßigen Beweisen kamen noch die Erlebnisse hinzu, die ich durch Ginas Energieübertragung gemacht hatte. Ich erlebte durch sie das, was ich für mich alleine nur theoretisch erfahren hatte. Der Gruppe ging das genauso. Ginas Energie war umwerfend. Die Erlebnisse, die wir alle dadurch machten, waren mit unserem zweifelgeübten Verstand nicht mehr wegzudenken.

Es kam der Tag, der aus dieser Entwicklung heraus folgen musste. Ich war wieder einmal auf dem Weg zu Ella. Ich hatte in der letzten Zeit eigentlich nichts Neues erfahren. Ich besuchte Ella einfach nur, weil ich Lust dazu hatte. Ich kam also in meiner Trancewelt wie gewöhnlich an. Doch diesmal war alles irgendwie viel schöner. Die Farben der Landschaft waren so intensiv, dass sie mich vor Schönheit fast blendeten. Auch die Atmosphäre war umwerfend. Ich kann es nicht in Worte fassen, ich war total beeindruckt. Als ich bei unserem Treffpunkt ankam, fühlte ich einen unbeschreiblich tiefen inneren Frieden, gleichzeitig aber auch eine so starke Euphorie, dass ich glaubte, rein emotional nicht in der Lage zu sein, auch nur einem einzigen von Ellas Sätzen zuzuhören. Ella war noch nicht da, insofern war das kein Problem. Ich saß bestimmt eine halbe Stunde auf meiner Klippe und traute mich kaum zu atmen, damit dieses schöne Gefühl nicht wieder verschwand. Als Ella dann schließlich erschien, hatte sich meine Stimmung gefestigt. Ich hatte jetzt keine Angst mehr, dieses Hochgefühl zu verlieren. Ich sah Ella mit ganz anderen Augen. Irgendwie hatte ich das Gefühl, dass ich in einen Spiegel schaute, wenn ich Ella ansah. Wir sahen uns für viele Sekunden tief in die Augen, ohne ein Wort zu sagen, bis ich dann schließlich das Wort ergriff und sie begrüßte mit:

"Hallo, Ella."

"Hallo, Bodo, du bist fast angekommen. Dies wird in dieser Form unsere letzte Sitzung sein."

"Heißt das, unsere Wege trennen sich hier?", fragte ich erschrocken.

"Nein, Bodo, unsere Wege können sich nicht trennen, wir sind eins. Ich möchte dich jetzt eine Erfahrung machen lassen, die mit Abstand die wichtigste in deinem bisherigen Leben sein wird. Nach dieser Erfahrung wirst du dein Leben mit anderen Augen sehen."

"Du hast mich die Erfahrung machen lassen, dass ich der Schöpfer meiner eigenen Realität bin. Was könnte es noch Wichtigeres für mich geben?"

"Was bedeutet es für dich, Schöpfer zu sein, Bodo?"

"Ich kann mein Leben nach meinen Wünschen gestalten."

"Bisher bist du noch nicht auf die Idee gekommen, darüber nachzudenken, warum du dein Leben überhaupt nach deinen Wünschen gestalten willst. Es war für dich so selbstverständlich, dies zu wollen, dass du nie die Motivation hattest, danach zu fragen."

"Ich verstehe nicht, warum es wichtig sein sollte, darüber nachzudenken."

"Nun, dir ist klar, dass du bei allem, was du tust, immer aus der Motivation heraus handelst, dieses Ziel zu erreichen. Findest du nicht, dass du wenigstens wissen solltest, warum du all das tust? Wenn du dir dieser Motivation nicht bewusst bist, wird es immer Konflikte zwischen deinem Verstand und deinen Gefühlen geben. Dein Gefühl sagt, du sollst etwas Bestimmtes tun, und dein Verstand findet keinen Sinn darin."

"Das leuchtet mir ein. Wie war noch einmal deine Frage?"

"Warum willst du deine Realität nach deinen Wünschen gestalten?"

"Wenn ich alle meine Wünsche erfüllen kann, bin ich glücklich."

"Dein eigentliches Ziel ist also das Glücklichsein, und die Realitätsgestaltung nur die Maßnahme zum Erreichen dieses Zieles?"

"Im Grunde genommen schon. Nur, wenn ich meine Wünsche nicht erfüllen kann, dann kann ich auch nicht glücklich werden. Es ist gewissermaßen eine Bedingung, die zuerst erfüllt sein muss."

"Was genau verstehst du unter Glücklichsein?"

"Allumfassend zu lieben."

"Das heißt, um allumfassend lieben zu können, musst du deine Realität nach deinen Wünschen gestalten können?"

"Ja, so sehe ich das."

"Warum glaubst du, dass du nur allumfassend lieben kannst, wenn alles nach deinen Wünschen geschieht?"

"Weil ich nur lieben kann, was ich auch schön oder gut finde, und wenn alles so läuft, wie ich es haben will, ist es natürlich schön."

"Du liebst also, wenn du etwas schön oder gut findest?"

"Das stimmt. Das war mir noch gar nicht so richtig bewusst. Wenn ich etwas schön finde, kommt automatisch das Gefühl Liebe."

"Bodo, Liebe ist nichts anderes als das Gefühl der positiven Bewertung. Der Unterschied liegt lediglich in der Wahrnehmungsmodalität. Die Liebe gehört zu deinem Gefühlsleben und die positive Bewertung zu deinem Intellekt. Aber ich will auf etwas anderes hinaus. Wenn die positive Beurteilung dein Ziel ist, bedeutet das denn nicht, dass du einfach nur das Schöne sehen und das Negative ignorieren solltest?"

"Natürlich nicht. Ich würde ja völlig weltfremd werden."

"Das heißt, du hältst es auf jeden Fall für notwendig, das Negative zu sehen?"

"Ja, natürlich. Es ist sinnvoll, dies zu tun."

"Sinnvoll wozu? Dir ist klar, dass es einen Sinn nur in Verbindung mit einem Ziel geben kann. Eine bestimmte Handlung mag für ein bestimmtes Ziel vielleicht sinnvoll sein, aber für ein anderes genau das Gegenteil bedeuten. Wozu ist es also sinnvoll, das Negative zu sehen?"

"Es ist notwendig, um zu vermeiden, dass ich etwas verliere, was mir wichtig ist. Es ist auch notwendig, damit ich die Dinge tun kann, die notwendig sind, um das zu realisieren, was ich mir wünsche."

"Dir ist vor ein paar Minuten klar geworden, dass dein höchstes Ziel darin besteht, allumfassend zu lieben, das heißt alles positiv zu bewerten."

"Sogar noch mehr. Mir ist klar, dass dies eigentlich mein einziges Ziel ist."

"Ich möchte dich bitten, einmal darüber nachzudenken, auf welches Ziel sich der Sinn bezogen hat, das Negative zu sehen."

"Ich glaube ich verstehe, auf was du hinaus willst. Es hat nur einen Sinn, das Negative zu sehen, wenn ich mich auf Realitätsgestaltung konzentriere."

"Richtig, und Realitätsgestaltung ist nicht wirklich dein Ziel, sondern das Lieben. Du solltest dir also überlegen, ob es für dein wirkliches Ziel sinnvoll ist, das Negative zu sehen."

"Ella, bedeutet das etwa, dass ich mich selbst von der Erreichung meines wirklichen Zieles abgehalten habe, weil ich es für sinnvoll hielt, das Negative zu bemerken?"

"Genau das ist der Punkt, den ich dir begreiflich machen wollte. Du weißt, dass du nur lieben kannst, wenn du positiv bewertest. Alleine dadurch löst du in dir das Gefühl Liebe aus. Und das ist auch der einzige Weg, dieses Gefühl auszulösen. Richtest du deine Aufmerksamkeit jetzt auf etwas Negatives, verhinderst du dadurch dieses Gefühl und bringst dich damit um die Erfüllung deines höchsten und einzigen Zieles."

"Es gibt also nur eine Vorgehensweise, die für mich sinnvoll sein kann. Ich muss lernen, nur noch positiv zu bewerten."

"Und das ist nicht sonderlich schwer. Hast du dich schon einmal gefragt, woran du erkennst, dass du etwas gut findest?"

"Wie meinst du das?"

"Ich meine, du musst doch irgendwie merken, dass etwas gut oder schlecht ist. Wie merkst du das?"

"Ich weiß es einfach."

"Und woran erkennst du, dass du es weißt?"

"Ich denke, ich fühle es."

"Wo in deinem Körper spürst du dieses Gefühl?"

"Das ist schwer zu sagen. Ich denke ich spüre es irgendwo in der Brust. Ja genau, in der Herzgegend."

"Kommt dir dieses Gefühl irgendwie bekannt vor?"

"Ja, natürlich. Es ist Liebe."

"Ganz genau! Wie ich dir soeben bereits sagte, ist die Liebe das Gefühl der positiven Bewertung. Jetzt konzentriere dich bitte einmal auf das Körpergefühl in deiner Brust. Was genau fühlst du?"

"Ich fühle Liebe."

"Ja, das ist klar. Aber wie würdest du deine Körperempfindungen beschreiben? Rein sensorisch, meine ich."

"Es ist so ein angenehmes warmes Kribbeln. Und ich habe das Gefühl, dass meine Brust sehr elastisch ist."

"Bodo, du kennst dich doch gut mit Autogenem Training aus. Glaubst du, dass es dir schwer fallen würde, dieses Gefühl in dir hervorzurufen?"

"Sicherlich nicht. Das spüre ich ja jetzt schon. Ich brauche mich nur auf dieses warme, elastische Kribbeln zu konzentrieren und schon kommt es. Ich denke, ich kann diese Körperwahrnehmung jederzeit in mir hervorrufen und beliebig verstärken."

"Bodo, weißt du, was das bedeutet? Du bist in der Lage, Liebe zu empfinden, wann immer du willst. Vollkommen unabhängig von den Ereignissen in deiner äußeren Welt. Nur ist deine äußere Welt nicht unabhängig von deinen Gefühlen, wie du weißt. Sicherlich werden dir immer noch Ereignisse begegnen, die du bisher als negativ bewertet hast, und du wirst für einen Moment die Gefühle erleben, die durch diese Bewertung ausgelöst werden. In all diesen Momenten wirst du dir jedoch bewusst machen, dass du frei entscheiden kannst, ob du die negative Bewertung erlebst, oder ob du die Liebe erleben willst. Wenn du dies mit dem Bewusstsein tust, dass das Gefühl Liebe dein einziges Ziel ist, wirst du in wenigen Wochen das Ziel, allumfassend zu lieben, erreicht haben. Deine neurologische Struktur ist so aufgebaut, dass alles, was sich ereignet, mit der Beurteilung verbunden wird, die du diesem Ereignis gibst. Denke als Beispiel einmal an die Zeit zurück, als du Gina kennenlerntest. Bei eurem ersten Zusammentreffen hast du sie als eine wirklich tolle Frau beurteilt. Als du sie das nächste Mal gesehen hast, waren die Gefühle, die durch diese Beurteilung ausgelöst wurden, sofort wieder da. Durch diese Gefühle wurden deine Gedanken ihr gegenüber noch positiver und du bewertetest sie noch besser. Und so steigerte sich deine Liebe zu ihr von Tag zu Tag. Und so verhielt es sich mit allen Gegebenheiten in deinem Leben. Manche hast du als gut, schön oder toll beurteilt und andere als schlecht oder nicht in Ordnung. Jetzt gilt es, die Sache bewusst in die Hand zu nehmen und deine gesamte Welt neu zu beurteilen. Gefühle der Machtlosigkeit können bei dieser Vorgehensweise nie mehr auftreten, da nur du allein darüber entscheidest, ob du das Positive oder das Negative wahrnimmst. Verstehst du? Auf diese Weise bist du von nichts und niemandem abhängig. Es unterliegt deiner vollkommenen Willensfreiheit, dein Ziel zu verwirklichen."

"Und was ist mit der Realitätsgestaltung?"

"Wie du weißt, gestalten deine Gedanken die Realität. Wie, glaubst du wohl, wird sich deine Realität verändern, wenn du immer nur an das Schöne denkst?"

"Ella, das ist genial. Ich brauche gar nicht mehr lange zu überlegen, was ich eigentlich gestalten will. Ich werde automatisch die Ereignisse realisieren, die ich schön finde."

"So ist es. Alles, was du tun wirst, tust du, weil du glücklich bist. Du tust es, wie gesagt, nicht mehr, um irgendwann glücklich zu werden.

"Ich brauche auch keine Techniken mehr, um meine Realität zu verändern. Ich werde auch nicht mehr auf meine Welt wie ein Geschöpf reagieren. Ich werde erleben, was ich will, und wie ein schöpferisches Wesen agieren. Ich erlebe keine Grenzen mehr, außer denen, die ich mir bewusst stecke."

"Du wirst dein Vorstellungsvermögen und deine menschlichen Grenzen weit überschreiten. Du wirst eine neue Seinsweise erleben. Die allumfassende Liebe wird sehr bald dein Grundgefühl sein. Sie wächst momentan als kleines Pflänzchen unter der Liebe, die du im Kleinen, in den verschiedensten Lebensmomenten gespürt hast. Diese Liebe gleicht der Schönheit von Blumen. Sie wächst momentan noch unter den Blumen. Sie wird sich aber in kurzer Zeit zu einem riesengroßen Baum entwickelt haben. Überall auf der Welt beginnen diese Bäume, unter den Blumen emporzuwachsen. Ihr werdet auf eurer Welt sehr bald große Wälder aus diesen Bäumen zu bewundern haben. Immer mehr Menschen werden erkennen, wie sie ihr Glück verwirklichen können. Ich möchte dir zum Schluss noch jemanden vorstellen, der diese Entwicklung vor Jahrhunderten schon vorhergesehen hat. Er kann dir noch ein paar Informationen mit auf den Weg geben, was euch auf der neuen Erde erwarten wird, und wie der Übergang zu dieser Welt vonstatten gehen wird."

Neben Ella erscheint ein Mann, den ich seiner Kleidung nach dem späten Mittelalter zuordnen würde. Er sieht mich bedeutungsvoll an und sagt:

"Ich bin Nostradamus, ich denke, du hast schon einmal etwas von mir gehört."

"Das habe ich in der Tat. Deine Prophezeiungen sind weltbewegend. Du hast die Weltkriege vorausgesagt und viele andere Dinge."

"Ich habe auch das Ende der Welt vorausgesagt, das zum Ende des zweiten Jahrtausends kommen wird."

"Willst du damit sagen, dass die Welt untergeht, wenn wir in die nächste Bewusstseinsebene gehen?"

"Nein, Bodo, ich konnte mir zu meiner Zeit keine Welt vorstellen ohne unser altes Weltbild. Ich habe aber genau gesehen, dass die alte Welt beendet ist. Jetzt weiß ich, dass es einen Übergang zu einer anderen Welt geben wird. Die Welt wird also nicht untergehen, aber sie wird sich ganz gravierend verändern. So stark, dass ich früher glaubte, es würde keine Welt mehr geben. Ich kann nur annähernd versuchen, dir die Auswirkungen von dem zu erklären, was ihr jetzt tun werdet. Was du dir jetzt vorstellen kannst, ist in etwa ein Achtel von dem, was sich wirklich ereignen wird. Die Dimensionen, die diese Veränderung erreicht, können dir nicht in vollem Umfang erklärt werden, da dein Verstand nicht in der Lage wäre, dies überhaupt zu fassen. Deshalb gebe ich dir nur eine Andeutung. Es ist, wie gesagt, nur etwa ein Achtel von dem, was wirklich auf euch zukommt."

"Gibt es keine Möglichkeit, irgendwie den vollen Umfang zu erfahren?"

"Wenn du bereit bist, deinen Verstand zu opfern, würde dies für den Bruchteil einer Sekunde gehen, danach wärst du jedoch wahnsinnig."

"Okay, schon überredet. Ein Achtel ist genug."

"Die Welt wird sich so verändern, dass du in etwa zehn Jahren sehen wirst, dass sich die Natur verändert. Es werden sich Flüsse reinigen und Wälder gesunden. Die Natur ist eine direkte Widerspiegelung eures Bewusstseins. Wenn sich ein gewisser Kreis von Leuten zusammengetan hat, wird sich die Natur in ihrem Umfeld auf die eben besagte Weise verändern. Hieran werdet ihr erkennen können, welche Macht ihr habt, die Dinge ins Positive oder ins Negative zu wenden. Die Menschen in eurem Umfeld werden von einem Strahlen im Gesicht behaftet sein. Das Umfeld, in dem ihr euch befindet, wird für alle Zeiten ins Positive gekehrt. Nichts auf der Welt kann die Menschen, die in diesem Umfeld leben, wieder von der gleichen Negativität befallen wie zuvor. Ihr werdet kleine Paradiese um euch herum erschaffen. Doch dies ist immer nur in eurem direkten Umfeld. Die Aufgabe, die gesamte Natur in dieser Weise umzuwandeln, ist groß. Es wird etwa 20.000 Menschen geben, die sich dieser Aufgabe verschreiben. Sie werden aus allen Teilen der Welt kommen und sich mit euch zusammenschließen. Die Zeit ist nun gekommen, wo sich diese Menschen zusammenfinden. Habt keine Angst vor den Menschen, die diesen Entwicklungsstand noch lange nicht erreicht haben. Sie werden ihre Negativität zumindest verlieren und der Natur infolgedessen keinen Schaden mehr zufügen können. Die gesamte Industrie wird sich umstellen. Sie wird durch die gesamte Kraft der Liebe der 20.000 angehalten werden, ihre Produktion zu verändern, um die Natur zu entlasten. Vielleicht kannst du jetzt nachvollziehen, welche Auswirkungen das Ganze haben wird. Jeder große Betrieb, der vorgibt, umwelttechnisch auf dem neuesten Stand zu sein und damit auch in die Werbung geht, wird seine Marktstellung verlieren, wenn er nicht wirklich auf umweltgerechtes Produktionsverhalten umgestellt hat. Am meisten werden die großen Konzerne darunter leiden, die von dem Glauben besessen sind, nichts ändern zu müssen. Es wird sich ein Wandel in Industrie und Handel und damit in der Gesamtwirtschaft ergeben, der momentan für euch Menschen noch unfassbar ist. Sämtliche Machtstrukturen von Banken, großen Industriezweigen und öffentlichen Anstalten werden zusammenfallen wie Kartenhäuser. Diese Wirtschaftsbereiche werden besonders neu lernen müssen. Auch werden sich Beziehungen verändern, und Schulen werden ein neues Bewusstsein bekommen. Ich weiß, dass diese Behauptung dir als weit hergeholt erscheint, aber die besagten Veränderungen haben bereits begonnen. Es gibt mehr Skandale als je zuvor, die immer mehr die heiligen Altäre eurer Politik und Wirtschaft zerschlagen. Die Menschen haben bereits begonnen aufzuwachen.

Stück für Stück werdet ihr die Welt in dem Maße verändern, wie ich es beschrieben habe. Ich weiß, dass es etwa 20.000 Menschen auf dieser Erde gelingen wird, Ginas und deinen Bewusstseinsstand nachzuvollziehen und an diesem großen Umbruch mitzuhelfen. Nur die Menschen, die sich dieser Aufgabe aus vollem Herzen widmen wollen und darin ihr Glück sehen, werden in der Lage sein, diesen Weg mit euch beiden gehen zu können. Diese 20.000 sind keine Auserwählten oder heilige Menschen. Sie haben sich für dieses Leben einfach nur ausgesucht, diese Aufgabe zu erleben und damit glücklich zu sein. Ihre Aufgabe ist nicht mehr oder weniger wichtig als die eines jeden anderen. Du weißt, es gibt kein Ziel, dessen Erreichung große Kraftanstrengungen erfordert. Jeder Mensch lebt die Realität, mit der er glücklich sein will.

Es besteht für eure Welt keine Gefahr, diesen großen Entwicklungsschritt nicht zu schaffen. Die 20.000 Menschen sollten sich also bewusst sein, dass sie nicht höherwertiger sind als andere. Sie übernehmen eine Aufgabe, die so gut ist wie andere auch. Es ist jedoch für Gina und dich von großer Bedeutung, diese Menschen zu finden, da ihr beschlossen habt, den besagten Weg mit ihnen zusammenzugehen. Die Menschen, in denen das Negative vorherrscht, werden nie in der Lage sein, ihre Glaubenssätze so zu verändern, wie es für eure Aufgabe notwendig ist. Sie haben sich zu einem anderen Leben entschieden. Ihr werdet in wenigen Generationen eine Welt erleben, in der alle Menschen eins sind. Sie alle werden die neue Bewusstseinsebene einnehmen, und damit ist die Prophezeiung der Wiederkehr Christi auf eine ganz andere Art und Weise wahr geworden. Ihr alle seid der Messias, genauer gesagt: Ihr werdet euch alle selbst erlösen, wie es die Christen nur dem Sohn Gottes vorbehalten hatten. Ihr alle seid momentan noch schlafende Götter. Ihr werdet aufwachen und zum Bewusstseinsstand des vollkommen bewussten Menschen aufsteigen.

Eure Welt wird eine Welt ohne Gegensätze sein. Ihr werdet eine Welt erleben, in der ihr euch all eurer Wahrscheinlichkeiten, all eurer Schöpfungen bewusst seid. Die allumfassende Liebe, als Gefühl des vollkommenen All-einsseins, wird euer ständiger Wegbegleiter sein. Zeit und Raum werden in dieser Welt viel spielerischer gehandhabt als in eurer jetzigen. Ihr werdet die Vorzüge der physischen Welt mit den unbegrenzten Möglichkeiten der geistigen Welt kombinieren. Ich wünsche dir viel Spaß dabei."

Nostradamus verschwand mit diesen Worten. Ich konnte seine Glückwünsche gerade noch erwidern. Vor mir erschien noch einmal Ella in einem sehr hellen weißen Licht.

"Wenn wir uns das nächste Mal sehen, Bodo, wirst du meine wahre Realität erkennen können und damit deine eigene. Bis bald, wir sehen uns wieder."

"Ich liebe dich, Ella."

Gina

Am 17. Dez. 1990 hatte ich, Gina, geb. am 22.2.1958, alles verloren. Mein Unternehmen, welches ich 6 Jahre lang aufgebaut hatte, meine Partnerschaft, meine Wohnung, alles Geld...... Im Januar 1991 stellte meine Ärztin die Diagnose: Vorstadium Krebs - hochgradige Vergiftung des Körpers.

Ich hatte genügend Gründe, neu über mein Leben nachdenken zu müssen und über den Sinn dessen, was ich erlebt hatte. Unter uns gesagt: Ich wäre auch mit einem Grund zufrieden gewesen.

Meine Eltern nahmen mich direkt auf. Ich zog in mein "altes Zimmer". Mein Selbstwertgefühl, das sowieso nie sehr stark ausgebildet war, schien auf Stecknadelgröße geschrumpft zu sein. Doch durch die Liebe meiner Familie und den Ruheplatz, den ich dort gefunden hatte, kam nach anfänglichen Schwierigkeiten wieder Mut in mir auf, herausfinden zu wollen, warum das Ganze geschehen war.

Parallel zu meiner Genesung wollte ich erst einmal wieder meine Unabhängigkeit - finanziell wie materiell. Doch was tun? Ein Angestelltenverhältnis kam für mich nach der langen Selbständigkeit nicht mehr in Frage. Auch mein Gesundheitszustand ließ nur bedingte Möglichkeiten offen. Ich erinnerte mich an meinen EKS-Lehrgang (EKS= Energo Kypernetische Strategie, veranstaltet von der Frankfurter Allgemeinen Zeitung). Die erste Lektion lautete: "Konzentriere dich auf deine Stärken". Okay; dachte ich, irgendwelche werde ich schon haben. Gesagt, getan. Vier Monate nach meinem Lebenscrash, genau am 18.3.1991, erhielt ich meinen ersten freiberuflichen Auftrag. Ende Mai 1991 besaß ich wieder ein Auto. Am 1.7.1992 bezog ich eine wunderschöne Wohnung, die ich komplett neu nach meinen Wünschen einrichtete.

Ich war glücklich. Nach ca. eineinhalb Jahren fühlte ich mich wieder als "normaler, anerkannter" Mensch. Die Frage nach dem Warum hatte mich begleitet. In diesen eineinhalb Jahren hatte ich versucht, die Antworten in verschiedenen spirituellen Seminaren zu finden. Einiges fand ich heraus. Die Kernfragen jedoch "Warum passiert mir so etwas und anderen nicht?" und "Kann mir das wieder passieren, was dann ?" waren noch nicht geklärt.

Bodo lernte ich im Februar 1992 als NLP-Therapeuten kennen. NLP sollte mir helfen, meinen Gesundheitszustand schneller zu verbessern. Ich war begeistert von den Möglichkeiten und erholte mich mehr denn je. Bodo und ich blieben auch nach den Sitzungen Freunde und trafen uns hier und da privat. Am 22.4.1993 hatte es bei uns gefunkt, und es begann eine wunderschöne Zeit zweier über beide Ohren verliebter Menschen.

Ende Mai 1993 kamen wir beide - durch mich als Kanal - mit der Energiepersönlichkeit Seth in Kontakt. Jetzt endlich begann die Zeit der Beantwortung meiner Fragen.

Der erste wichtige Punkt war das Verstehen meines Lebenszieles und meiner Lebensaufgabe. Es wurde mir bewusst, was ich in diesem Leben erleben wollte. Dieses Verständnis deckte sich auch mit dem, was ich rein intuitiv schon immer empfunden hatte. Das Wissen über die Botschaft meines Lebenszieles half mir, mich in meinem Leben zu orientieren. Nachdem ich erkannte, dass mein Leben sehr positiv verlief, wenn ich mich auf mein Lebensziel konzentrierte, wurde meine Sehnsucht nach weiteren Antworten sehr groß. Meine Botschaft heißt: "Erkenne, wer Du wirklich bist. Jeder ist zum Erfolg geboren." Es ist toll, zu merken, dass man in Wirklichkeit Bestandteil der allumfassenden Liebe ist. Zu spüren, dass das Leben in Wirklichkeit wunderschön ist und alles andere nur perfekte Illusionen waren, lässt einem manchmal im positiven Sinne die Sprache verschlagen.

Ich habe eine gefühlsorientierte Vorgehensweise in der Veränderung der Grundstimmung zur Liebe erlebt. Es geht um direkte Verbindung zur eigenen Seele. Das ist auch meine Vorgehensweise in den Gesprächen mit anderen Menschen. Die Seele erleben zu können in ihrer Reinheit - abenteuerlustig, fasziniert vom Erdenleben, immer bereit für nette "Spielchen" - ist ein Bestandteil des Weges. Mehr und mehr ist dieses Seelengefühl - innerhalb der vielfältigen Grundstimmung Liebe - zu meiner persönlichen Energie geworden. Dabei immer zu Quatsch und Unsinn bereit. Entgegen der allgemeinen Meinung der Gesellschaft ist es auch möglich, damit "zu arbeiten". Wobei für uns "arbeiten" nicht mehr die richtige Definition ist. Wir s i n d einfach, fühlen uns wohl und freuen uns über die Menschen, die uns finden und uns besuchen. Aufgrund der Resonanz, die wir bekommen, können wir sagen, dass unsere Energie sich mit unserem Gegenüber verbindet und ihn auf die gleiche Schwingungsfrequenz bringt. Somit bleibt ihm nichts anderes übrig, als die Welt genauso schön zu betrachten wie wir und sich als Seele zu fühlen: unternehmungslustig, lebensfreudig und zu allen "Schandtaten" bereit.

Bodo

Ich wurde am 9. Mai 1963 geboren. Wenn ich meiner Mutter glauben kann, dann war mein außergewöhnlich starker Wunsch, alles zu verstehen, bereits im Alter von 2 Jahren deutlich erkennbar. Aus meiner Erinnerung heraus, begann mein Entwicklungsdrang im Alter von 13 Jahren so richtig massiv zu werden. Auslöser war eine Hypnoseshow, die ich im Fernsehen gesehen hatte. Ich war so fasziniert von den Fähigkeiten, die durch Hypnose bei den Menschen aktiviert werden konnten, dass ich beschloss, Hypnotiseur zu werden. Nach anfänglich vergeblichen Versuchen, das Wissen verschiedenster Bücher umzusetzen, beschloss ich, es erst einmal mit autogenem Training zu versuchen. Es klappte sofort, und ich übte jeden Tag. Nach zwei Jahren glaubte ich, alles erreicht zu haben, was man mit autogenem Training erreichen kann. Mein Wissensdurst begann sich wieder zu melden. Ich begann wieder, Hypnose zu lernen. Diesmal hatte ich Erfolg. Was mich damals besonders stolz machte, war, dass ich Menschen helfen konnte, bei denen erfahrene Psychotherapeuten kläglich gescheitert waren. Auch zeigten sich im medizinischen Bereich erstaunliche Phänomene. Besonders im Bereich der Allergien machte ich schnell von mir reden. Durch diese Erfolge war für mich bereits im Alter von 16 Jahren klar, dass ich kein Arzt oder Psychiater werden wollte, obwohl mein Herz sehr für den Beruf des Menschenhelfers schlug. Nach etwa 6 Jahren Erfahrung mit Hypnose lernte ich NLP (Neuro-Linguistisches Programmieren) kennen. Ich merkte sehr schnell, dass man damit alles tun konnte, was ich bisher mit Hypnose getan hatte, nur viel schneller und müheloser. Um eine Allergie zu beseitigen, benötigte ich kaum länger als 45 Minuten. Oft gelang dies sogar in weniger als zehn Minuten. Nach diesen Erlebnissen war für mich klar, dass NLP das effektivste Veränderungs- und Problemlösungsmodell war, das es geben konnte. Es grenzte oft an Zauberei, wie meine Klienten das häufig bemerkten. Ich entwickelte ein eigenes Veränderungsmodell, das ich HIM (Harmonisierendes Identitäts-Management) nannte. Meine Klienten hatten damit ein Werkzeug an der Hand, mit dem sie sich selbständig weiterentwickeln konnten und meine Hilfe nur noch in Ausnahmesituationen benötigten.

Nach 9 Jahren Erfahrung als NLP-Therapeut begegnete ich Gina. Sie wurde meine erfolgreichste Klientin. Sie setzte alles, was ich ihr beibrachte, schneller um, als jeder andere zuvor. Gina wurde wieder gesund, und das Schicksal (Ella) führte uns im April 1993 zusammen. Seit dieser Zeit machten wir eine mystische Erfahrung nach der anderen. Uns wurde sehr schnell klar, dass wir auf dieser Welt gemeinsam etwas zu tun hatten. Es begann eine heftige Entwicklungszeit für uns beide, in der wir erkannten, dass alles, was wir jemals erreichen wollten, in der Veränderung unserer Grundstimmung lag. Wir erkannten darin den direkten Schlüssel zur Wunscherfüllung, sowohl was unsere spirituellen Ziele als auch unsere weltlichen Wünsche betrifft. Einige Monate nach Fertigstellung dieses Buches haben wir unser Ziel erreicht. Unsere Grundstimmung ist die Liebe. Seit wir begonnen haben, die Veränderung der Grundstimmung an unsere Klienten weiterzugeben, hat sich unsere Arbeitsweise immer mehr vereinfacht. Das erste, was wir tun, ist, Dich die Liebe als Grundstimmung erleben zu lassen. Diese Liebe ist das Gefühl, dass alles im Leben wunderschön ist. Dieses Gefühl löst automatisch den Zustand des Einsseins aus. Was Deine äußere Realität betrifft, so weißt Du bereits, dass Deine Gedanken Deine Realität schaffen. Hast Du durch die Glücksgefühle nur glückliche Gedanken, wirst Du auch in Deinem Alltag Glück erleben. Auch brauchst Du Dir keine Gedanken über Deine weltlichen Ziele zu machen. Du wirst sie ganz natürlich und automatisch realisieren, ohne darüber nachdenken zu müssen. Dein natürlicher Zustand wird das Glück sein, und das wird Dein Leben widerspiegeln, genau wie bisher Deine Lebenseinstellung widergespiegelt wird.

Nachdem Du die Liebe als Grundstimmung erlebt hast, geht es um die Umsetzung dieser Erfahrung in Dein Alltagsleben. Die Praxis hat gezeigt, dass die größten Schwierigkeiten bei dieser Umsetzung in der Diskrepanz zwischen Gefühl und Verstand liegen. Aus diesem Grund ist meine gesamte Vorgehensweise darauf aufgebaut, Gefühl und Verstand in Einklang zu bringen. Um diese Umsetzung etwas einfacher und angenehmer zu machen, haben wir uns entschlossen, eine Art Seminarurlaub zu organisieren, bei dem sich viele gleichgesinnte Menschen an den schönsten Orten der Welt für zwei bis vier Wochen zusammenfinden. Natürlich kann man diese Umsetzung auch im gewohnten Alltag durchführen. In einem Urlaubscamp ist es jedoch einfacher und schöner. Wir bieten beide Möglichkeiten an.

Zur Zeit haben wir gerade das Manuskript zu unserem zweiten Buch fertiggestellt, das dieser Art der Umsetzung gewidmet ist. Es wird unter dem Titel „Mary - die unbändige, göttliche Lebenslust" erscheinen. Dieses Buch schildert die Geschichte eines Mannes, der einen vierwöchigen Seminarurlaub in einem Feriencamp der Ella-Cooperations erlebt. Während dieser vier Wochen findet er, außer dem Weg zum Glück, auch die Frau fürs Leben. Diese erzählt ihm eine Geschichte. Die Hauptfigur dieser Geschichte ist ein Wesen, das bislang nur in nichtmateriellen Welten gelebt hat und nun ein Mensch werden will. Das Wesen erhält von einem jungen Mädchen, in dessen Körper es ein paar Tage leben durfte, den Namen Mary. Nach diesem Erlebnis wagt Mary den Schritt zu einem eigenen Körper. Um aber ein richtiger Mensch zu werden, fehlt Mary noch die Fähigkeit, unglücklich sein zu können. Sie merkt sehr schnell, dass es sehr schwierig ist, unglücklich zu sein. Deshalb besucht sie nachts im Traum die Seelen der Menschen, mit denen sie am Tag zusammen war. Von ihnen erfährt sie, was man alles tun muss, um unglücklich zu sein. Im entscheidenden Augenblick versagt sie aber jedesmal kläglich. Sie stolpert immer über das gleiche Problem. Sie kann nicht vergessen, wer sie ist. Ihre Aktivitäten auf der Erde bleiben natürlich nicht ohne Auswirkungen auf die anderen Menschen. Sie hält ihnen einen Spiegel vor Augen, der ihnen zeigt, was sie alles tun, um unglücklich zu sein. Ohne es zu wollen, macht Mary den Menschen unmissverständlich klar, dass ihr natürlicher Zustand das Glücklichsein wäre, wenn sie nicht ganz aktiv etwas dagegen täten.

Wir haben viele Rückmeldungen von den Menschen, die das Buch „Mary" bereits gelesen haben. Einigen gelang es, alleine durch die Erkenntnisse, die das Buch fördert, ihre Grundstimmung auf Liebe, Lebenslust und Lebensfreude einzurichten. Bei allen anderen genügten einige Stunden in der Beratung mit uns, um das Training zum Leben der Liebe selbständig in Angriff zu nehmen. Die Erfahrung zeigte dabei, dass diese Umsetzung in einem Feriencamp, wie in „Mary" beschrieben, viel einfacher und schneller ist. Im gewohnten Arbeitsalltag wird man allzuoft von den alten Gewohnheitsmustern wieder „heruntergeholt".

Alle, die „Mary" gelesen haben, hatten eines gemeinsam: Sie sahen nach „Mary" ihre Welt und ihr Handeln in dieser Welt mit ganz anderen Augen.

Sobald Du die Grundstimmung Liebe in Dein Leben integriert hast, kannst Du beginnen, das vollständige, schöpferische Potential Deiner Seele für Dein Bewusstsein zugänglich zu machen.

Die Aktivierung dieser sogenannten übersinnlichen Fähigkeiten ist mittlerweile zu unserer hauptsächlichen Aufgabe geworden.

Unserer Welt steht eine große Veränderung bevor. In diesem Zusammenhang ist ein bestimmtes Naturgesetz von immenser Bedeutung: Das Gesetz der *Kritischen Energiekonzentration*. Für dieses Gesetz gibt es viele Namen, zum Beispiel, der Tropfen, der das Fass zum Überlaufen bringt oder das Hundert-Affen-Phänomen. Dieses Phänomen veranschaulicht sehr gut, was es mit den "20.000" auf sich hat.

Bei einem Experiment japanischer Forscher wurden Affen auf einer japanischen Insel mit Kartoffeln gefüttert. Die Forscher warfen die Kartoffeln in den Sand, um das Verhalten der Affen zu studieren. Durch Zufall fiel einem der Affen eine Kartoffel ins Wasser. Er bemerkte, dass die Kartoffeln ohne Sand besser schmeckten. Andere Affen ahmten ihn nach. Als der hundertste Affe begann, seine Kartoffeln im Wasser zu waschen, geschah etwas Seltsames: Alle Affen auf der Insel begannen gleichzeitig, ihre Kartoffeln zu waschen. Später stellte man auf einer benachbarten Insel fest, dass diese Affen ihre Kartoffeln von Anfang an wuschen, als man das Experiment wiederholen wollte. Auf dem japanischen Festland erging es den Forschern genauso. Später stellte man fest, dass alle Affen auf der ganzen Welt so vorgingen. Alle wuschen sie ihre Kartoffeln.

Dieses Beispiel zeigt sehr anschaulich, wie die Lebewesen auf dieser Welt miteinander verbunden sind. Es benötigt jedoch eine gewisse Energiemenge, um dieses Phänomen ins Leben zu rufen.

Die 20.000 sind diese Energiemenge, Wenn es 20.000 Menschen geschafft haben, die Liebe zu leben und sich ihr gesamtes, schöpferisches Potential zu eröffnen, werden alle Menschen dieses Planeten automatisch in eine höhere Bewusstseinsebene aufsteigen. Dies ist unser Ziel.

Wenn Du spürst, dass du zu diesen 20.000 Menschen gehören willst, würden wir uns sehr freuen, Dich persönlich kennenzulernen.

Solltest Du Dich nicht selbst zu dieser Aufgabe hingezogen fühlen, es aber begrüßen, wenn sich diese 20.000 Menschen zusammenfinden, würden wir uns sehr darüber freuen, wenn Du an der Verbreitung dieses Buches mitwirken wurdest, indem Du Deinen Freunden und Bekannten davon erzählst. Solltest Du darüber hinaus noch aktiver an der Verbreitung dieses Buches mitwirken wollen, so findest Du am Ende des Buches entsprechende Adressen, durch die Du mit uns Kontakt aufnehmen und weitere Möglichkeiten erfahren kannst.

Wir hoffen, dass wir Dein Leben mit diesem Buch bereichern konnten, und wünschen Dir in Deinem weiteren Leben viel Liebe und Lebenslust.

Liebe Grüße

Gina und Bodo Deletz

Literaturverzeichnis

Andreas, Connirae und Steve: Gewusst wie. Arbeit mit Submodalitäten und weiteren NLP-Interventionen nach Maß, Paderborn 1988.

Andreas, Connirae und Steve: Mit Herz und Verstand. NLP für alle Fälle, Paderborn 1992.

Andreas, Connirae und Tamara: Der Weg zur inneren Quelle, Paderborn 1995.

Araoz, Daniel L.: Die Neue Hypnose, Paderborn 1989.

Bach, Richard: Illusionen. Die Abenteuer eines Messias wider Willen, Frankfurt 1989.

Bandler, Leslie Cameron: Wieder zusammenfinden. NLP-neue Wege der Paartherapie, Paderborn 1989.

Bandler, Leslie Cameron / Lebeau, Michael: Die Intelligenz der Gefühle, Paderborn 1990.

Bandler, Richard / Grinder, John: Therapie in Trance, Stuttgart 1987.

Bandler, Richard / MacDonald, Will: Der feine Unterschied. NLP-Übungsbuch zu den Submodalitäten, Paderborn 1990.

Bandler, Richard: Veränderung des subjektiven Erlebens. Fortgeschrittene Methoden des NLP, Paderborn 1988.

Dilts, Robert B.: Identität Glaubenssysteme und Gesundheit. NLP-Veränderungsarbeit, Paderborn 1991.

Gordon, David: Therapeutische Metaphern, Paderborn 1987.

Jampolsky, Gerald: Lieben heißt die Angst verlieren, München 1987.

Long, Max F.: Kahuna-Magie. Das Wissen um die weise Lebensführung, Freiburg i.Br. 3. Aufl. 1994.

Lowe, Paul: Du selbst sein, Freiburg 1993.

Redfield, James / Carol, Adrienne: Die Erkenntnisse von Celestine. Das Handbuch zur Arbeit mit den "Neun Einsichten" aus dem Bestseller "Die Prophezeiungen von Celestine", München 1995.

Redfield, James: Die Prophezeiungen von Celestine, Ein Abenteuer. München 1994.

Roberts, Jane: Die Natur der persönlichen Realität, München 1992.

Roberts, Jane: Die Natur der Psyche, München 1985.

Roberts, Jane: Gespräche mit Seth, München 1985.

Roberts, Jane: Individuum und Massenschicksal, München 1990.

Roberts, Jane: Träume, Evolution und Werterfüllung, München 1993.

Steiner, Rudolf: Theosophie, Dornach 1977.

Tepperwein, Kurt: Kraftquelle Mentaltraining, Genf 1986

Über die Autoren:

Gina Deletz:

Langjährige Selbständigkeit in der Organisationsentwicklung für klein- und mittelständische Betriebe, parallel dazu Erfahrungen mit verschiedenen Therapieformen wie z.B. Rebirthing und NLP. 1993 Kontakt als Medium mit der Energiepersönlichkeit Seth. Nach Ereichung ihres Schöpferbewusstseins, verbindet sie heute Menschen mit deren eigener Schöpferkraft.

Bodo Deletz:

ist seit vielen Jahren als Mentaltrainer tätig. Er kam über das Autogene Training zur Hypnosetherapie und schließlich 1983 zu NLP. Bis zur Seth-Erfahrung mit seiner Frau im Mai 1993 arbeitete er als NLP-Therapeut. Seither ist sein Leben den Menschen gewidmet, die das Ziel haben, 24 Stunden pro Tag glücklich zu sein.

Die praktische Umsetzung erfolgt im Rahmen ihrer Ella-Cooperations.

Mit der Verbreitung dieses Werkes kann die Welt friedvoller und fröhlicher werden, deshalb begrüßen wir die Weiterempfehlung von Mensch zu Mensch. Es soll ein Netzwerk der Freude aufgebaut werden, an welchem Du teilnehmen kannst. Bei Interesse bitte Informationen anfordern bei :

Franz Cramer GmbH & Co KG
Innovationsmanagement
Stehfenstr. 63
D-59439 Holzwickede

Internet : http://www.cramerimgn.purespace.de